JM 国际经济与贸易（东南亚方向）国家特色专业系列教材

GUOJI JINGJI YU MAOYI（DONGNANYAFANGXIANG）
GUOJIATESE ZHUANYE XILIE JIAOCAI

中国-东盟自由贸易区概论

主 编   蒋满元

撰稿人 （按编写章节先后排序）

蒋满元	罗林敏	石 峡	苏 琳	马慧琼
陈 慧	张建中	陈秀莲	樊 兢	袁晓勇
李玫宇	黄福东	谢 涛	邹忠全	蒙聪惠
周 影	杨 静			

ZHONGGUO DONGMENG

ZIYOUMAOYIQU GAILUN

中南大学出版社
www.csupress.com.cn

图书在版编目(CIP)数据

中国－东盟自由贸易区概论/蒋满元主编.—长沙:
中南大学出版社,2011.8
ISBN 978-7-5487-0340-2

Ⅰ.中… Ⅱ.蒋… Ⅲ.自由贸易区－经济发展－研究－
东南亚、中国 Ⅳ.F752.733

中国版本图书馆 CIP 数据核字(2011)第 138299 号

中国－东盟自由贸易区概论

主编 蒋满元

□责任编辑 梅敦诗
□责任印制 易建国
□出版发行 中南大学出版社

　　　　　社址:长沙市麓山南路　　　邮编:410083
　　　　　发行科电话:0731-88876770　　传真:0731-88710482
□印　　装 长沙理工大印刷厂

□开　　本 787×1092 1/16 □印张 11.25 □字数 273 千字 □插页 2
□版　　次 2011 年 8 月第 1 版 □2014 年 10 月第 3 次印刷
□书　　号 ISBN 978-7-5487-0340-2
□定　　价 24.00 元

前　言

随着经济全球化和区域经济一体化进程的加快，合作与发展已成为当今世界政治经济发展主流，各国经济互利合作、相互依存也日益加深。区域经济一体化发展的最基本目标是通过建立自由贸易区实现贸易、投资自由化和便利化，这与经济全球化所要建立的多边贸易体制的基本目标是一致的。事实上，在全球范围内，区域经济一体化就既是经济全球化的先导与基础，且也必将会进一步推动全球化的发展。

作为全球经济发展最具活力的东南亚地区，东南亚国家联盟（ASEAN）成员国内部以及与周边国家的各种区域和次区域合作方兴未艾，并通过平等参与、积极务实、形式多样、开放包容的区域合作，增强了政治互信，扩大了共同利益，为亚洲乃至世界经济的发展增添了新的动力。2010 年 1 月 1 日，正式启动的中国 - 东盟自由贸易区（CAFTA）作为世界第三大区域经济一体化组织，对亚洲乃至世界经济的发展都有着重要影响。CAFTA 是中国参与的第一个真正意义上的区域经济一体化组织，是目前中国与东盟互为重要的对外贸易伙伴，也是互为重要的外商直接投资目的地。

为了协调中国与东盟国家的经贸关系，促进 CAFTA 区域经济合作的良性循环，本教材以区域经济一体化理论为基础，系统、全面地阐述了中国 - 东盟自由贸易区的形成、发展以及对中国和东盟国家的双边影响等内容。本教材是国家特色专业"国际经济与贸易专业（东南亚方向）"阶段性建设成果之一，由广西财经学院经济与贸易学院国际贸易系和国际商务系相关教师共同编撰而成。全书由蒋满元教授主编，各章的编写分工如下：蒋满元和罗林敏编写第一章，石峡、苏琳编写第二章，马慧琼和陈慧编写第三章，张建中编写第四章，陈秀莲和樊兢编写第五章，袁晓勇编写第六章，李玫宇和黄福东编写第七章，张建中和谢涛编写第八章，邹忠全和蒙聪惠编写第九章，周影、杨静编写第十章。全书最后由蒋满元教授总纂定稿。

在本教材编写的过程中，我们参考、借鉴和吸收了诸多国内外学者的相关研究成果，并得到中南大学出版社的直接指导和帮助，在此表示诚挚的谢意。由于时间仓促，加之编者水平有限，书中难免有错漏之处，恳请同行专家、学者和广大读者不吝赐教，并提出宝贵意见。

编者

2011 年 7 月

目　录

第一章　国际区域经济一体化导论

　　随着世界各国与地区发展过程中彼此间联系的密切以及伴随着经济全球化纵深发展所带来的资源全球配置和世界统一大市场的逐步形成，20世纪80年代中期以来，世界各国均在尽可能地紧紧抓住经济全球化和一体化机遇的同时，又不得不采取各种措施来应对这样的全球化和一体化所带来的问题或挑战；事实上，正是有鉴于此，20世纪80年代中期以来，不仅欧洲一体化的进程加快了，而且其他国际区域经济一体化组织也应运而生，并日益在世界经济与政治舞台上发挥着自己的作用，彰显出自身日趋强大的影响力。作为一个发展中的大国，如何在后WTO时代紧随世界政治经济的发展，进而构建起属于自己的国际区域经济一体化组织，无形中成了摆在我国面前的一项十分紧迫而重要的战略任务。尽管2010年1月1日中国－东盟自由贸易区已正式建成，然而如何积极应对其中的机遇与挑战，不仅对中国－东盟自由贸易区作用的充分发挥和获得可持续的发展能力意义重大，而且也对我国经济与社会的可持续发展以及国际竞争能力的提升具有重要影响。

第一节　国际区域经济一体化的内涵及拓展态势

　　"区域"又被称之为地区（Region），在地理学中一般被理解为：区别于邻近地区或其他地区的、在自然条件方面具有某些同质性因素的地理范围或行政单位。与地理学概念不同的是，世界经济学中的"区域"概念则常常包含了两个或两个以上的经济体，这样的两个或两个以上的经济体因某些共同的经济特征或政治方面的共同利益联合在一起形成一种经济共同体；而且这样的一种区域经济体不一定有彼此间陆地的接壤，它们完全有可能跨越洲际和国家间的社会性质而形成①。与上述地理学和世界经济学中"区域"的概念相比较，本书中的国际区域经济一体化中的"区域"主要是指全球经济发展过程中不同的国家和地区间为了实现各自的利益，而形成的相互间能制定共同政策和采取共同行动计划的一种合作形式。②

　　与"区域"的概念相比较，"一体化"（Integration）一词来源于拉丁文 integration，其原本含义是"更新"、"修复"，后用来泛指把各个部分结合为一个整体的一种态势并进而在目前的自然学科和社会学科领域中得到了广泛应用。在经济学领域里，"一体化"首先出现于对企业经营活动的研究。自20世纪50年代初起，"一体化"又被广泛应用于国际经济活动的研究，主要是用来形容多个国家独立的经济活动融合为紧密相连的一个整体的经济活动过程。实践中，按照厂商之间的竞争或互补关系，"一体化"一般可分为"水平一体化"（Horizontal Integration）和"垂直一体化"（Vertical Integration）两种形式。

----

　　① 如美国与以色列、欧盟与墨西哥、日本与新加坡等组成的自由贸易区就皆因彼此间共同的政治、经济、安全利益而组成，因此它们也就均属世界经济学范畴中的"区域"。

　　② 尤其是各自的经济利益。

经济一体化的概念最早是由荷兰经济学家丁伯根（Tinbergen）在 1954 年提出的，丁伯根认为："经济一体化就是将有关阻碍经济最有效运行的人为因素加以消除，通过相互协调与统一，创造最适宜的国际经济结构。"①尽管丁伯根的解释已对"经济一体化"的概念进行了比较清晰的说明，然而迄今为止，关于经济一体化的定义仍是众说纷纭。众多解释中，应该说最具代表性的定义还是美国经济学家贝拉·巴拉萨（Bela Balassa）1961 年在其名著《经济一体化理论》（The Theory of Economic Integration）一书所进行的说明："我们建议把经济一体化定义为既是一个过程，又是一种状态。就过程而言，它包括旨在消除各国经济单位之间差别待遇的种种举措；就状态而言，则表现为各国间各种形式的差别待遇的消失"。②由于巴拉萨的定义乃是从行为或手段的角度来描述经济一体化的，并没有指出经济一体化的目的或效果是什么，鉴于此，经济学家保罗·斯特里坦（Streeten. Paul）指出，"一体化不应该按手段（自由贸易、统一市场、可兑换性、自由化等）定义，而是应该定义为目的、平等、自由繁荣"；皮德·罗波逊（Robson, Peter）则认为"国际经济一体化是手段不是目的"；而丁伯根则从政府当局促进经济一体化的措施方面把经济一体化区分为消极一体化和积极一体化③。尽管各位学者的看法各有侧重，然而，对"经济一体化"在实践中重要地位的认识又几乎基本相同④。

由于"经济一体化"问题在实践中不能抛开"区域"问题而单独存在，因而从严格的意义上讲，对"经济一体化"问题的探讨也就必须要结合"区域"问题而一同进行研究。总体上看，"区域经济一体化"包含着两层含义：其一是指成员国之间在经济活动中存在的各种人为限制和障碍逐步被消除，各国市场得以融合为一体，同时，企业面临的市场也得以扩大；其二则是指成员国之间签订条约或协议，逐步统一经济政策和措施，甚至建立超国家的统一组织机构，并且由该机构制定和实施统一的经济政策和措施⑤。当然，也有学者认为，"区域经济一体化乃是数个国家在货物、资本、劳务等生产要素方面的联合过程，其目的在于通过一体化过程使成员之间实行政策协调和取得共同依赖和合作的好处"⑥；此外，还有学者认为，所谓"区域经济一体化"其实即是指由若干国家联合而成的一个更大的经济

---

① 不仅如此，丁伯根还把经济一体化分为消极一体化和积极一体化两种类型，他认为：消除歧视和管制制度，引入经济交易自由化即是消极的一体化；而运用强制的力量改造现状并建立起新的自由化政策和制度则是积极的一体化策略。

② 应该说巴拉萨的解释得到了西方学者比较普遍的认同并被广泛引用，因而也就具有了经典意义。

③ 前者指"取消各种规章制度"，即消除对有关各国的物质、资金和人员流动的障碍；后者系指建立新的规章制度，纠正自由市场的错误信号，以强化自由市场正确信号的效果，从而加强自由市场的一体化力量。

④ 经济一体化具有许多经济方面的优点，重要的有：能根据比较优势的原理通过加强专业化来提高生产效率，通过市场规模的扩大达到规模经济提高生产力的目的。国际谈判实力增强有利于得到更好的贸易条件，增强的竞争带来增强的经济效率，技术的提高带来生产数量和质量的提高，生产要素跨越国境，货币金融政策的合作，就业、高经济增长和更好的收入分配成为共同的目标，等等。

⑤ 目前，学术界将前者称为功能性一体化，而将后者称为制度性一体化。功能性一体化与制度性一体化是经济一体化发展的两种趋势，功能性一体化的发展来自于各国市场经济自发的内在要求，当它发展到一定阶段时必然要求制度性一体化给予保障和促进；而制度性一体化则会加深功能性一体化的程度。功能性一体化是制度性一体化的准备，具有一体化的实质性意义；而制度性一体化是功能性一体化的阶段性标志，其具有一体化的形态性意义；因此，功能性一体化与制度性一体化具有密切的关系，两者既可相互促进，也可相互制约。由于从世界区域一体化的实践来看，制度性一体化具有更重要的现实意义。因而，人们更多关注的是制度性一体化的进展。

⑥ 伊萨克·科恩·奥兰德斯. 一体化概念. 拉美经委会杂志, 1981(15)：154

体，而且在经济体内的成员间保持着某种特殊关系①。尽管如此，然而，由于"区域经济一体化"之概念涉及国际经济一体化、经济一体化、世界经济一体化、空间一体化、经济集团化、区域集团化、区域一体化、经济全球化等方面，因而现阶段关于区域经济一体化的研究，不仅内涵方面的争论较多，而且概念上的运用也不完全一致。

　　与国外的相关研究相比较，我国学术界关于区域经济一体化的研究可以分为两个层次：一是区域经济一体化理论概念的借鉴与演绎，主要是比较全面地总结了国外关于一体化的理论概念及其对我国经济发展的具体影响。二是运用相关的经济学、政治经济学的理论，分析区域经济一体化的影响因素、发展过程、制度演变以及社会经济效应等，较全面地分析了影响区域经济一体化进程的社会、政治、经济、民族等各方面的因素。总体上看，比较有代表性的观点主要有：区域经济一体化主要是指"两个或两个以上的国家在社会再生产的某些领域内实行不同程度的经济联合和共同的经济调节，向结成一体的方向发展。一般根据国家间的协定建立，有共同的机构"（于光远，1992）；而张幼文（2001）则认为，区域经济一体化指的是"再生产过程各个阶段国际经济障碍的消除"；庄起善（2002）认为："地理位置相近的两个或两个以上的国家（地区），以获取区域内国家（地区）的经济聚集效应和互补效应为宗旨，为促使产品和生产要素在一定区域内的自由流动和有效配置而建立的跨国性的经济区域集团就属于区域经济一体化"。

　　综合上述众家之说，我们这里可以把区域经济一体化的定义概括为：两个或两个以上的国家或地区，通过协商并缔结经济条约或协议以及实施统一的经济政策和措施来消除商品、要素、金融等市场的人为分割和限制，以国际分工为基础来提高经济效率和取得更大的收获，进而把相关各国或各地区的经济融合起来形成一个区域性经济联合体的过程②。区域经济一体化不仅能消除地区之间的经济交流障碍，实现最佳的区际生产分工与合作，而且最终还能实现整个区域在经济和社会等各个方面的融合。作为优化资源配置、实现区域协调发展和共同富裕的重要路径，区域经济一体化要求成员国之间在经济政策上实现一定程度的统一，实质上也就是成员国经济主权在一定程度上的限制和让渡。这种经济主权限制和让渡程度的区别，不仅意味着成员国之间经济结合程度的高低，而且据此还可划分出不同层次和水平的区域经济一体化。由成员国经济主权限制和让渡出来的部分需要有一个组织机构来行使管理权；因而在较高层次和水平的区域经济一体化中，都有一个根据条约或协议而组成的超国家机构，该超国家机构具有一定的权力和职能。随着经济一体化水平的提高，各成员国逐步向该机构让渡更多的经济主权，由该超国家机构行使更多的共同内部经济政策和一致的对外经济政策。

　　由于目前的区域经济一体化研究主要涉及的是国家与国家之间的经济联系与合作，因而，从严格意义上讲，对区域经济一体化问题的探讨离不开对国际区域经济一体化问题的关注。换句话说，区域经济一体化概念的内涵与国际区域经济一体化问题的内涵在许多情

---

① 丹尼斯·R.阿普尔亚德，小艾尔井雷德·J.菲尔德. 国际经济学. 北京：机械工业出版社，1998：353
② 国家或地区之间经济政策和措施的统一，可以分为两个方面的内容：一方面是内部经济政策和措施的统一，也即是有关成员国之间实施统一的经济贸易政策；另一方面则是外部经济政策和措施的统一，也即是有关成员国之间实施统一的对非成员国的经济贸易政策。在区域经济一体化的实践中，并不是一开始就在这两个方面同时实现统一的。参与一体化的国家往往先在成员国之间取消贸易和其他经济活动中的人为限制，逐步实施统一的内部经济政策，然后实现外部经济政策的统一。

况下甚至完全可以互换。尽管如此，对国际区域经济一体化概念的内涵我们仍需要进行相应的界定。国际区域经济一体化主要是指特定区域内的两个或两个以上的经济体通过达成经济合作的某种承诺或者组建一定形式的经济合作组织，谋求区域内商品流通或要素流动的自由化及生产分工最优化，并且在此基础上形成产品和要素市场、经济和社会政策或者体制等统一的过程，或者说是一种以政府的名义通过谈判协商来实现成员之间互惠互利及经济整合的制度性安排。国际区域经济一体化有一个由浅入深的过程，其切入点是区域合作①。

进入 21 世纪以来，随着全球经济一体化进程的加速以及国家与地区间在贸易与资源等各个领域竞争性的加剧，国际区域经济一体化的进程不仅加快了，而且其本身也在实践中呈现出了一系列新的发展态势。

首先，国际区域经济一体化组织的数量、质量和形式均发生了重大变化。数量方面，据世界银行统计，全球只有 12 个岛国和公国没有参与任何区域贸易协议（RTA），174 个国家和地区至少参加了一个（最多达 29 个）区域贸易协议，平均每个国家或地区参加了 5 个，其中有的成员（如墨西哥）甚至与 40 多个国家或集团签署了自由贸易协定。目前全球生效的区域性贸易协议已达 300 多个，可以说目前世界已真正进入了国际区域经济一体化时代。质量方面，由于现阶段的国际区域经济一体化制度安排不再仅限于传统的贸易领域，而是已日益扩大到了资本与劳工流动、金融服务、共同的环境标准、知识产权、政府采购、人力资源开发、科技发展以及文化产品等各方面②，再加上许多一体化组织及制度安排的贸易自由化程度已远超 WTO 的管辖范围③，因而国际区域经济一体化制度安排的质量也较以前有了很大的提高。

其次，国际区域经济一体化组织形式与机制更显灵活多样。突出表现在：其一，大多数区域经济集团对成员资格采取开放式态度，以加速扩大自身的影响。目前，除一些明确由双方构成的区域经济体外④，一般区域经济组织大都经历了成员由少到多的过程。比如，欧盟历经 5 次大规模扩大，现已发展至近 30 个成员国；亚太经济合作组织 14 年来也经历了 4 次扩大，目前达到 21 个成员。其二，合作形式和层次由低级向高级发展。目前，许多国家开始放弃或基于原有贸易优惠安排而成立自由贸易区或关税同盟，有的从关税同盟发展成为共同市场⑤。与此同时，20 世纪 90 年代以来，随着区域经济合作的构成基础发生较大变化，大家又着手打破狭义的地域相邻概念并进而构建起了许多跨洲、跨洋的区域合作

---

① 国际区域经济一体化目标的实现一般要经过如下四个阶段：一是贸易一体化，即取消对商品流动的限制；二是要素一体化，即实行生产要素的自由流动；三是政策一体化，即区域内经济政策的协调一致；四是完全一体化，即贸易一体化和要素一体化的全面实现、所有政策的全面统一阶段。

② 有的甚至还提出要具备共同的民主理念等制度安排。

③ 比如，北美、欧盟、南南以及其他一些区域一体化协议中，很多都涉及标准、物流、海关合作、服务、知识产权、投资、争端解决机制、劳工权益和竞争政策等条款。

④ 如美加自由贸易协议、澳新紧密经济合作关系协议等。

⑤ 比如，1995 年 1 月，南锥体四国（阿根廷、巴西、乌拉圭、巴拉圭）根据 1994 年签署的"黑金城议定书"的规定，将自由贸易区提升为关税同盟，并正式开始运转，从而成为世界上仅次于欧盟的第二大关税同盟。

组织①。不同区域经济集团之间也展开了连横合作；南锥体共同市场②与其第二大贸易伙伴欧盟之间开始探讨建立自由贸易区，而东盟与欧盟外长会议之间就政治、经济领域内的问题进行广泛探讨业已形成制度化；北美自由贸易区也有意与南锥体共同市场合作，建立从阿拉斯加到阿根廷的整个美洲范围内的自由贸易区；突尼斯、摩洛哥等国先后与欧盟谈判建立"欧盟与地中海自由贸易区"，并成为欧盟的伙伴国和联系国。南非则在与印度、澳大利亚、马来西亚等国积极筹建"印度洋经济圈"。其三，区域经济贸易安排开始摒弃过去的封闭性和排他性，开放性的特色更加鲜明。事实也的确如此。近年来，在国际区域经济一体化的进程中，不仅"开放的地区主义新趋势"日益明显，而且国际区域经济一体化组织中的成员也越来越多地出现了交叉重叠的"管道网"现象。可以说，目前的国际区域经济一体化组织正在相互补充、相互支撑，扮演着共同推进世界经济一体化进程的角色，发挥着积极催化而非消极对抗的作用。其四，自由贸易协议已被赋予了某种"战略价值"并日渐成为优化国家间关系的重要武器。由于在国际区域经济一体化组织发展的进程中，成员之间可以建立起广泛而密切的经济关系甚至是政治关系，因而这样的一种组织的建立与发展不仅有利于强化彼此的合作，而且有助于优化成员国之间的关系③。

再次，区域经济一体化的新浪潮也折射出了世界经济多极化的发展趋势。从发达国家来看，由于目前区域一体化以经济全球化为背景，一方面，全球化伴随着科技进步和生产力巨大发展的要求，生产体系和市场体系在全球范围不断扩张，而充当其中载体和推动力量的是跨国公司；另一方面，由于民族国家和利益的存在，全球竞争不断加剧，与此同时，在经济发展不平衡规律的作用下，美国经济在20世纪中叶的独霸局面已经不复存在，从而形成了今日世界经济"一超多强"的格局。因此，发达国家希望通过建立区域经济组织来保证自己的生产体系和市场规模不断扩大，以增强自身的竞争实力，确保在更多获利的过程中立于不败之地。从发展中国家来看，随着经济全球化的深入，新兴工业化国家和包括中国、印度在内的发展中国家的经济，已经逐步在世界经济中占据一席之地。在这种态势下，作为世界经济中的"一极"，这些国家参与国际竞争和经济一体化的愿望更加强烈，要求同发达国家平等互利、实现共赢的呼声更加高涨。然而，发展中国家作为单个经济仍显弱小，因此希望通过参加区域经济组织来维护自身的经济利益和经济安全。尽管这些区域经济组织往往由大国主导，并且明知大国主导也是出于其"私利"动机，但是，发展中国家仍可能从参与区域经济一体化中获得自己的利益。显然，从某种意义上说，国际区域经济一体化不仅体现了国际经济与政治正朝着平等、民主方向发展的趋势，而且也有利于推动建立公正合理的国际新秩序，有利于促进国际关系民主化。

---

① 比如，日本相继与墨西哥、新加坡签署了自由贸易协议。

② 南锥体共同市场又称南方共同市场、南共市，成立于1991年3月26日，是南美地区最大的经济一体化组织，也是世界上第一个完全由发展中国家组成的共同市场。

③ 世界银行研究表明，区域贸易协议除了促进贸易流动，也对消除政治冲突起着显著的作用。事实上，欧洲合作的初始动机和最终目标就是政治；经过两次世界大战的磨难，欧洲人意识到不能再发生战争，必须通过合作、一体化与联合，才能实现欧洲的长久稳定、安全和发展；时至今日，欧洲各国终于通过经济合作，为实现地区的和平与发展、实现大欧洲联合的梦想，奠定了坚实的基础。在亚洲，1999年东亚领导人关于东亚合作的联合声明，明确提出了开展政治、安全对话与合作的议题。此外，印度和巴基斯坦之间政治紧张局势的缓解，与正在进行中的南亚自由贸易区协议谈判密不可分。非洲一些国家政局长期不稳，大多数国家经济又不发达，这些因素促使非洲联盟于2002年问世，其目的是试图以政治和经济合作来推动地区稳定与经济发展。

最后，国际区域经济一体化合作在不断取得进展的同时，也面临着诸多新的挑战。自20世纪90年代至今，国际区域经济一体化进程与过去相比较应该说取得了相当多的合作成绩①，然而，与此同时，一体化组织在发展过程中也不约而同地面临着诸多挑战：东扩后的欧盟如何处理好大小成员国之间、新旧成员国之间以及穷富成员国之间的关系及利益平衡？"自助餐式"的美洲自由贸易区计划虽是各方妥协的产物，但无形中也给未来美洲自由贸易区的发展带来了诸多的不确定性因素；东盟尽管也提出了自己的"单一市场"计划，然而由于其在关键性的服务行业中存在着许多争执，因而现实中这种计划如何演化推进同样不容乐观。上述问题不解决，欧盟等国际区域经济一体化组织及其协议将很难在实践中取得真正令人满意的成果。

鉴于现阶段的国际区域经济一体化组织正在全球经济发展中发挥着越来越大的作用，加之这些一体化组织在发展中存在着不少问题或挑战，因此，为促进国际区域就一体化其本身作用的充分发挥，实践中注意如下几点将有着十分重要的意义：一是进一步完善一体化组织的利益协调机制和领导协调体制。没有利益的融合，就不可能有经济的融合；没有利益的一体化，就不可能有真正的区域一体化。区域一体化，必须把利益分配作为主要的、根本的、核心的问题来考虑。背离了这一条就违背了市场经济规律，一体化也只能是空中楼阁。因此，建立有效的利益协调机制是区域经济一体化的第一要务②。二是积极形成一体化的组织保障和制度保障体系。三是积极推进产业和要素整合，力争建立起以市场一体化为核心的区域共同市场。实践中要积极运用现代信息技术推动各种要素市场的联网，形成各类市场的联合体，进而在各地市场充分发育的基础上推动区域统一市场的形成。其中特别重要的是：共建区域性的商品物流共同市场、产权交易共同市场、人力资源共同市场、信用征信共同市场以及旅游文化共同市场。

区域经济一体化与经济全球化是同时并存的两种世界经济发展趋势。两种趋势都是生产国际化、资本国际化发展到一定阶段的产物，不过经济全球化在范围上比区域经济一体化更广，而区域经济一体化在层次上则比经济全球化更高。经济全球化与区域经济一体化两种趋势不能相互取代。世界上所有的国家或地区都要参与全球范围的资源流动，以便在更广阔的国际空间中合理地配置自己的资源，从而更有效地发挥自己的比较优势，得到发展本国或本地区经济的条件和好处，这就是经济全球化得以发展的原动力；与此相适应，全球性的经济组织和协调机制，如世界贸易组织、国际货币基金组织、世界银行等，也逐步发展和完善起来。经济全球化由于其范围广泛，参与者众多且差异较大，利益协调比较困难，从而一体化程度、层次不易提高。在此情况下，地缘经济关系密切，相对经济差异不大，从而一体化程度较高的区域经济一体化以及相应的区域经济合作组织及其协调机制便迅速发展起来。由此可见，无论经济全球化怎么发展，也是不可能完全取代区域经济一

---

① 如：欧盟于2004年5月1日完成了第五次东扩后，一改长期以来坚持的"渐进方式"，而变成了"突飞猛进方式"，一次性地接纳了10个中东欧国家为其成员国；有34个国家参加的美洲自由贸易区计划，在经历了美国和以巴西为首的拉美国家激烈的明争暗斗后，也终于出台了所谓的"自助餐式"的发展计划。

② 构建利益共同体，必须有全新的利益观：一是竞争合作观，真正懂得竞争并不是完全是排他的，协作的竞争才能使利益最大化。二是利益分享观，在市场经济条件下，任何独占利益的想法都是不切实际的，必须懂得在分享利益中得到最大的利益。三是发展利益观，真正的利益不是已经得到的，而是未来可能得到的；不是存量的，而是增量的；不是静态的，而是动态的。通过促进发展得到更多的利益，是建立利益协调机制的重要前提。

体化的。恰恰相反，经济全球化的发展只能给区域经济一体化的进一步发展带来新的刺激和推动。这就是为什么在20世纪80年代末和90年代初经济全球化迅速发展的同时，区域经济一体化也再掀新浪潮的真正原因。

当然，经济全球化与区域经济一体化两种趋势之间是对立统一的。其对立的根源，在于区域经济一体化组织经济利益的独享性和排他性，这两种倾向若不加限制，任其发展，就会给经济全球化的发展造成极为不利的影响。同时，区域经济一体化毕竟是经济全球化的组成部分，区域经济一体化组织内部的经济自由度的增强，意味着世界经济整体变得更为自由与开放，而且，区域经济一体化有着范围、广度上的局限性，它总是力图冲破区域的局限，向更广阔的全球空间开放与扩张。因此，只要设法减少区域经济一体化组织的排他性，增加其开放性，作为经济全球化组成部分的区域经济一体化就会促进前者的发展，同时区域经济一体化自身也会得到更好的发展。从这个意义上说，二者是完全可以并行不悖的。

第二节　自由贸易区理论及其在实践中的运用

国际区域经济一体化组织发展过程中的一个重要形态即是自由贸易区。自由贸易区的产生是自由贸易理论的一个具体实践和贸易自由化演进过程中的阶段性表现，它既符合世界多边贸易组织的基本原则和发展方向，也顺应了经济全球化日益加强的大趋势。不仅如此，自由贸易区战略，既是一个国家对外开放战略的重要组成部分，也是其拓展对外开放广度和深度、提高开放型经济水平、深层次参与经济全球化进程的重要举措。目前，世界上许多国家和地区都参与了各种类型的自由贸易区建设，包括经济体之间签订的自由贸易协定（FTA）和经济体在境内自主设立的自由贸易区（FTZ），而且发展势头迅猛。我国组建自由贸易区工作是实践在先，战略提出在后。确切地讲，我国首次将自由贸易区建设作为一个国家级战略提出来，是在2007年中国共产党召开的第十七次全国代表大会上。胡锦涛在大会报告中明确提出，要"实施自由贸易区战略，加强双边多边经贸合作"。这为我国未来自由贸易区建设指出了方向。因此，全面了解自由贸易区战略提出的背景和意义，探索符合我国国情的自由贸易区发展方向，对深入实施自由贸易区战略必将具有重要意义。

当今的世界经济越来越趋于开放自由，因而自由贸易区的出现，归根结底还是市场全球化、世界经济一体化和自由贸易政策的必然结果。通过对世贸组织若干典型成员国在实行自由贸易过程中各项经济指标的变动研究，我们可得到贸易自由化对宏观经济影响的一些基本结论：首先，各国的经济增长速度显示贸易自由化在大多数情况下对经济增长会起到正面效应。其次，贸易自由化也有利于各国企业提高劳动生产率、改善进出口贸易结构、抑制通货膨胀、促进就业、缩小收入分配的差距和不平衡性。再次，贸易自由化对国际收支的影响在短期与长期有所不同，同时与其进出口模式密切相关。多数国家在贸易自由化初期往往会产生进口的增加，引起贸易赤字或使贸易收支恶化；但长期来看，随着出口产业国际竞争力的提高，这种状况会有所改变。最后，有些经济指标的数据显示并不总是良性的，就说明在实施自由贸易政策的过程中需要一定的政府参与来控制贸易自由化的步骤和速度。正是有鉴于此，目前的自由贸易政策和自由贸易区战略也越来越被大多数国家所接受。

　　根据国际经济学的基本理论，作为区域经济一体化组织的一种初级形式，自由贸易区主要是指两个或两个以上的经济体依据谈判达成协议而建立起来的一种成员之间协会取消贸易壁垒的国际区域经济一体化组织形态。其基本特点是：相关贸易壁垒只在成员之间取消，非成员不能享受同等待遇，从而就形成了自由贸易区下的对内自由、对外保护的差别态势。尽管如此，但从现实自由贸易协定来看，一方面相当数量的自由贸易协定并没有实现所有货物贸易的完全自由化，还保留一定的例外清单①；另一方面在自由贸易区协定中除了关税和非关税壁垒的消除之外，又包含投资和服务贸易自由化和便利化以及经济技术合作等更加广泛的内容。因此，自由贸易区协定已经不是传统意义上的 FTA，而是包括范围更加广泛的特惠贸易和投资安排（Preferential Trade and Investment Arrangement）。由于在全世界关税水平已经大幅度降低的条件下，协定本身涵盖的商品内容决定着自由贸易区的质量，因此越来越多的国家，特别是发达国家在双边自由贸易区谈判中开始强调"全面协议"（Comprehensive or Overall Arrangement）的概念，即涵盖全部商品和服务。但是，在实际谈判中这一目标却又很难实现②。而这一点恰恰是导致自由贸易协定存在很大差异的主要原因③。

　　在过去的十几年中，全球自由贸易区的发展非常迅猛。根据世界贸易组织的统计，截止到 2005 年，全世界签署的 220 个自由贸易协定中，1995 年以后签署的就有 150 个，而且还在快速增长；全球除了一个成员之外，所有的 WTO 成员至少加入了一个自由贸易协定。以亚洲国家及地区为例，从国家角度来看，新加坡和印度是签署自由贸易协定最多的国家，现阶段已签署的协议数量分别为 12 个和 11 个，拟议中的分别为 15 个和 9 个。从 2001 年至今，我国已经与 20 多个经济体签署或正在谈判自由贸易协定（FTA）。其中，2005 年与智利签署 FTA；2008 年与新西兰签署 FTA；2010 年 1 月 1 日与东盟十国（ASEAN）签署的FTA 正式建成启动。另外，与海湾合作委员会（GCC）6 国，澳大利亚、冰岛、南部非洲关税同盟（SACU）5 国的谈判正在进行中；与韩国、印度、挪威等国的 FTA 可行性研究也初获进展。从表 1－1 中可以看出，各个国家或者经济体已签署的协议数量是 90 个，而拟议中的为 92 个。这表明在可以预见的将来，亚洲的自由贸易数量从国别角度看还会增加一倍，显然，自由贸易区实践方兴未艾（具体情况见表 1－1）。

---

① 这些例外清单往往是相互贸易中的"敏感商品"。
② 因为实现服务贸易以及其他领域的完全自由化对发展中国家来说具有相当的困难。
③ 现实中的自由贸易协定一般包括以下几个方面的内容：一是货物贸易自由化，包括关税和非关税壁垒的削减以及与此有关的原产地规则；二是投资和服务贸易自由化，主要是市场准入和国民待遇方面的安排；三是贸易和投资的便利化，在这里包括的范围非常广泛，而且差异比较大。主要包括海关程序、动植物卫生检疫标准、电子商务、知识产权、政府采购、贸易和投资促进、竞争政策、商务人员流动、技术管制和标准等；四是经济技术合作，这也是不同自由贸易区之间存在差异性的一个重要方面，主要包括能力建设、中小企业合作，以及其他项目合作，比如中国与东盟自由贸易区协定中就包括澜沧江－湄公河流域基础设施建设项目合作的内容。此外，自由贸易区所具有的特惠贸易安排的性质，还体现在某些单方面的优惠贸易安排或者早期收获当中。比如在中国－东盟自由贸易区的货物协定中，作为早期收获，中国就不对等地对老挝、缅甸、柬埔寨、泰国在协定签署之后立即开放 560 种农产品市场。这种做法已经引起其他发展中国家，比如海湾合作委员会成员国的关注，这些国家希望能够从中国的这种单边安排中获得实际利益。

表1-1　亚洲国家和经济体参与的自由贸易安排

国家或经济体	协议数量		国家或经济体	协议数量	
	已签署	拟议中		已签署	拟议中
孟加拉	4	1	马来西亚	3	9
不丹	3	0	马尔代夫	1	0
文莱	3	4	缅甸	4	4
柬埔寨	2	4	尼泊尔	3	0
中国	6	7	巴基斯坦	5	4
中国香港	1	1	菲律宾	3	5
印度	11	9	新加坡	12	15
印度尼西亚	2	6	斯里兰卡	7	3
日本	2	5	中国台湾	1	1
韩国	4	4	越南	9	7
老挝	3	4	泰国	3	4
澳门	1	0	总计	90	92

资料来源：Murray Gibbs and Swarnim Wagle, Regional and Bilateral trade arrangements in Asia. UNDP Policy Paper, 2005
注释：协议数量包括可行性研究中的数量和正在谈判中的数量。

　　近年来，全球自由贸易区或者区域贸易安排之所以能获得如此迅猛的发展，主要原因在于如下几个方面：首先，自由贸易区本身经济效应明显。从贸易的利益效应上看，自由贸易区的贸易利益包括交换利益与专业化分工利益两部分。根据国际贸易理论，贸易自由化可以在比较优势的基础上扩大彼此之间的贸易规模；交换利益是指在不改变产出结构的条件下与自由贸易前相比国民消费水平的提高，而专业化分工利益则是指专业化分工所带来的消费水平的进一步增加。贸易利益分析表明，任何自由贸易无论是采取多边还是单边的形式都会增加国民福利水平。因此，从一个国家的角度来看，自由贸易无疑就是最优的选择。从贸易创造与贸易转移效应上看，自由贸易所带来的贸易利益的大小取决于贸易量的变化：当自由贸易采取自由贸易区的形式时，其会在增加成员国之间贸易量的同时改变与非成员国之间的贸易数量，因此会产生与多边和单边自由贸易条件下不同的结果，这就是维纳所指出的贸易创造和贸易转移效应。由于自由贸易区或者关税同盟在带来贸易创造的同时还会产生贸易转移，从而减少与非成员国之间的贸易数量，并导致非成员国的福利损失，在这种情况下，虽然自由贸易对成员国来说仍然是最优选择，但会带来世界福利的损失。因此，贸易创造和贸易转移的大小就成为判别自由贸易区经济影响的一个重要考虑因素。从劳动生产率效应来看，自由贸易可以带来技术或者劳动生产率的提高。从调整成本[①]效应上看，传统的贸易理论一般假设要素可以在国内各部门之间无成本地自由流动，但实际上要素的流动是有成本的。从这种视角来看，自由贸易区的建立应是有利于调整成

---

① 所谓的调整成本就是在资源的重新配置中所发生的成本。

本下降的①。其次，全球化的发展客观上要求进一步进行经济融合，但是由于 WTO 中存在的越来越多的利益冲突和谈判难度的提高，由于多哈回合的谈判进展缓慢，人们对多边贸易体制能否进一步促进贸易自由化失去信心，在这种情况下，各国更加重视相对比较容易的双边和区域性的优惠贸易安排。再次，自由贸易区协定的不断增多是各国相互竞争的结果。由于自由贸易区安排会产生贸易的转移，因此各个国家都不愿意失去原有的市场，采取一种防御性的策略，纷纷签署自由贸易协定，以防止被排除在外。这就是"竞争性自由贸易政策"的结果②。其结果是，服从于其他经济和政治目的而导致的自由贸易安排。在自由贸易安排中除了一般的经济利益考虑之外，还往往包含特殊的经济目的和政治上的考虑③。

尽管自由贸易区的形成及其自由贸易协议的签订有着诸多长处，然而，相关成员若能在其中得到更多的好处或说是便利，还需充分考虑如下相关因素的影响：各自的关税水平和关税结构④、各自的贸易份额⑤、劳动生产率效应和调整成本的大小⑥。

自由贸易区的形成及其自由贸易协议的签订既有着自身的优势，也存在着自身的不足之处。因此，在推进自由贸易区的形成及其自由贸易协议的签订过程中，如何趋利避害也就成为必须要考虑的一个现实问题。自由贸易区的形成及其自由贸易协议的签订，在一定的范围内进一步推进了贸易和投资的自由化，从而迂回地实现了多边体制的目标，但同时，自由贸易区的盲目发展又极有可能会导致个体的理性与集体的非理性之间的矛盾，从而对多边贸易体制造成一定的损害⑦。实践中，要避免自由贸易区对多边贸易体制的损害，不仅应对自由贸易区进行必要的规范，而且至少还需坚持两个基本原则：要尽可能地在具

---

① 在一般情况下，组成自由贸易区之前关税水平越高，取消关税之后的产业转移效应就越大，因此调整成本也就越高。由此推论，在发达国家与发展中国家组成的自由贸易区中，发展中国家将承受更多的调整成本。

② 比如，在中国与东盟就自由贸易区达成协议之后，日本和韩国也加快了与东盟自由贸易安排的步伐；这不仅仅是因为日本和韩国与东南亚国家已经存在比较密切的经济联系，而且还出于竞争性的考虑。

③ 比如，我国与海湾合作委员会的自由贸易安排在很大程度上服务于我国的石油能源需求；在中国与澳大利亚和新西兰的自由贸易区谈判中承认中国的市场经济地位成为自由贸易区谈判的前提条件；而对于美国来说，所签署的自由贸易协定，主要集中在美洲、中东地区和亚洲，不仅服务于其地域经济的考虑，而且与美国的全球战略密切相关。

④ 一般说来，一个部门的关税保护程度越高，降低关税带来的贸易增大效应就越大；关税结构与比较优势越是相同，即具有比较优势的产业关税水平较低，而不具有比较优势的产业关税水平较高，FTA 能够带来的贸易量的增加和贸易利益就越小。

⑤ 总体上看，如果关税削减的部门贸易份额比较小，关税削减的效应就比较小，反之就比较大。

⑥ 劳动生产率的效应越大，自由贸易就越能够增加本国的福利，而调整成本则是贸易利益的一个抵消因素。因此，关税水平比较高的国家在取消关税之后，竞争所带来的劳动生产效率效应比较大，同时调整成本也比较大，二者的净效应是不确定的，取决于其他外生变量。

⑦ 除相关积极作用外，区域经济一体化对世界经济的发展也存在一定的消极影响：其一是区域经济一体化组织具有区域化直接利益的独享性和"对内自由，对外保护"的排他性，这两种特性若不加遏制，任其发展，必然形成对外壁垒，导致国际竞争加剧、贸易保护主义抬头和世界市场的分割，不利于经济全球化的发展。其二是随着区域经济一体化组织的增加，扩大和发展而形成区域化组织之间的竞争同国与国之间的竞争相比，交锋更多，层次更高，范围更广，内容更复杂，程度更激烈，其结果会影响世界经济的稳定和发展。当然，这并不是说区域经济一体化和经济全球化是完全对立、水火不相容的两种趋势，恰恰相反，它们是相伴而生的、具有紧密联系的缺一不可的两种趋势，一方永远无法取代另一方。

体的规则上保持一致性①，坚持自由贸易安排的全面性。其实，对自由贸易区进行整合的必要性主要是出于这样一种考虑，即重复的自由贸易安排会产生所谓的"意大利面条碗"的问题，从而在相当的程度上抵消掉贸易自由化的好处。原因在于：一方面，重叠的自由贸易安排会带来更多的贸易转移；另一方面，重叠的自由贸易安排还会重复增加产业结构的调整成本。自由贸易区形成之后，关税和非关税壁垒的消除会加强各个国家的比较优势，资源将由比较劣势部门向比较优势部门转移，从而导致具有比较优势的生产部门迅速扩张，而不具有比较优势的生产部门逐渐缩减，这种生产结构的调整是比较优势得到加强的一种表现。然而，产业结构的调整和资源的重新配置并不是没有成本的，这种调整成本会成为贸易利益的另一个抵消因素②。此外，重叠的自由贸易区还会增加政策制定以及执行成本。

　　我国关于自由贸易区问题的系统研究始于 20 世纪 90 年代初。当时，为了使国家宏观决策科学化，根据中央领导的指示和钱学森的建议，国务院于 1991 年 9 月成立了国民经济和社会发展总体研究协调小组，开展国民经济和社会发展的总体研究工作。此方面的研究工作涉及了自由贸易区的建设问题。1999 年，时任总理的朱镕基在马尼拉召开的第三次中国－东盟领导人会议上提出，中国愿加强与东盟自由贸易区的联系，这一提议得到东盟国家的积极回应。2000 年 11 月，朱镕基在新加坡举行的第四次中国－东盟领导人会议上首次提出建立中国－东盟自由贸易区的构想（即"10＋1"），并建议在中国－东盟经济贸易合作联合委员会框架下成立中国－东盟经济合作专家组，就中国与东盟建立自由贸易关系的可行性进行研究。2001 年 3 月，中国－东盟经济合作专家组在中国－东盟经济贸易合作联合委员会框架下正式成立，专家组围绕中国加入世界贸易组织的影响及中国与东盟建立自由贸易关系两个议题进行了充分研究，认为中国－东盟建立自由贸易区对东盟和中国是双赢的决定，建议中国和东盟用 10 年时间建立自由贸易区。这一建议经过中国－东盟高官会和经济部长会的认可后，于 2001 年 11 月，也就是世界贸易组织宣布中国将于 12 月成为正式成员之际，在文莱举行的第五次中国－东盟领导人会议上正式宣布。2002 年 11 月，第六次中国－东盟领导人会议在柬埔寨首都金边举行，朱镕基和东盟十国领导人签署了《中国与东盟全面经济合作框架协议》，自此，中国－东盟自由贸易区建设进程全面启动，并于 2010 年 1 月 1 日正式建成。继中国－东盟自由贸易区之后，我国加快了自由贸易区商谈的步伐，并形成了由近及远、从周边向全球展开的自由贸易区建设态势。至十七大提出实施自由贸易区战略之前，我国正在建设的自由贸易区已有 5 个，正在商谈的自由贸易区 7 个，共涉及 29 个国家和地区，涵盖我国对外贸易总额的四分之一。虽然我国在自由贸易区建设方面取得了积极进展和良好开端，效果亦逐渐显现，但是，实施自由贸易区战略提出后，众多媒体报道显露出人们对自由贸易区认识不甚清晰，以至于不知所措或盲动，

---

　　① 以原产地规则为例。在关税相同的情况下，原产地规则的差异会导致贸易和投资的转移；在关税不同的情况下，关税差异和原产地规则的差异相互配合可能加剧贸易和投资转移，也可能会相互抵消彼此的作用，从而减少贸易和投资转移。如果在自由贸易安排中，各国能够根据关税水平按照一致的方法确定原产地规则，就能够在相当的程度上克服贸易转移。

　　② 传统的国际贸易理论只是告诉我们按照比较优势原则开展贸易可以产生互利的结果，而没有考虑资源重新配置当中的调整成本问题。因为其假设资本和劳动是同质的并且可以在部门之间完全自由地流动，因此，一个工人在一个部门失业后很快就会在另一个部门就业。但是现实却并非如此。

导致目标和行为的错位。因此，我们认为，欲全面、深入、有效实施自由贸易区战略，在未来我们还应在澄清概念内涵的同时，确立符合我国国情的自由贸易区发展方向和实施战略。

第三节　不同类型的区域经济一体化组织的
形成及其比较：典型分析

作为地域相邻的两个或两个以上的国家和地区，在国际分工不断深化、经济联系日益密切的基础上，通过政府间谈判和签订协议的形式，相互采取比区域外更为开放自由的贸易投资政策，并在体制框架和调节机制协调的基础上结合而成的经济合作组织和国家经济集团，区域经济一体化组织自形成开始，不仅有着自身独具特色的拓展路径，而且也形成了自身的发展模式。

从拓展路径上看，由于构建区域经济一体化，主要是为了追求静态贸易福利最大化、改善一国贸易条件、追求动态效应最大化和其他非传统经济收益等。因此，目标确定后，通过什么样的路径来参与一体化并达成预期目的就成为关键[①]。总体上分析，区域经济一体化组织的拓展路径主要有如下几类：第一类是由一体化的低级形态向高级形态不断发展的路径。典型的如欧盟，其演进路径是：1952 年，欧洲的 6 个国家设立欧洲煤炭钢铁联合体；1957 年 3 月，6 国成立欧洲经济共同体；20 世纪 90 年代初期，建成包括 12 个西欧国家在内的统一市场；欧洲联盟条约于 1993 年 11 月 1 日正式生效，成立欧盟；2002 年 1 月 1 日，欧元纸币和硬币开始流通，同年 3 月 1 日，欧元成为该区域唯一的法定货币，目前，欧盟宪章也已进入实施阶段。第二类是针对各国关注的共同的战略性资源或物资产品，为协调其生产和出口而建立单个商品的区域经济一体化组织。如 1960 年 9 月 14 日，伊朗、伊拉克、科威特、沙特阿拉伯和委内瑞拉 5 国宣告成立石油输出国组织（OPEC），宗旨是协调和统一各成员国的石油政策，并确定以最适宜的手段来维护其各自和共同的利益。第三类为一体化覆盖的内容由少到多。一般来说，在大多数一体化谈判的初期，成员国将较为成熟的货物贸易产品纳入贸易关税减免的谈判内容中，随着相互贸易和投资关系的不断发展，待时机和条件成熟后，再将其他各国比较关注或敏感的产品和服务贸易纳入一体化进程。第四类为地理位置上不相邻国家之间根据某种目的而建立一体化。如美国所倡导的要在 2013 年分别和中东国家建立中东自由贸易区[②]。第五类是单个国家与一个国家集团之间建立一体化组织。往往是某个国家申请加入业已存在的一体化组织。如 2000 年 7 月墨西哥与欧盟达成了双边 FTA；在加勒比海地区，13 个成员的加勒比共同体与多米尼亚和古巴达成双边 FTA 等。第六类是地理位置上相邻的国家或地区，由于相互经济、政治关系发展需要建立一体化。如 NAFTA（北美自由贸易区）、东盟、西非国家共同体、南非发展共同体和东南非共同市场等，其成员国在地理位置上是相邻的。第七类是单个国家间建立的双

---

①　从不同侧面来看，各国参与区域经济一体化路径呈现多样性，且在空间扩展和时间延续过程中，并不单纯选择一种路径来构建一体化，往往是在一定时空阶段以一种路径为主，其他为辅，各种路径之间并不排斥，反而相辅相成。

②　例如，根据布什的自由贸易区建议，美国将逐步同中东国家签署自由贸易协定，当然，这些国家需要满足一定的条件，如停止支持恐怖主义并对其进行打击，同意降低他们对美国公司贸易和投资设置的门槛等。

边经济一体化组织。如 1983 年澳大利亚－新西兰紧密经贸关系协定、美国 2000 年与约旦达成的双边 FTA 以及谈判中的中国－智利自由贸易区等。第八类是已有的一体化集团与一个国家进行谈判形成①。第九类是集团与集团之间签订一体化协定进行合并。如 1958 年 1 月 1 日，法国、德国、意大利、比利时、荷兰和卢森堡 6 国签署的《罗马条约》生效，随后，6 国又在布鲁塞尔签订了《布鲁塞尔条约》，决定将欧洲煤钢共同体、欧洲经济共同体和欧洲原子能共同体合并，统称欧洲共同体。

　　从发展模式上看，区域经济一体化模式主要可从以下的四个角度进行划分：一是按照由低级到高级的类型或层级顺序，可分为特惠贸易安排（成员国之间对全部或一些进口相互给予税收优惠）、自由贸易区（实行商品自由流动）、关税同盟（除商品自由流动外，还实行统一关税）、共同市场（除实行关税同盟的政策外，资本等生产要素也能自由流动）、经济联盟（在共同市场的基础上，成员国之间还实行一些共同的经济和社会政策）、完全经济一体化（以经济联盟为基础，建立超国家的组织来管理统一的经济）等 6 种类型；二是按照组成国的性质来划分，因为发达国家大多位于北半球，发展中国家位于南半球，所以，习惯上往往把发达国家之间的区域经济一体化组织称为北北（NN）型，发达国家和发展中国家之间的称为南北（SN）或北南（NS）型，发展中国家之间的称为南南（SS）型，当前，这三种组织模式中，以南南型和北北型较多，南北型较少；三是按照是否具有相互之间的排斥性特点，可分为开放性模式和排他性模式。四是按照法源的不同，可分为依照 GATT XXIV（关贸总协定第 24 条）、GATS Ⅴ（服务贸易总协定第 5 条）、授权条款以及混合条款设立等四种类型。限于篇幅及研究目的之需求，本教程只着重探讨北北型、南北型和南南型这三种区域经济一体化发展模式②。

一、北北型区域经济一体化运作的典型：欧洲联盟的一体化运作及其思考

　　北北型区域经济合作是世界上最早出现的区域经济合作形式。据世界贸易组织统计，截至 2006 年 10 月底，在世贸组织成员通报的 214 项区域贸易协议中，有 22 个是北北型的，其中比较著名的有欧洲经济联盟、美加自由贸易区、欧洲自由贸易联盟、澳新自由贸易区等。国际上公认，北北型区域经济合作一般都比较成功，其中欧盟是最典型的例子。欧盟是迄今为止世界上发展最快和一体化程度最高的区域经济一体化组织③。北北型区域经济合作之所以能成功，主要原因有三个：首先，发达国家经济发达，国内市场需求大，具有较强的相互吸纳对方产品的能力。其次，发达国家产业现代化水平高，规模经济性强，相互之间可以通过产业内分工来分享更高的效率。最后，发达国家财力雄厚，可以设立充

---

　　①　典型如中国－东盟自由贸易区谈判。

　　②　据统计，大约有一半以上的区域贸易组织是"北北"型的，15%左右的区域一体化协议属于"南南"型。尽管如此多的区域经济一体化组织不断涌现，但其实际成效却差别悬殊。一般认为，发展最成功的是"北北"型组织，如欧盟（EU），其次是"南北"型组织，如北美自由贸易区（NAFTA），而由人口占世界 80% 的发展中国家组成的"南南"型区域经济组织被认为难以成功，目前发展效果很不明显。根据世界银行《2006 年世界发展指标》提供的数据，目前绝大部分"南南"型区域经济组织的内部贸易比重不超过 15%，一般都在 10% 以下，各成员国的贸易仍然主要依赖于外部贸易。此外，不少学者认为，无论是"北北"合作还是"南北"合作，都不乏成功的区域经济学理论和实例的支撑和引导，而"南南"合作尚缺乏有效区域经济理论的指引。

　　③　目前，欧盟已经达到了经济联盟阶段，实行了统一的货币，建立了统一的中央银行，正在向完全经济一体化迈进。2005 年，欧盟区内成员国的相互贸易已经占欧盟各国对外贸易的 66.8%。

足的共同基金，给因市场开放受冲击的企业和农民以补偿。当然，北北型区域经济合作也并非没有问题①，如果合作过程中的相关重大问题处理不好，要想实现完全经济一体化之目标，恐怕还会有很长的道路要走。

以堪称北北型区域经济一体化组织典范的欧洲联盟为例。欧洲联盟（EU，简称欧盟）的成立可追溯至 1958 年成立的欧洲共同体，其后便先后经历了自由贸易区、关税同盟、共同大市场、经济货币联盟、签署宪法条约等几个经济一体化的关键阶段。伴随着一体化目标的步步深入，欧盟现已成了一个拥有 20 多个成员国、面积达 400 多万平方公里、人口约 5 亿、GDP 总额逾 10 万亿欧元、出口贸易占世界贸易比重超过 40% 的一个世界上首屈一指的经济实体和独一无二的政治体以及国际区域经济一体化的领军者。

在欧盟一体化运作的一个较长时期内，由于成立关税同盟、制定和实施统一的农业政策、建立统一的大市场和经济货币联盟等举措对欧盟的有序运作和相关成果的取得起了极为重要的促进作用，因而在探讨欧盟一体化运作的成功经验时，我们也拟主要从这几个方面展开。

就关税同盟及其效应而言，在建立关税同盟的过程中，尽管各种矛盾与问题不断，但各成员国还是提前完成了自己建立关税同盟的各项任务，并最终于 1968 年 7 月 1 日，比计划提前了一年半的时间建成了真正意义上的关税同盟。

关税同盟之所以能克服重重困难建立并进而能在实践中得以持续有效地推进，应该说与关税同盟本身所具有的经济效应是有着十分密切的关系的。第一，尽管关税同盟的建成并没有完全取消欧共体成员在贸易方面的所有障碍②，然而作为欧共体的重要支柱之一，工业品关税同盟对促进各成员国经济贸易的发展以及密切其经贸关系还是起到了极大的正面效应作用。据统计，在 1958—1979 年间，共同体内部的贸易量增加了 8 倍，而同一时期共同体与区外的贸易量则仅仅增长了 2 倍③。第二，形成了一定的消费效应。由于进口关税的取消，使共同体内的消费者更多地购买与消费区内其他成员国的产品成了现实，当然，在此过程中其福利水平也必将会相应地得到提高；此外，由于产业内贸易导致的产品多样化程度的提高，使消费者的效用函数得到更大程度满足的基础上，产生了更多的正的福利效应；还值得一提的是，针对某些成员国忽视环境保护等方面的行为，欧共体还制定了旨在保护环境和提高福利水平的相关政策，进而又从更广泛的意义上提升了成员国的整体消费效应与福利质量。第三，除了在投资创造和投资转移方面取得了一定的效应外，规模经济方面的效应更是明显。由于一国企业生产的产品可以在关税同盟建立以后自由地进入其他成员国，就可以获得从前在贸易限制下的小市场中无法实现的规模经济优势；不仅如此，关税同盟的建立还更进一步地提高了劳动生产率与设备的有效利用率；同时，更彻底地利用副产品以及更快地提高经济效率也成为了可能。以获得了显著动态效应的欧共体的冰箱工业与汽车工业为例。在欧共体成立之前，德国、意大利、法国等欧洲主要冰箱生产国均分别拥有数家冰箱制造商，只是每一家的年产量均不足 10 万台。然而欧共体关税

---

① 以过去发展最为顺利的欧盟为例，不仅《欧盟宪法条约》的通过步履艰难，而且在应对外部冲击上各成员国也是分歧加重。

② 因为现实中各成员国之间利用非关税壁垒来排斥他国产品的情况还时有发生。

③ 德·西尔期.欧元(中文版).北京：中国商业出版社，1999

同盟建立后,市场的开放与扩大,无形中也就为冰箱工业自动装配线、现场焊接等规模生产方法的应用铺平了道路。结果到了 20 世纪 60 年代末时,意大利冰箱厂家的年产量一般达到 85 万台,超过了年产 80 万台的冰箱最低有效生产规模;同时,德国与法国的冰箱厂家也分别达到了年产 57 万台和 29 万台,而且成本较以前也有了大幅度的下降①。不仅如此,关税同盟建立后,欧共体每年可以生产约 1 000 万辆汽车,其中 90% 的产品又是在共同体的内部销售的。还值得一提的是,就国家而言,国际区域一体化所产生的额外竞争、投资和规模经济还使得欧共体的成员国,尤其是小成员国获得了更为明显的动态收益②。第四,竞争促进效应得到了提高。原因在于:关税同盟建立后,由于企业面对着激烈的市场竞争必须要进行重组,从而导致了日益加深的企业专业化分工、对研究和开发费用的不断追加、跨国兼并与收购等方面的活动,而这些活动反过来又促进了企业的效益增长和技术革新,并对欧共体内部的产业重组、生产专业化以及区域分工也产生了十分明显的促进作用③。第五,专业化分工效应得到了强化。随着关税同盟的建立,欧共体成员国之间的产业内贸易水平也得到了普遍的提高④,而这一点恰恰是其制造业内部专业化分工效应不断提高的直接结果。事实上,同一产业内的国际分工与产业内贸易的发展客观上要求撤除国家之间的界线与各种障碍。可以说这一点既是建立国际区域一体化的经济基础,而且也是国际区域经济一体化的动力源泉。在此基础上构建起的国际区域一体化组织不易破裂,因为一旦破裂必将会使成员国家蒙受巨大的负面经济效应。第六,经济增长效应得到了相应的提升。由于关税同盟对内取消、对外则筑起了统一的贸易壁垒,因而客观上在排斥了非成员国(当时主要是美国)有竞争力的产品进入和提供市场保护的同时,也在欧共体内部加强了成员国之间工业品生产的竞争激烈程度,促进了其工业部门劳动生产率的大幅度提高,最终将有利于经济的增长。

　　就共同农业政策及其效应而言⑤,起步于 20 世纪 50 年代末的欧共体共同农业政策的形成,对欧共体的巩固与发展也起到了相当重大的作用⑥:第一是稳定物价的宏观经济效应。事实上伴随着共同农业政策以及绿色货币、货币补偿金的实施,1968—1974 年间,欧共体市场上的小麦价格的月波动率仅为 3%,而同一时期美国的这一指标反而达到了 11% ~13%⑦。考虑到农产品是制成品和服务品的价格基础,因此,农产品价格的稳定对欧共

---

　　① Nicholas Ower. Economics of Scale, Competitiveness and Trade Patterns Within the European Community [M]. New York: Oxford University Press, 1983. 119 – 139

　　② 例如荷兰、比利时等国,其国内的许多企业便通过既为本国市场生产又为出口生产以及减少品种提高产量等方法而实现了自己的规模经济。

　　③ 以占当时西欧工业总产量 1/3 以上的机器制造、机床以及仪表制造部门为例,这些部门的半成品、零部件的内部交易额占世界交易额的比重从 1964 年的 35% 一跃而升至了 1972 年的 45%;另外,在欧共体内部,其成员企业"相互渗透"的次数,也从 1961 年的 1 507 次跃升至了 1969 年的 15 307 次,增幅高达 10 倍之多。

　　④ 例如,法、德两国在 1970 年和 1985 年的全部商品贸易中的产业内贸易指数分别从 0.67 和 0.54 上升到了 0.74 和 0.63;而就制成品而言,两国显示了更高的产业内贸易水平:法国从 1970 年的 0.78 上升到了 1985 年的 0.82,而德国同期则从 0.60 上升到了 0.67。

　　⑤ 共同农业政策(Common Agricultural Policy, CAP)也是欧共体的另一项重要成就,其在欧共体发展中占有突出地位。因为其不仅长期与关税同盟并称为欧共体的两大经济支柱,而且也可以说是欧共体经济一体化程度最高的领域。

　　⑥ 当然,我们并不否认:由于共同农业政策自身所存在的种种缺陷,因此伴随着它的实施,这些缺陷不仅逐渐成为了日后欧共体内部矛盾的重要根源,而且也成为了加剧世界农产品贸易摩擦的主要原因。

　　⑦ 沈骥如.欧洲共同体与世界.北京:人民出版社,1994. 77

体成员国低通胀经济目标的实现有着十分重要的现实意义。第二是生产效应明显。可以说共同农业政策在推动了欧共体成员国的农业技术进步以及提高了农业劳动生产率的基础上，最终推进了欧共体各国的农业发展。据统计，在 1961—1968 年、1968—1973 年、1973—1978 年、1978—1983 年这四个阶段中，欧共体农业劳动生产率的平均增长率分别达到了 7.1%、8.3%、4.3% 与 4.35%，而同一时期欧共体整个国民经济的劳动生产率的年平均增长率分别为 4.4%、4.1%、2.3% 与 1.4%；此外，化肥与机械工具的大量使用也大大提高了西欧农业土地资源的使用效率与劳动生产率，并使农业劳动生产率的提高速度在一个较长的时期内要明显高于服务业与工业。第三是提高了资源配置效应。尽管如此，然而由于共同农业政策所主要依赖的"价格支持政策"扭曲了市场条件和违反了以市场为导向的资源配置经济规律，因而共同农业政策的实现不仅造成了较高的经济运行成本，而且也并没有实现资源配置的帕累托最优。还值得一提的是，从世界的角度看，由于欧共体对农业生产者的过度支持①，也使得各成员国自觉与不自觉地将有效的资源过多地配置到了并不具有比较优势的农业部门，其结果不仅导致了大量的农产品过剩，而且也还提高了其他产业的投入成本，并最终不利于整个经济的发展。应该说，这一点对我们在促进与规范国内各地区之间的竞争关系时也是有着重要的借鉴意义的。

　　就统一大市场及其效应而言，欧共体成立之后，尽管其在一个较长的时期内一直都把建立关税同盟和实现共同农业政策作为其主要的一体化发展目标。然而自 20 世纪 70 年代中期起，由于主要成员国在农业预算等问题上的严重分歧，以及为应对两次世界性的经济危机而设置了许多非关税的贸易壁垒，所有这些不仅加剧了成员国之间的离散趋势，而且也使得西欧一体化进程一度陷入了停滞不前的境地。由于西欧大多数国家的工业化起步较晚、福利包袱较重、产业结构调整缓慢以及严重依赖石油进口，结果不仅其出口的市场份额与价格竞争力有所下降，而且与美国相比一度缩小的经济总量差距又有了进一步拉大的趋势。所以，为进一步增强成员国的凝聚力、继续推进一体化进程、提高地区总体经济实力以及增强应对美国等国家的挑战实力，1985 年 6 月，米兰欧共体首脑会议发表了题为"完成内部市场"的"白皮书"，其后经过各成员国的共同努力，目前已基本实现了区内以实施单一市场为目标的统一大市场的建设计划②。

　　应该说统一大市场的建立对欧盟的社会进步与经济发展是起到了相当大的促进作用的。按照 1991 年世界银行公布的其对欧共体统一大市场经济效应的研究成果，他们认为统一大市场至少在以下的四个方面是能够为欧盟成员国新福利的增加作出自己的贡献的：因取消贸易壁垒所获得的收益相当于欧共体 GDP 的 0.2%；因取消影响总生产的壁垒而获得的收益相当于 GDP 的 2.2%；因更充分地利用规模经济而获得的收益达 GDP 的 1.6%；因内部竞争加剧而获得的收益相当于 GDP 的 1.6%。以上四项合计，统一大市场将给欧共

---

　　① 1997 年世界主要农产品生产和出口大国对农业的支持力度相比较，澳大利亚、加拿大、欧盟、日本、新西兰、美国、经合组织等国家与经济组织的生产者获得的补贴占农产品价格的比例分别为 9%、20%、47%、69%、3%、16%、35%；相比之下，欧盟的补贴水平（47%）虽远不及日本的（69%），但却远高于经合组织（OECD）成员国的平均水平（35%）。

　　② "白皮书"认为，实现内部统一大市场建设目标的关键在于消除阻碍商品、资本、服务及人员在欧共体内部自由流动的边界、技术以及财政税务等方面的障碍；而为消除这些障碍，需要欧共体在原有的政策机制上加强共同的立法和协调成员国各自的法规及政策。

体成员国带来相当于 GDP 5.6% 的新增经济福利①。具体说来，欧盟统一大市场建立后所形成的经济效应主要体现在以下几个方面：一是贸易创造与贸易转移效应②。在贸易创造方面，随着成员国之间边界、技术与财政税务方面障碍的不断消除，不仅扩大了成员国相互之间的绝对贸易量，而且也使其内部出口额占欧共体出口总额的比重进一步上升③。在贸易转移方面，尽管效应不太突出，但毕竟还是在一定的程度上促进了区域内进出口贸易的发展。二是消费福利效应。据统计，在统一大市场形成后的 10 年时间里，它使欧盟的消费者在激烈的市场竞争中获得了从电话到食品等各种商品普遍降价的好处，同时还创造了250 万个工作岗位，新增财富总计 9 000 亿欧元，平均每个家庭新增财富 5 700 欧元④。三是竞争与规模经济效应。随着统一大市场建设的不断推进，欧盟内部企业间的竞争也愈演愈烈，为增加产量、降低成本、提高经济规模、获取更多的经济利益并进而在竞争中占据主动地位，欧盟内部企业间的并购不仅在数量上呈现出了快速增长的态势⑤，而且在形式上也更趋多样化。此外，随着兼并行动的不断推进，企业的规模经济效应必将会越来越明显。四是投资效应。这一点不仅表现在欧盟的投资增长的加速度要远远高于贸易发展的加速度，而且欧盟接纳全球外国直接投资的比例也由 1985 年的 28% 上升到了 20 世纪 90 年代中期的 44% 左右⑥。另据联合国《世界投资报告》披露，自统一大市场建立以来，欧盟在美国对外直接投资东道国中的地位不断上升，其中，1998 年美国对外直接投资的 54% 便流向了欧盟。由此可见，统一大市场的形成为欧盟成员国带来了十分显著的投资创造效应。五是经济增长促进效应。据 1996 年欧洲委员会对 1985—1995 年间单一市场计划实施情况的调查结果，仅 1994 年这一年欧盟的 GDP 便因实施单一的市场计划而额外地增长了1.1% ~ 1.5%，同时还新增了 60 万个就业机会；此外，调查还显示，与发达的成员国相比较，西班牙、希腊、爱尔兰、葡萄牙等欧盟中相对落后国家的受益相对要更大一些⑦。事实也的确如此。除个别年代外，整个 20 世纪 90 年代欧盟国家的 GDP 增长速度普遍令人满意，其中，2000 年欧盟地区的经济增长率比上一年度上升了 0.9%，总体达到了 3.4%，创下了自 1974 年以来该地区 GDP 增长的最高水平。六是逐步实现了对欧盟中落后国家的产业重组化和经济结构优化。以爱尔兰和葡萄牙为例，统一大市场建立以后，此两国产值下降幅度最大的部门是附加值较低与需求弹性较小的食品、烟草、饮料等生产生活必需品的行业，而像化工业、汽车制造业、电子器械、出版印刷等资本密集型的加工业的比重的升幅都比较大，这一点其实也从另一个角度说明了统一大市场的建立对产业重组以及经济结

---

① 统一大市场建设的经济效是如此之明显，因而在规范国内各地方政府之间的竞争并进而消除其中的负效应时，我们有必要在国内统一大市场的建设方面多下工夫。

② 相比较而言，统一大市场对欧盟的贸易效应不如关税同盟的效应那般显著，原因主要在于：一方面从欧盟的内部情况上看，各成员国在国际分工中的位次接近与产业结构趋同，再加之经过几十年的经济一体化进程，各成员国相互之间的贸易潜力及增长空间已大大缩小；另一方面从外部情况看，由于 20 世纪 90 年代以来，美国、中国等国家经济持续快速增长，也使得欧盟区内贸易的增长幅度远远赶不上对区外国家的贸易增长幅度。两方面原因综合起来，最终导致了统一大市场背景下的贸易效应并不十分显著。

③ 这一比重从 1985 年的 54% 增长到了 2000 年的 61.8%。

④ 樊莹. 国际区域一体化的经济效应. 北京：中国经济出版社，2005

⑤ 以 1996 年、1997 年、1998 年、1999 年为例，期间欧盟企业间兼并在数量上的年增长率分别为 -7.9%、3.6%、19.6% 和 27.7%，增速加快之趋势十分明显。

⑥ 这种情况相当于同期美国与日本的接纳总和。

⑦ Commission. Economic evaluation of internal market . European Economy，1996(4)：226

构优化的重要影响。七是有利于实现区域内的凝聚效应。事实上，为了达到凝聚之目标，欧盟早在 1994 年 5 月即设立了凝聚基金。而希腊、爱尔兰、葡萄牙、西班牙这四个人均 GDP 尚低于欧盟平均水平 90% 的成员国在满足了《欧洲联盟条约》第 104 条所规定的经济趋同条件后，都得到了欧盟凝聚基金的投入。总之，凝聚效应不仅较好地体现了欧洲经济一体化实践的特色[①]，而且还在帮助区内经济暂时处于弱势的国家迎接欧盟统一大市场挑战的同时，大大减少了经济一体化道路上的障碍。

就经济货币联盟及其效应而言，尽管早在 1957 年的《罗马条约》中即达成了"在欧共体内实施共同金融政策是必需"的共识，但一直到了 1970 年，欧共体理事会才最终同意要在货币一体化的最终阶段建立统一货币的政策建议。后来由于德国坚持在实现货币联盟的同时必须要协调各国的经济政策，因而这一计划便改称为经济货币联盟。1998 年 7 月 1 日，负责发行新货币的机构——欧洲中央银行在德国的法兰克福成立，1999 年 1 月 1 日，欧盟 15 个成员国中的 11 个通过了《马斯特里赫特条约》中所规定的检验指标并进而成了欧洲经济货币欧盟的创始成员国，至此，货币联盟便如期得以顺利启动，2002 年 1 月 1 日单一新货币欧元正式进入流通领域，此举就标志着欧盟终于实现了它在成立之初时即定下了的单一货币的梦想。

欧洲经济货币联盟形成的经济效应也十分明显：一是货币统一以后，由于消除了汇率风险、减少了交易费用、降低了企业的经营成本、提高了产品的价格竞争力，因而在相当程度上促进了区域内贸易的进一步发展。根据经济学家埃默森等人的推算，欧洲货币联盟的这类利益总计可达欧盟 GDP 的 0.2% ~0.4%[②]；另据欧洲委员会估计，欧洲货币联盟成立后所节省的交易成本大约相当于欧盟 GDP 的 0.4%。二是消费效应。事实上实行单一货币既可大大便利各成员国的经济生活，同时也有助于推动成员国之间居民的流动与交往；此外，统一货币还意味着欧元区国家的商品将以同一种货币标价，这又为消费者实实在在地比较区内各国产品与服务的价格创造了便利条件。不仅如此，对不同成员国同一产品的价格比较，既能促使生产要素在区域内更加自由地流动与更加合理地配置，且最终必然会有利于成员国之间的物价向着总体降低的方面逐步趋同。三是欧元区各国之间汇率风险的消除，不仅成了有助于欧洲宏观经济发展的一个重要稳定因素，而且也还产生了比较显著的投资创造效应。货币同盟形成后由于相对价格的不确定性消失了，结果一方面降低了企业的投资决策与交易的成本[③]，大大增加了单一货币区内中小企业在跨国贸易和投资时的成本与收益核算，并进而产生了"投资创造效应"；另一方面，比节约交易费用更为重要的是，单一货币的建立还彻底消除了区内的汇率风险，增强了产业界在货币区内长期投资的信心，这将有利于推动资本在欧元区内的流动，实现欧元资源的最佳配置，提高货币区内经济的整体效率。四是竞争刺激效应。由于单一货币消除了一国通常惯用的通过贬值货币来增加出口的可能性，因而实践中人们便不再把提高欧元区国家出口产品竞争力和降低高失业率的希望寄托于变更汇率水平、增加政府支出或其他宏观政策的组合上，而是将焦点

---

① 也即是指在注重资源配置效率的同时，也十分关注社会的公平问题。

② Sylvester. C. W. Infringer, Jakob De Haan. European Monetary and Fiscal policy［M］. Oxford University Press, 2000

③ 尤其是可以省去各种货币兑换的烦琐手续，因而既能节省有关费用，也有利于中小企业在跨国贸易与投资时的成本与收益核算。

集中到劳动力市场的运作、市场内部的竞争、公司治理体制和企业的创新能力等微观经济领域。事实上，自欧元问世以来，欧元区内的热门话题便已经转向了劳动市场上的立法改革、公司治理体制的新规定、私有化进程以及市场自由化的程度等方面。五是加速了欧洲金融市场的产业重组，有助于建立统一的欧洲金融市场。欧元的实施促进了欧洲金融市场的一体化，尤其是银行及其他金融机构之间的兼并与联合力度明显增加；此外，欧元问世以后，欧洲证券市场通过市场连通、共建交易平台和市场合并，加速了向证券市场一体化方向迈进的步伐，从而为融资证券化和资产证券化提供了市场条件①。六是通过促进单一货币区内各成员国经济指标的进一步趋同，有利于规范各成员国的财政秩序和减少相关的不对称冲击。此外，欧元的形成不仅使欧洲统一大市场的建设得到了进一步的巩固与完善，而且也增强和提高了欧洲市场的同质化程度以及区内居民对欧洲一体化事业的认同感和对欧洲的认同感，而这种认同感对于动辄以"公投"形式来决定诸如政府是否应进一步参与更高层次一体化建设此类国家大的方针的欧洲来说更是弥足珍贵②。

作为世界上最大的全部由发达国家组成的区域经济一体化组织，欧盟（欧共体）在其几十年的一体化历程中取得了丰硕的成果。从总体上分析，作为区域经济一体化组织，欧盟之所以能取得如此丰硕的合作成果，主要原因如下：

（1）完善与有效的合作机制的形成及实施，为欧盟的成功运作提供了组织与制度上的强大保障。尽管在欧盟内部，各成员国无例外地均是将实现自我利益的最大化作为其参与地区经济一体化的首要动机；尽管在相互间竞争与合作的过程中，各国的利益并不总能保持相互一致而且时常会产生一定的利益冲突。然而，作为由发达而成熟的市场经济和民主体制组成的一体化组织，欧盟往往更强调以法律、规则和权力为导向，以法律、惯例、协议为基础，通过有效的磋商和协调机制来解决彼此间的利益冲突与诉求。事实上，为了达到此方面的目的，目前的欧盟拥有着世界上最完善的法律制度与规章条例。据统计，在欧盟范围内，法规一体化的覆盖率目前已达到了60%以上；而在经济一体化方面，成员国的主权转让共享也已超过了85%。可以说，没有完善而有效的合作机制作基础，就不可能形成像今天欧盟这样成功的区域经济一体化组织。此外，欧盟委员会以及其他一些相关的常设组织机构的建立及其相关权力的赋予，无形中又大大促进了欧盟一体化进程的稳定与有序。

（2）成员国强烈的政治合作意愿和"共同精神"、成员国之间良好的地缘优势与便利的交通设施、成员国之间宗教与文化的相似性，均在相当程度上夯实了欧盟一体化运作的基础与条件。欧盟一体化的思想可以说由来已久，其背景可以追溯至西罗马帝国时代。第二次世界大战以后，世界格局的深刻变化，无形中进一步强化了西欧国家"生死与共"的理念

---

① 表现在微观层面上，1998年欧盟的8个主要股票交易所决定组建泛欧证券交易市场；1999年伦敦证券交易所与法兰克福证券交易所结盟建立了统一的电子交易系统，并于2000年5月决定各以50%的股份合并组成"国际股票交易所"；2000年4月巴黎、阿姆斯特丹、布鲁塞尔证券交易所又联盟组成了欧洲第二大证券交易所。在宏观层面上，欧洲统一证券上市条件和管理规定的出台以及欧盟委员会在协调了15个成员国的法律差异之后，又为建立起一个单一的证券市场奠定了基础。（江涌.走向一体化的欧洲证券市场.欧洲，2001(1)）。

② 当然，自欧元产生以来，关于欧元的不同声音也时常不绝于耳。如汇丰银行（中国香港）控股公司在2005年7月初发表的研究报告中认为：自欧元推出以来，其成员国经济的两极分化有加剧之趋势，意大利、荷兰等欧盟国家的经济目前即处于多年未有的衰退状态，在个别成员国的内部甚至还出现了退出欧元的呼声。尽管许多问题并非因欧元而起，但报告仍警告：如果欧盟不实施鼓励劳动力与资本自由流动的大规模经济改革，欧洲货币联盟将难以为继。

以及不能过分维护本国利益而阻挠一体化进程的"共同体精神"。不仅如此，欧盟的成员国之间大部分地域相邻，加之大多属于对外贸易依存度较高的外向型经济国家，因而彼此之间既有着比较强烈的加强合作的条件，而且也有着强烈的合作愿望。此外，相似的宗教信仰与文化传统不仅孕育了欧洲人强烈的"认同感"，而且也为欧洲的一体化奠定了坚实而有力的基础①。

　　（3）既能产生饱满经济效应的经济学初始条件的具备，也为欧盟的建立及其成功运作奠定了坚实的基础。区域经济一体化组织要想成功地运作下去，没有良好的经济效应做支撑，几乎就是不可想象的事情，而恰恰在此方面欧盟的条件十分优越。首先，从产生饱满静态经济效应的条件上看，成员国之间一些产品的原有关税水平较高、相互间产品的供给弹性与需求弹性均较大、工业品劳动生产率普遍较高等一些国际区域经济一体化贸易创造效应发生的必要条件，在欧共体诞生以前的成员国中便已基本具备。尽管在欧盟成员国中，经济规模最大的德国比最小的卢森堡要大 183 倍，但是德国、英国、法国、意大利这四个欧盟最大的经济体在人口与人均收入水平方面却是十分的接近。这一点不仅导致了相似的需求格局与相似的产品交换，而且也使得其潜在的贸易范围与贸易规模变得十分巨大。其次，欧盟（欧共体）也具备了产生饱满动态经济效应的良好条件。要想在区域一体化的经济组织中形成饱满的动态经济效应，一个重要的条件即是成员国之间应具有大致相同的要素禀赋和经济发展水平，以便实现相互间有效的协议性分工并进而获得应有的规模经济效益，而欧洲成员国之间恰恰基本上具备了这样的一些条件。不仅如此，欧盟各成员国之间大体相同的人均收入水平、消费偏好与消费结构又决定了其在需求结构、投资水平、技术水平以及生产能力方面也有诸多的相似之处，而所有这些使成员国之间不仅易于形成密集的水平型贸易约束，同时也更易于实现规模经济、提高产业内不同水平以及降低因一体化而带来的产业调整成本的目的。显然，若无这样的一些能产生饱满经济效应的经济学初始条件，欧盟的持续稳定与健康运行几乎是不可想象的事情。

　　（4）在区域经济一体化的进程中，既有着像"法德轴心"这样的领导力量的推动与牵引，同时，"兼顾公平与效率"的政策取向也使得欧盟的一体化进程充满了活力与凝聚力。国际区域一体化的有效运作要求成员国让渡一定的主权，尤其是像欧盟这样的一体化组织，由于其已将成员国的绝大多数经济活动纳入到了一体化的进程之中，因而也就更需要来自强有力的领导者的推动与牵引。事实上，就欧盟一体化的实践而言，如果缺失了类似"法德轴心"这样能够担当重大主导者责任的核心力量，那么欧盟就不可能取得像今天这样的巨大成就。实践中，尽管法德两国在一些领域中也时常存在着分歧，然而出于对长期利益和根本利益的考虑，二者之间又常常能够化解矛盾并进而保持一致，所以在欧洲一体化的漫长进程中，这两个国家也就得到了其他成员国的信任与认同。不仅如此，由于欧盟一直以来均把实现内部区域间的"协调和平衡发展"以及"经济与社会凝聚"作为自身的优先

---

①　欧洲的宗教尽管可以分为天主教与基督教两个派别，然而其历史渊源与脉络却十分紧密；虽有多种语言，但大多同属于日尔曼语与新拉丁语两大语种，而这两大语种又同属于雅利安语系。

目标，结果使得欧盟的一体化进程充满了活力与凝聚力①。事实上，欧盟的结构基金与凝聚基金自设立之时起就一直担当着实施欧盟经济与社会凝聚政策的主要工具。考虑到这样的一种经济与社会的凝聚政策涵盖了保持联盟内部团结的思想，再加之其主要的政策目标是为了通过再分配来减少由于市场一体化进程而导致的某些负面影响，因而它们在实践中的推行既有利于消除区域一体化进程中的不利影响，而且无形中也强化了一体化进程中的活力与凝聚力。

尽管如此，欧盟在发展过程中也并非铁板一块和毫无任何间隙，至少在现在和未来的一个较长时期内，欧盟围绕以下两方面问题展开斗争的现状仍将继续：一是法、德、英三大国对欧洲的未来各有不同的设想。法国的目的是遏制德国，消除战争根源，用集体的力量促进本国经济发展，提高生活质量，维护欧洲的民主与安全；而德国作为欧洲最具实力的经济和贸易大国，对欧洲本身的繁荣和发展十分关注，认为欧洲联盟的未来与本国的强大息息相关。法、德两国从各自的立场出发，都极力促进欧洲一体化的加强，倡导欧洲贸易自由主义和联邦主义。但法国又担心欧洲联邦最终不能遏制德国，而是被德国所支配。英国人则认为，欧盟要保证实行自由贸易和有序的竞争，必须反对"超国家的欧洲"，担心国家主权受损。因此，欧盟的进展总是受到来自英国的阻挠。此外，欧盟中的小国也有各自的想法，这些小国并不关心欧洲在世界上的影响，它们关心的主要是从繁荣团结的欧洲得到一份好处。它们对目前欧盟中大小国家不平等的现象极为不满。二是关于欧洲联盟扩大的方向问题，即"南下"、"东进"的问题。德国主张中东欧国家早日加盟，尽快实现"东进"②。然而，由于"东进"对德国有利，因此，法国为了保持自己在欧盟中的政治主导作用，积极建议欧盟先"南下"，即先同地中海沿岸的国家建立伙伴关系，然后力主欧洲南部国家与北非地区建立欧洲地中海经济区③。考虑到德国对"南下"计划表现冷淡，所以，将来围绕"东进"、"南下"问题必将展开一系列斗争。虽然欧盟一体化进展和范围扩大的过程充满了矛盾和斗争，有时甚至面临解体的威胁，但共同的利益决定了欧洲一体化是不可逆转的，它的前景是令人乐观的。

二、南南型区域经济一体化运作的典型：东盟自由贸易区的一体化运作及其思考

南南型区域经济合作出现的时间比北北型稍晚，但数量众多。根据世界贸易组织的统计，向该组织通报的北北型区域贸易协定有109个，占总数的一半以上。比较著名的南南型区域经济合作组织有：拉丁美洲的中美洲共同市场、安第斯条约集团、加勒比共同体、

---

① 现阶段尽管"突飞猛进式"的东扩拉大了欧盟成员国之间的经济差距，也无形中增加了一体化进一步发展的难度；尽管如何为拥有20多个成员国的欧盟制定出一整套的组织运转规则给欧盟的进一步发展提出了新的挑战；尽管《欧盟宪法条约》遭到了法国、荷兰等欧盟创始国公民的公投否决后，一体化走向何方一度受到了多方质疑，但我们不能忽视现阶段欧盟新老成员之间经济的较强互补性，可以进一步延长欧盟的产业分工链条并进而在加强其区域内部的经济大循环的基础上获取更多的经济效应。因此，暂时的困难是阻挡不了欧盟一体化的发展进程的。

② 奥地利、瑞典和芬兰的加入，如中东欧国家早日被接纳，那么德国就会成为欧洲经济的"地缘中心"，加之德国经济实力在欧洲居首位，相当于英法两国的总和，德国对欧洲政治经济的影响力可想而知。中东欧国家的尽早加盟，对德国的外贸和经济发展将产生重要影响。因此，德国积极推动欧盟先"东进"。

③ 通过与北非各国建立密切的经贸关系，使法国与南欧的意大利、西班牙等国受益，这样就可获得意大利、西班牙和北非诸国的支持，从而使法国自然成为这一地缘的中心。但目前由于北非各国政局动荡、经济不稳等问题的存在，使法、意等国的"南下"计划受挫。

拉丁美洲一体化联盟、南方共同市场；非洲的中非关税与经济同盟、西非经济共同体、西非国家经济共同体、大湖国家经济共同体、东南非洲共同市场、马格里布联盟；亚洲的阿拉伯共同市场、东南亚国家联盟、海湾合作委员会和经济合作组织等。

尽管发展中国家追求内部经济一体化的热情很高，南南型区域经济合作组织众多，但真正取得成功的几乎没有。根据世界银行《2006 年世界发展指标》提供的数据，目前绝大部分南南型区域经济组织的内部贸易占各成员对外贸易的比重不超过 15%，一般都在10% 以下，只有经济发展水平较高的东南亚国家联盟、南方共同市场和中美洲四国集团的这一比重超过了 20%，其中东盟最高，为 22%。也就是说，南南型区域经济组织对成员国贸易和经济的促进作用非常有限，大多数南南型组织内部贸易的比重在组织成立后上升幅度很小，有的甚至是下降的。

南南型区域经济合作之所以普遍不成功，其根本原因在于它不具备像北北型组织那样成功的条件。首先，大多数发展中国家经济不发达，人均收入水平低，国内市场狭小，对其他成员的产品吸纳能力很低。其次，发展中国家经济结构单一并且雷同，生产链条也短，无法形成紧密的产业分工。第三，发展中国家财政普遍困难，根本无力建立共同基金来补偿受市场开放冲击的企业和农民。同时，关税收入是发展中国家很重要的财政收入来源，如果取消关税，政府财政收入将受到严重影响。因此，在南南型区域贸易协定中，大部分都没有得到真正的实施。

在国际区域经济一体化发展的进程中，南南型的区域经济合作组织尽管不少，然而，基于代表性和典型性的考虑，本教材分析中仅以东盟自由贸易区的一体化运作为例。

起步于 1967 年 8 月的东南亚国家联盟（简称东盟），其前身是由马来亚（马来西亚）、菲律宾、泰国于 1961 年在曼谷成立的东南亚联盟。该组织成立之后在一个较长的时间内政治意图明显强于经济意图，直到 1992 年东盟第四次首脑会议提出在 15 年内建成自由贸易区的目标后，其经济一体化的进程才获进展[①]。

20 世纪 90 年代初东盟自由贸易区的形成主要是受到了以下三个方面因素的影响：一是 20 世纪 90 年代初随着持续了近半个世纪的美前苏联冷战体制的终结以及东欧剧变、前苏联解体，国际地缘政治均衡发生了重大变化。二是新"经济地区主义"形势的形成，无形中加速了东盟自由贸易区的建立与发展。尤其是随着欧盟统一大市场、北美自由贸易区的相继问世以及国际区域经济一体化和集团化步伐的日益加快，东盟更是希望通过加深、加快区内经济一体化的步伐来应对新的挑战。三是东盟各成员国在经历了 20 世纪 80 年代中期的经济结构调整之后，国民经济进入到高速发展时期，不仅制造业在国民经济中的作用日益突出，而且外向型的经济模式也已初步形成，所有这些为进一步提升其成员国相互间合作的层次和建立自由贸易区奠定了必要的物质基础。

为推动东盟自由贸易区的建立与有序运作，随着条件的逐步成熟，东盟着重推出了以下几个方面的对策措施：一是将《共同有效优惠关税协定》[②]作为东盟自由贸易区计划的主

---

① 现今的东盟由印度尼西亚、新加坡、泰国、菲律宾、马来西亚、文莱、缅甸、越南、老挝、柬埔寨 10 个成员国组成，从其经济对外开放时间的先后以及经济发展水平上看，新加坡属于新兴的工业化国家，泰国、马来西亚、印度尼西亚、菲律宾属于亚洲地区的准新兴工业化国家，越南属于新经济增长区，缅甸、老挝、柬埔寨则属于欠发达的发展中国家。

② 该协议全称为《东盟自由贸易区共同有效普惠关税方案协议》，简称为 CEPT。

体。二是为使区内成员国较非成员国家有更多的贸易优惠，在 1992 年 12 月的东盟雅加达自由贸易理事会上制定了 CEPT 的原产地规则（Rules of Origin for CEPT）。其中规定，一成员国自另一成员国直接进口产品的享有优惠关税的条件为该国出口商须持有由其主管机构核发、表明该产品的东盟产值成分比例不低于 40% 的产地说明书。显然这样的规定有利于确保区域内成员国的经济利益。三是为推进区域内的服务贸易自由化进程，1995 年 12 月东盟又在泰国峰会上签署了"关于服务业框架协议"，该协议要求在不违反《世界贸易组织服务贸易总规定》（GATS）规则的前提下，加强各成员国之间在服务业的合作，并在消除成员国相互间服务贸易限制的基础上最终达到服务贸易自由化的目标。四是为确保《共同有效优惠关税协定》的有效实施，进一步促进区内资本流动和吸引更多的区外国际直接投资的流入，1998 年 10 月东盟又在马尼拉经济部长会议上签署了《东盟投资区框架协议》，其目的在于通过取消各成员国对直接投资的各种限制来吸引各方投资并进而形成一个统一、自由且透明的"单一投资区"来增加对区外国际直接投资者的吸引力。

为推动有关行动计划在实践中的落实并进而产生真正的实效，东盟下了相当大的决心，也付出了一定的努力。就《共同有效优惠关税协议》的落实情况而言，自从该协定公布之后，各成员国都做出了积极回应并于 1992 年底先后制定并公布了各自详细的关税减让计划。尽管这样的一种减让计划曾一度因全球贸易增速放慢、区域内部意见分歧以及某些成员国政府屈从国内利益集团的压力等而被迫搁浅，然而 20 世纪 90 年代中期以来经济全球化与国际区域一体化的迅猛发展态势又迫使东盟的各成员国政府不得不考虑继续推动与加速东盟自由贸易区的进程。正是在这种背景下，1994 年第 26 届东盟经济部长会议决定将建立东盟自由贸易区的时间从原定的 15 年缩短为 10 年，即成员必须要在 2003 年 1 月 1 日前将区内进口商品关税率减至 5% 以下。此外，作为东盟自由贸易区的主体与主要实施机制，《共同有效优惠关税协定》不仅已在稳步推进，而且还比原计划提早了一年于 2002 年 1 月 1 日正式建成。随着《共同有效优惠关税协定》的有效推进，2004 年 1 月 1 日东盟自由贸易区对 11 类优先产品实施了协调价格，与此同时还对优先取消关税的工业部门进行调整，并进行了有针对性的分工——印度尼西亚负责木材制品与汽车产品，马来西亚负责橡胶与纺织品，缅甸负责农业与渔业，菲律宾负责电子产品，新加坡负责电子网络与医疗卫生，泰国负责旅游与航空业。值得一提的是，2004 年 9 月在雅加达的东盟经济部长会议上又达成了"6 个创始国将于 2007 年率先开放市场，后加入的 4 个国家也将在 2012 年最终完成东盟地区经济一体化进程"的共识，同时还就农业、渔业、汽车、机械、木材加工业、橡胶制品、纺织与成衣产品、电子产品、旅游、商业和卫生保健等 10 个领域内的上万种产品的市场开放以及关税取消签署了框架协议。此举意味着东盟在推进区域内的经济一体化方面迈上了一个新的台阶。就服务贸易自由化进程的最新进展情况而言，目前，东盟成员国已就服务贸易进行了两轮谈判，目标主要是在 2020 年以前建成一个完全一体化的地区。从总体上讲，在这个方面做得比较好的应是新加坡与泰国这两个国家，因为这两个国家不仅相互开放了物流、银行和电信市场，而且还明确表示要通过显示开放服务业这个敏感而重要领域中的潜在利益来为其他成员国作一个示范与带头作用。就《东盟投资区框架协议》的落实情况而言，东盟早在 1995 年的曼谷峰会上即签署了《东盟合作促进国际直接投资行动计划》，接着东盟投资区理事会还先后组织了赴日本、美国、欧盟的招商引资活动，并大多取得了圆满成功。随着《东盟投资区框架协议》的有序推进，目前在东盟除了一些例外清单和敏感清单外，投资者在自由贸易区可以享受国民待遇。与此同时，鉴于服务业在支持工业生产活动中的重要性，"东盟投资区框架协议"已扩展到了服务业。

总之，通过各成员国的共同努力之后，目前的东盟自由贸易区已经真正地由理想变成了现实。6 个老成员国已有 99% 以上的总项目清单（IL）上的产品关税降到了 0~5%；4 个新成员国也已将 80% 的产品置于其各自的 CEPT 约束计划中，其中有近 60% 的产品关税降到了 0~5%；此外，越南、老挝、缅甸、柬埔寨也分别于 2006 年、2008 年、2008 年、2010 年之前将总项目清单上的产品关税降至 0~5%。为了进一步巩固并推进自由贸易区的发展，在 2003年 10 月的巴厘岛峰会上，东盟成员国签署了《巴厘第二协定》，其中明确提出了将在 2020 年建立起类似欧盟的包括"东盟经济共同体"、"东盟安全共同体"以及"东盟社会和文化共同体"等三大支柱的"东盟共同体"宏伟蓝图。为达此目的，东盟计划从以下的几个方面去进行努力：首先是进一步加强经济合作，尽快地制定出一个明确的工作计划；其次是成员国同意在包括木材、橡胶、汽车、纺织、电子、农业、渔业等几个经济领域中率先加快市场整合和统一各国条例、秩序与检查标准；再次是通过设立东盟协商机制和一个与政治分开、具有法律约束力的纠纷调解机制，来加强东盟成员国彼此间的协调与矛盾化解；最后是采取有效措施以进一步缩小新老成员国之间的经济发展差距，进而为共同体的建设扫清障碍。

自东盟自由贸易区形成以来，随着《共同有效优惠关税》等协定计划的制定与落实，其所产生的静态经济效应主要体现在以下几个方面：一是使区内各成员国之间对外贸易流量的增长速度明显加快。据统计，2002 年东盟区内的对外贸易总额为 7580 亿美元，与 1992年的 3 870 亿美元相比增加了 96%。而与对区域的贸易相比，东盟区域内各成员国之间的贸易增长率提高得更快，其中 1994 年、1996 年两年东盟区内贸易的年增长率高出区外贸易 10% 左右。尽管如此，如果从单个成员国的情况来看，东盟自由贸易区的影响则各不相同：马来西亚与文莱的区内贸易比重有所下降，印度尼西亚、菲律宾、泰国的区内贸易比重升幅较大，年均增幅分别达 6.67%、7.92%、4.79%，这一点说明了东盟自由贸易区的建设已使区内原先贸易保护制度较高国家因贸易自由化的发展而无形中加强了与区外成员国的贸易往来。二是部分地优化了区内贸易的商品结构并进而有助于实现"贸易重整"。伴随着制成品进口关税的下降，在东盟区内贸易中，制成品，特别是资本机械设备所占比重上升明显。其中，新加坡从马来西亚、菲律宾、印度尼西亚、泰国等东盟 4 国进口的资本机械设备占其 GDP 的比例，从 1995 年的 5% 上升到了 1996 年的 20%，超过了同期从日本、美国的进口升幅。与此同时，柬埔寨、越南、老挝等国家的此类设备也主要是从东盟区内进口。三是区域内成员国对外贸易的地理方向并未发生实质性的改变。据统计①，在1986—1996 年的 10 年中，东盟成员国对外贸易的地理方向主要是区外的东亚、美国、西欧三个地区，而其中增长最快的地区又属于东亚地区。而同一时期，东盟内部成员国之间的进出口额仅增长了 2.7% 与 6.07%。由此可见，自由贸易区建设对东盟成员国对外贸易的地理方向的影响并不大。四是区域内贸易分布不均衡与成员国对一体化福利的分享不均等。事实也的确如此，长期以来，东盟的区内贸易大多以新加坡为核心。印度尼西亚、马来西亚、菲律宾、泰国等东盟成员国与新加坡之间的进出口约占东盟内部贸易的 80% 以上，其中发生在新加坡、马来西亚之间以及新加坡、泰国之间的进出口分别约占 50% 与

20.8%①。由于成员国各自在东盟区内的贸易地位不同，加之各国进出口商品结构并不相同，因此它们对贸易利益的分享并不均等，一些成员国的获利要多于另一些成员国，某些成员国的某些部门甚至还遭受了一定程度的损失。例如，在目前的新加坡，尽管其区内的进口贸易量很大，然而由于其进口关税率很低，因此自由贸易区对其福利影响并不明显；马来西亚因其出口产品的60%属于CEPT的关税削减范围，但其CEPT的进口份额却只有12.5%，因而它在自由贸易区便获得了较大的贸易创造效应；柬埔寨与老挝，由于它们主要是从东盟区内进口自己需要的制成品，因而它们从贸易自由化中获得的贸易创造效应也要大于贸易转移效应；而越南受其多元化进口态势的影响，东盟自由贸易区给它带来的贸易转移效应明显大于贸易创造效应。不仅如此，区域内的贸易自由化对不同成员国不同行业的影响也不尽相同，并进而在短期内产生了一些"赢家"与"输家"②。五是东盟作为一支地区力量的国际地位与日俱升。其实早在冷战时期，东盟国家就因其特殊的地理位置与丰富的自然资源而成为美国、前苏联两霸的重要争夺目标之一。进入21世纪之后，现今的东盟则更是成了包括中国在内的各大国竞相争夺的贸易伙伴与投资场所——美国相继出台了《东盟合作计划》与《东盟企业倡议》，同时还争相开创与东盟个别成员国之间的双边自由贸易谈判；欧盟提出了"与东盟关系的新战略"及其贸易行动计划（TREATI），其目的是要最终达成"欧盟－东盟优惠贸易协定"；日本也加强了与东盟的全面经济伙伴关系，并将在2012年之前建立的"日本－东盟自由贸易及投资区"视为其对东盟施加影响的重要渠道；俄罗斯则以签署能源合作、加强军售与向东盟国家的高科技输出协议等手段来努力拓展其与东盟的全方位合作；印度也日益重视与东盟的经济合作，目前双方不仅签署了《全面经济合作框架协议》，而且还确定了将在2016年以前建立货物与服务贸易和投资自由化的地区贸易与投资自由化机制的设想；此外，澳大利亚也通过向部分东盟成员国提供经济援助，积极促动东盟－澳新自由贸易区等手段，加强了与东盟国家的经济合作关系。显然，各大国将东盟作为一支重要的地区力量而加以重视，大大提高了由小国组成的东盟一体化组织的国际地位。

东盟自由贸易区形成与发展的动态经济效应主要体现在以下几个方面：第一，体现在投资效应方面。尽管东盟特色的区产地规则吸引了区外国际直接投资的流入与区内专业化分工格局的初步形成，然而，因其本身的投资规模偏小以及金融危机等因素的影响，东盟的投资创造效应受到了相当程度的制约。虽然一直以来，区产地规则因其对产品的生产成分设限而被认为是国际区域经济一体化发展中的一个黑箱③。然而，由于东盟的此方面规定只有41%，而远不及欧盟与北美自由贸易区，加之区产地规则又有可能会导致贸易偏转④，因而东盟这样的一种原产地规则反而吸引了区外进行垂直一体化生产的跨国公司⑤

---

①　之所以如此，原因在于：新加坡不仅是东盟地区跨国公司总部的聚集地，而且随着20世纪90年代新加坡推行以高科技产业为中心的"经济发展战略计划"（SEP），一些从事劳动密集型装配业务的跨国公司不得不加大了从邻国的进口的力度。可以说，这也就是新马之间的贸易增幅远远超过新加坡与其他成员国之间贸易增幅的根本性原因。

②　例如，收益较多的包括印度尼西亚的水泥、化学产品、药品、纺织业等，马来西亚的陶瓷、化纤产品、电子产品、化肥等，菲律宾的水泥、电子产品、药品、泥浆等，泰国的珠宝与橡胶产品等；而受损较大的有印度尼西亚的电子与化肥产业，马来西亚的水泥、纺织与珠宝产业，菲律宾的陶瓷、玻璃、化肥、塑料等产业。

③　因为它迫使区外的生产厂商必须要以直接投资而不能以输出商品的形式来进入一体化的内部市场。

④　例如，北美自由贸易区对区内生产份额的要求达到了60%。

⑤　主要是日本、韩国、中国香港、中国台湾等东亚新兴经济体中的企业。

前来投资，而这些跨国公司依据东道国比较优势而在生产价值链的各个阶段更有效地进行资源配置，又使得东盟内部初步形成了专业化的分工格局，其中拥有熟练劳动力与丰富技术资源的新加坡理所当然地被推到了管理中心的角色，而东盟的其他国家则负责零部件的生产与装配。此外，一些跨国公司还在马来西亚、泰国、菲律宾等东盟成员国中建立起了一系列的合作项目，从而形成了东盟的次区域劳动分工。从东盟各成员国吸引资金的来源上看，东盟国家对区外发达国家的直接投资依赖程度并未因 1997 年的金融危机而下降，而且从总体趋势上看反而更加严重。与此同时，来自区域内其他成员国的相互投资却因金融危机的影响而遭受到了重创①。尽管近些年东盟各国对外资的需求量依然很大，然而由于亚洲金融危机已严重地打击了区外投资者的积极性，加之 20 世纪 90 年代以后来自中国等发展中经济体的竞争的影响，东盟近些年来外国直接投资的流入呈现出了比较明显的下滑态势②。这一点对东盟经济的持续稳定发展有着相当的负面影响。第二，体现在成员国之间的产业内贸易水平得到了一定程度的提高。事实上，伴随着东盟自由贸易区的建设，一方面，成员国之间的进口关税水平逐步下降，各国的贸易保护程度也随之降低，这不仅促进了区域内部资源的重新配置和有利于实现成员国进出口产品的多样化，而且也无形中提高了区域内各成员国的产业分工水平；另一方面，投资东盟的跨国公司以中间产品配件为生产对象的内部贸易大大促进了区内各成员国之间的产业内贸易③。此外，实证研究也表明，整体而言，1993—2000 年东盟自由贸易区的产业内贸易与产业间贸易分别提高了 75%和 18%。不仅如此，从部门看，除动植物油脂等商品外，其他类别的区内贸易额也都有不同程度的增加，其中，机电音像设备与化工产品的区内贸易增幅最大，分别达到了 1.45 倍与 1.42 倍；其他绝大部分商品的产业内贸易的贡献率也大多要高于产业间贸易的贡献率④。第三，以亚洲金融危机为契机，欧美的跨国公司加紧了在东盟自由贸易区内的兼并活动。自 1997 年下半年起，借助于东盟国家货币贬值而带来的以美元计价企业的收购成本大幅度下降，以及东盟成员国进一步放宽外商投资限制性政策等方面的利好因素，一些欧美跨国公司频频对那些陷入沉重债务危机、资金严重短缺、经常处于困境乃至是破产边缘的东盟企业进行了收购与兼并⑤，这一点对东盟的一体化建设也产生了一定的影响。

自 20 世纪 70 年代中期提出优惠贸易协定，到 1992 年新加坡峰会决定建设自由贸易区，再到 2003 年印度尼西亚峰会提出的经济共同市场的设想，东盟就大致用了近 20 年的时间。从总体上看，与欧盟以及北美自由贸易区的发展情况相比较，作为全部由发展中国家组成的区域经济一体化组织，东盟在过去三十来年的经济一体化进程中取得的成效并不太明显。之所以如此，无论是主观还是客观方面都是存在着一定的原因的。

东盟经济一体化进展缓慢的主观原因主要体现在以下几个方面：一是对国家主权与互

---

① 从 1997 年后的 15.04%下降到了 2001 年的 9.11%。

② 1999 年与 2000 年，外国对东盟的直接投资分别为 162 亿美元和 138 亿美元，占世界总量不足 20%。

③ 例如日本丰田汽车公司按照产业内分工与专业化生产原则而将其汽车零部件生产配置到了东盟主要成员国，依据《共同有效优惠关税协定》，由于这些产品的区内贸易可以享受跨国界的进口关税减免，因而东盟区内汽车工业化跨国生产网络与生产工序也就从此建立起来了。

④ 陈雯. 试析东盟 5 国区域贸易合作的局限性. 国际贸易问题，2003(3)

⑤ 据联合国贸发会议《1998 年世界投资报告》披露，从 1997 年 7 月到 1998 年 6 月的一年间，欧美跨国公司对泰国、马来西亚、菲律宾、印度尼西亚等 4 个东盟主要成员国的企业兼并金额高达 131 亿美元。

不干涉内政的片面理解，导致东盟成员国在一体化的指导思想上易于出现偏差。20世纪五六十年代，刚刚摆脱殖民统治的广大发展中国家总是将独立、自主、互不干涉内政视为对外关系的最高准则，而在此方面，东盟也不例外。由于成员国过于强调建立自力更生的国民经济和主权政府，以至于实践中也就倾向于将国际区域一体化中的主权过渡政策等同于国家的主权丧失与干涉内政。因此，在区域一体化的进程中，一旦遇到要求一国国民经济为一体化的有序进行而做出相应的调整，甚至是让渡出一部分经济主权时，东盟中的许多成员国往往会倾向于进行暗中甚至是公开的抵制与对立。此外，由于东盟各国的贸易结构相似，因而导致了其相互之间的需求弹性严重不足；加之区域内市场的狭小，导致了区域内经济合作的难尽人意。二是成员国的政府缺乏政治意愿与"共同体精神"，严重地影响了区域一体化的有序进行。尽管东盟早在1969年即已成立，然而在一个相当长的时期内，各成员国的领导人囿于本国利益，仍一直把加强与拓宽与区域外国家，尤其是美、日、欧盟等国家的经济联系置于特别优先的地位来加以考虑，而对区域内部成员国之间的合作缺乏热情与重视不够。经济学家阿格拉在《欧洲共同体经济学》一书中曾明确地指出：经济一体化潜在利益的实现，将局限于那些能够并愿意就一体化利益的分配进行合作的国家，如此，所有伙伴国就可以获得比单独行动不会产生的更大的好处。东盟自由贸易区的各成员国之间恰恰缺乏进行这方面有效合作的现实基础。事实也的确如此。东盟成立以来虽也制定了诸如东盟产业项目计划、东盟产业互助计划、优惠贸易协定等一系列国际区域经济合作项目，但大多因各成员国政府缺乏坚定的政治意愿而最终以失败告终①。这一点正如新加坡贸易部长杨荣文所说的："东盟在制定内部自由化进程时太过随意。"②

东盟区域经济一体化进展缓慢的客观原因主要体现在以下几个方面：一是产业与贸易结构雷同化，经济竞争性有余而互补性不足，这些均在一定程度上影响了一体化贸易创造效应的发挥。作为反映一国各产业部门间相互关联、相互依存的产业结构方式，其不仅能显示出一国的经济发展水平，而且也是一国对外贸易的主要影响因素。在东盟的各成员国之间，从国民经济产业构成的层面上看，目前除新加坡外，印度尼西亚、马来西亚、菲律宾、泰国等东盟主要成员国的产业结构十分雷同。利用"显性比较优势"（RCA）③的分析方法显示：在制成品中，东盟5国只有4种商品存在着纯粹的互补性（不存在竞争关系），18种商品存在着纯粹的竞争性（不存在互补关系），另有16种商品既有竞争性又有互补性④。正是由于东盟国家在经济发展的比较优势方面互补性严重不足，而低端的竞争性相对有余，而依据国际区域经济一体化的理论，区域内成员国经济优势的互补程度是决定一体化贸易创造效应大小的最重要因素，导致了在东盟自由交贸易区的发展过程中难以形成真正的一体化贸易创造效应。二是成员国相互之间的经济发展水平与发展差距悬殊，以至于相互间的利益难以得到真正的协调。在东盟的10个成员国中，既有像新加坡、泰国、马来西

---

①　以优惠贸易协定为例，到了20世纪80年代末，由于缺乏约束标准，导致了例外清单上的产品与日俱增，并进而致使优惠贸易协定只能覆盖5%的东盟贸易；此外不断增加的非关税壁垒又大大抵消了某些优惠贸易协定的经济效益。

②　黄建忠等.曼谷协定与区域经济合作——对我国参与区域性实质优惠制度安排的若干建议.国际贸易问题，2003（11）

③　所谓显性比较优势主要是指一国某产品的出口占该国总出口的份额与世界该产品出口占世界总出口份额的比值。

④　樊莹.国际区域一体化的经济效应.北京：中国经济出版社，2005

亚等这样的新兴工业化国家，也有像缅甸、老挝、柬埔寨这样的世界上的最不发达的国家，因而相互之间在经济发展水平与发展阶段上存在着巨大差距①。而内部经济与区域发展上的巨大差距，不仅使东盟各成员国对国际区域一体化的态度冷热不一，而且也在相当程度上限制了其相互间经济发展政策的空间。可以说这一点在相当的程度上严重制约了东盟经济一体化进程的有序推进。三是区域内市场狭小、资本存量不足、经济基础脆弱也严重地制约了区域一体化进程。一方面东盟十国的经济总量与人均占有量均比较有限，因而其国内或区域内的经济增长需要高度依赖出口交易②；另一方面，东盟内部资金的不充裕既严重限制了东盟内部的一体化发展空间，而且对区外市场与资金的过度依赖也严重地削弱了东盟抵御外部冲击的能力，并增加了其在经济一体化进程中的不确定性。四是重大的制度性缺陷的存在以及区域内部缺少能担当重大责任的核心经济力量，不利于东盟一体化进程的有序推进。尽管东盟在一体化的过程中形成了一定的规范性制度规则，然而相关条约内容的过于简单与缺少法律的严谨性③、解决机制尚不完善与缺乏可操作性④、机构化程度不高与缺乏常设机构⑤、东盟自由贸易区的经济运作缺乏坚实的法律基础等，所有这些均严重损坏了东盟作为一体化组织的运作成效。事实上正是由于缺乏相关方面的强制机制，某些东盟国家，如新加坡等，干脆开始积极寻求多边与双边的交易协定，其他的东盟国家也纷纷效仿。因此，从国际区域一体化的制度性角度来分析，与欧盟、北美自由区等一体化组织内部的"规则导向"及"权力导向"相比，东盟自由贸易区更倾向于重人际关系、重协商解决而轻法律规则和诉讼程序。显然，东盟自由贸易区距离一个成熟的国际区域一体化组织尚有较大差距，以至于其在实践中更像一个松散型的合作组织，而非一个紧密型的一体化联盟。值得一提的是，区域一体化组织对成功运作需要一个起核心作用的强大的政治与经济力量的存在。事实上，正是由于存在着"法德轴心"与美国这样的核心力量，欧盟与北美自由交易区的一体化运作才有可能取得今天这样的成就。然而迄今为止，在东盟中尚缺失一个愿意而且也有能力担当这种核心力量重任的成员国，而中坚力量的缺失无形中又降低了东盟各成员国之间的凝聚力。

三、南北型区域经济一体化运作的典型：北美自由贸易区的一体化运作及其思考

按照传统的理论，发达国家主导的世界经济体系是发达国家剥削发展中国家的工具，发展中国家不可能与发达国家发展经济一体化。但自20世纪90年代以来，这种理论开始被打破，以1994年墨西哥加入北美自由贸易区为开端，越来越多的南北型区域经济一体化组织建立了。据世界贸易组织的统计，世贸组织成员向其通报的214个区域贸易协定中，

---

①　2003年，新加坡的人均GDP已达到了27 330美元，跨入了世界上最富裕的国家行列；而同年越南、老挝、缅甸、柬埔寨4国的同一指标尚不足400美元，与新加坡相差近70倍，远远低于欧盟内部16倍与北美自由交易区内部30倍的差距。

②　对出口交易的依赖程度，泰国高达56.7%，马来西亚为109.6%，印度尼西亚为40.5%，菲律宾为49.6%。

③　以《共同有效特惠关税计划协定》为例，该协定共有10个条文，且始终笼罩在东盟的阴影下，缺乏一个国际条约应有的独立法律地位。

④　东盟于1996年签订了以《争端解决机制议定书》，但因缺乏针对性与内容过于简单而并不具有可操作性。

⑤　作为一个自由贸易区，东盟至今尚无一个正式的、独立的、常设的组织机构，而是依赖于其现有的作为一个政府经济同盟的常设机构来兼职运行，这也是导致东盟自由贸易区组织机构软弱、松散、不够正式和紧密的一个关键性的原因。

有 83 个是南北型的①。相比较而言，从目前情况看，南北型区域经济合作效果普遍良好。以北美自由贸易区为例，其区内贸易的比重由成立之初的 45.8% 上升到 2004 年的 55.8%，增加整整 10%。北美自由贸易协定使成员国普遍受益，但国际上公认墨西哥是最大的受益者。东欧十国加入欧盟后，贸易和经济也普遍获得了较快发展。从未来趋势看，南北型区域经济合作将成为今后世界各国发展区域经济合作的主要形式。尤其是对于发展中国家来说，发达国家是其最主要的出口市场、资本和先进技术的来源，参与南北型区域经济合作对于发展中国家的贸易和经济发展具有至关重要的意义②。考虑到北美自由贸易区在南北型区域经济合作中具有重要意义，因此，在分析南北型的区域经济一体化运作时，我们将以对北美自由贸易区的分析为主。

尽管早在 20 世纪 80 年代初，美国即有建立美、加、墨自由贸易区的设想，然而由于种种原因，设想一直未能变成现实。不过，20 世纪 90 年代初起，鉴于乌拉圭回合多边贸易谈判进展缓慢和欧盟统一大市场的冲击，美、加、墨三国加快了它们的一体化进程。1992 年 8 月，美、加、墨三国即签订了自由贸易协定，1994 年 1 月 1 日，该协定开始生效实施③。此后，全球第一个由北南国家共同组成的区域经济一体化组织——北美自由贸易区（NAFTA，North American Free Trade Area）诞生了。北美自由贸易区建立后，美、加、墨三国协议今后将消除相互间的关税障碍。由于墨西哥经济实力弱，美、加将允许实行普遍优惠制；三国还就消除相互间的某些非关税障碍，特别是在取消农牧业和纺织业非关税限制方面达成了协议；此外，三国还就环保、劳工标准进行了磋商并就环保问题达成了协议。

就贸易情况而言，北美自由贸易区建立以后，随着美、加、墨三国间贸易壁垒的不断撤除和相关商业规则的不断规范，三国间的贸易流量增长迅速且屡创新高④，截至 2002 年北美自由贸易协议生效 9 年时，不仅三国的三边贸易总额翻了一番多——由 1993 年的 3 010 亿美元猛增至 2002 年的 6 220 亿美元，而且三国间原来争议很多的农产品贸易在协议签订后也获得了迅速发展⑤。此外，北美自由贸易区的建立加速了三国间的贸易集中度和彼此间市场的依赖程度，如今，美墨间贸易总量的 2/3 以上、美加间贸易总量的几乎全部已完全实现自由贸易。可以说，今天的美、墨、加三国已形成了完整的三角自由贸易区。

就福利情况而言，北美自由贸易区建立后，美、墨、加三国间贸易、投资、生产的扩大相应地给三国增加了不少的就业机会和收入。仅 1994—2000 年间，墨西哥的就业机会就增加了 28%，创造了 270 万个新职位；加拿大的就业机会增加了 16%，创造了 210 万个新的就业职位；美国的就业机会增加了 12%，创造了 1 500 万个新的职位。此外，就工资水平而言，美国国内凡与出口相关的职位，其工资水平比该国的平均工资高 13% ~ 18%，而墨西哥国内以出口为导向的制造行业的工资水平也比其他行业一般岗位工资高近 40%。

---

① 严格说来，自 2004 年 5 月 1 日始，随着东欧十国的加入，欧盟开始由北北型转变为南北型的区域经济一体化组织。

② 例如，罗马尼亚之所以急切加入欧盟，最根本的原因就在于其国内经济对欧盟的依赖性——就业总人口的 460 万中，在欧盟打工的有约 200 万。

③ 协定的宗旨是：取消贸易壁垒；制造公平竞争的条件，增加投资机会；保护知识产权，建立执行协定和解决贸易争端的有效机制，促进三边和多边合作。此外，该协定还规定，在 15 年内分三个阶段取消进口关税及其他贸易壁垒，实现商品劳务的自由流通。应该说，协定的实施对促进三国经贸发展起了重要作用。

④ 从增幅上看，三国 2000 年对于 1994 年的进出口增幅均在 55% 以上。

⑤ 三国间的农产品贸易仅在协议实施的头二年增长了 35 亿美元。

值得一提的是，随着北美自由贸易区的建立以及低成本、低关税的影响，三国的居民和家庭消费不仅选择余地更宽了，而且相应的支出也无形中下降了不少，这一点正如美国当年的贸易谈判代表罗伯特·佐立克在其《自由贸易的好处》一书中所说的那样："在美国，乌拉圭回合市场开放的深入和北美自由贸易区协议的实施，平均为每个4口之家带来了1 300～2 000美元的收益。其中，最大的受益者是那些对价格昂贵的食品、服装或家用电器缺乏购买力的低收入家庭。"

就国家间的关系与地位而言，首先，通过与发达国家结成经济联盟，墨西哥提高了自己的国际地位。突出表现在：1994年4月，在美国的高度重视与大力支持下，墨西哥加入了有"富人俱乐部"之称的经合组织（OECD）；2003年，墨西哥与欧盟达成了《欧墨自由贸易协定》。其次，美国也进一步增强了对墨西哥国内事务的影响力，同时，加拿大也无形中获得了制定国际惯例的发言权；而且，北美自由贸易区的建立及发展也为美、加、墨三国间关系的稳定奠定了坚实的基础。随着一体化进程的加速，现在的美、加、墨三国甚至还逐渐出现了一种超越经济领域的政治、军事一体化趋势[①]。

就生产、投资和竞争方面的情况而言，首先，北美自由贸易区建立后，相关方面的生产要素的自由流动与重新配置在相当程度上促进了成员国的经济增长[②]。其次，北美自由贸易协议在法律文本上不仅为美、加、墨三国构筑了一个稳定的能促进相互交叉投资与贸易的地区一体化框架，而且由于其为区域内企业的跨国经营提供了便利，因而加速了区域内企业的资产重组和生产的一体化进程。再次，北美自由贸易区的建立还大大推动了三国间投资（尤其是私人投资）的进一步互动[③]。最后，北美自由贸易区的建立也进一步深化了美国与墨西哥间的熟练劳动与非熟练劳动间的产业链分工。

但是，美、加、墨三国之间也存在着一些分歧，如美国要求墨西哥放松对其石油的管制，向美开放其石油市场，墨不同意；在关于原美、加汽车协定的修改问题上也有分歧。北美自由贸易区成立后，促进了内部贸易，但经济效益和社会效益尚不明显。美、加、墨都抱怨自己失去了一些就业机会，并引发了1994年12月的墨西哥金融危机。此外，三国经济发展不平衡的问题将是今后三国之间矛盾和摩擦的主要根源。还值得一提的是，对于美国而言，目前，其面临的问题不仅有是否继续深化北美自由贸易协定，或是先将它扩大到美洲其他地区的选择问题，而且还有美国最担忧的来自墨西哥的移民。而对加拿大和墨西哥而言，最担心被美国所支配，或是自己的资源被美国控制，因此，如何深化美、加、墨三国间的合作问题无疑是一个复杂而困难的过程。

作为世界上第一个由最富有的发达国家和发展中国家组成的区域经济一体化组织，北美自由贸易区的建立不仅有利于促进美国与拉美国家的双边或多边贸易协定的谈判，以及为美国实现"所有拉美国家贸易自由化"和建立"美洲自由贸易区"的倡议计划创造了极为有利的条件，而且由于北美自由贸易协议涉及的范围广、约束程度高，因而其建立可以为不同发展水平国家间国际区域经济一体化的实践做出了积极而有效的尝试。

---

① 事实上，成立于2002年10月的美国北方司令部便是以保护北美大陆、天空和500英里海洋范围内安全为己任的军事机构。

② 例如，在北美自由贸易区协议生效后的7年（1994—2000）间，三国的产出增长均在30%以上，而在此前的7年（1987—1993）里，三国的产出增长均不足20%。

③ 例如，仅在北美自由贸易协定生效后的5年内，加与美、墨间的投资分别增长了73%和296%。

第二章　东盟区域经济一体化
的形成及其实施效果

在过去的数十年中，世界经济的一个主要特征就是各国经济的一体化。国际商品和劳务贸易增长速度超过了国内生产总值，各国金融市场之间的联系加强了，跨国流动的人数越来越多，对外直接投资迅速扩大，跨国公司的活动日益频繁。各国政府政策上的变化，特别是开放以前对外国公司封闭的产业、更强更广泛的区域贸易集团化运动、资金流动限制的取消，以及降低关税壁垒的长期影响，强化了一体化的潮流。

第一节　东盟区域经济一体化的进程

东盟的区域经济一体化始于政治合作。从东南亚国家联盟开始，经过《共同有效优惠关税协定》(Common Effective Preferential Tariff Scheme，CEPT Scheme)安排，到东盟自由贸易区计划出台，进而走向东盟共同体目标。

一、东盟区域经济一体化形成的背景

（一）世界贸易组织(World Trade Organization，WTO)多边贸易框架难行，世界区域经济一体化浪潮逐步兴起

WTO多边贸易体制倡导的多边贸易自由化在相当长的一段时间里使得国际社会各国贸易后福利得到显著提高，但随着多边自由化涉及的国家越来越多，以致步伐减慢跟不上世界经济发展大潮流，于是许多经济学家便开始寻求一种更加务实的方式，通过区域贸易协定建立自由贸易区。区域贸易协定的数量急剧增加，据世贸组织统计，截至2011年5月15日，已经向该机构通报的区域贸易协定有489个，其中297个正在有效实施。

区域经济一体化是伴随着经济全球化的推进而不断发展升级的。自20世纪50年代末以来，一些地理相近的国家或地区间通过加强经济合作，为谋求风险成本和机会成本的最小化和利益的最大化，形成了一体化程度较高的区域经济合作组织或国家集团。从此后不到半个世纪的时间里，区域经济合作出现了第一次浪潮，即20世纪五六十年代，以1956年成立的欧洲经济共同体为标志；第二次浪潮，即20世纪90年代初期，其标志是欧洲统一市场的形成以及北美自由贸易区和亚太经合组织的诞生；20世纪90年代末期，全球区域经济一体化出现了迅速发展的态势，掀起了第三次浪潮，并一直延续至今。这次浪潮的特点是区域贸易协定特别是双边自由贸易区(Free Trade Area，FTA)在全球各地涌现。同时，区域贸易协定的内涵也在扩大。传统的区域贸易协定旨在对货物贸易的关税进行削减和取消、非关税壁垒的禁止和限制，现在的区域贸易协定除了扩展到服务贸易的自由化之外，正在向投资规则、竞争规则、环境政策和劳工条款等与贸易直接或间接相关的领域迈进，一批新生代的区域贸易协定正在形成之中。

亚太地区最早的双边FTA是1983年签署的澳大利亚－新西兰紧密经济关系协定，在

1989 年以前，它一直是亚太地区唯一的双边 FTA。1997 年，全球 GDP 排名前 30 位的国家和地区中，唯有东亚的日本、韩国、中国及中国台湾、中国香港地区没有加入任何双边 FTA。但是，1997 年以后，东亚各类双边 FTA 大量涌现，构成区域经济合作第三次浪潮在亚太的主角。据不完全统计，目前亚太地区处于不同阶段的双边 FTA 已超过 50 个。

在美洲地区，近年来加拿大与智利达成了双边 FTA，与欧洲自由贸易联盟的双边 FTA 谈判也已经接近尾声，与南锥体共同市场的谈判正在进行中；2000 年 7 月墨西哥与欧盟达成了双边 FTA；美国在 2000 年与约旦达成了双边 FTA，与智利、韩国、新加坡和土耳其的双边 FTA 也以"快车道授权"正在谈判；在加勒比地区，有 13 个成员的加勒比共同体与多米尼加和古巴达成了双边 FTA。

随着欧盟东扩进程的加快，欧洲地区的双边 FTA 将更加向外伸展。在实现东扩之前，欧盟与中东欧国家通过双边协议已联系在一起，保加利亚、捷克、匈牙利、波兰、罗马尼亚、斯洛伐克和斯洛文尼亚签署了中欧自由贸易协定，波罗的海地区的爱沙尼亚、拉脱维亚和立陶宛也已建立了自由贸易区。

非洲各国也开始了推进一体化的进程：西非国家共同体成员已同意实行统一税则；包括了 10 个国家的南非发展共同体预计在 2004 年将形成自由贸易区；有 20 个国家参加的东南非共同市场已于 2000 年 10 月启动。

在中东地区，海湾合作理事会于 1999 年 1 月同意到 2005 年实现同一税则。在众多中东国家中，以色列和约旦已经与美国签署双边 FTA。2003 年 5 月，美国已经宣布拟在今后 10 年内与中东各国建立一个双边 FTA。

(二)柬埔寨问题逐步解决，亚洲区域形势发生变化

东盟作为一个组织在国际社会威望的树立与形象的提升主要归因于其对柬埔寨问题的政治处理。随着冷战的结束，国际地缘政治均衡发生了重大变化，国际紧张关系得到缓和，国与国之间的关系重心已从政治转为经济。另外，印支集团的瓦解，使东盟失去了促使组织内部团结的黏合剂，东盟面临新的挑战。正如罗尔斯(Rolls, 1991)所指出的："在东盟面临的许多新的挑战中一个最为严峻的挑战，是它必须面对地区和国际环境的新变化。它所面对的这种变化与它过去所熟悉的那种地区与国际环境有明显的不同……如果东盟不想使自己的作用和影响萎缩的话，它就必须快速地作出自己的决定。"为此，"如果东盟想要作为一个有活力的实体而生存下去，它就很有必要具有政治约定以便通过东盟内部的经济合作来增强其凝聚力"，建立东盟自由贸易区被视为增强该区域内部凝聚力的一种新的途径。

东盟国家快速的经济增长是建立在广泛采取开放贸易的体制基础上的。其外向型的经济发展战略需要一个开放的国际贸易体制的支持。但是，乌拉圭回合多边贸易谈判的失败使人们对多边贸易体制的前景产生了怀疑。主要发达国家的经济衰退使得贸易保护主义势力有所抬头，东盟各国的经济利益受到了一定程度的影响。在这种国际大背景下东盟再次认识到，只有进一步加强相互间的合作，才能减缓外部经济形势恶化的冲击。另外，20 世纪 80 年代后期开始出现了新一轮的区域经济一体化浪潮，特别是 1992 年底即将形成的欧洲统一大市场以及 1991 年 6 月开始的成立北美自由贸易区的谈判，使东盟深感来自外部的压力正在不断增大。面对其他区域组织给东盟的发展带来的压力，东盟各成员国主张通过加强区域内经济合作来维持本地区经济的持续发展。正如新加坡总理吴作栋 1992 年在

东盟首脑会议上所说的："西欧统一大市场和北美自由贸易区的建立对东盟国家的经济将产生巨大影响，作为一种应付手段，东盟也要建立自己的贸易区。"除此之外，中国经济的迅速发展，尤其是中国内地和中国香港、中国台湾经济合作趋势的日益加强，也是促成东盟组建自由贸易区的一个重要因素。

（三）东盟国家内部经济条件的变化

自 20 世纪 80 年代以来，东盟发生了一系列有助于该地区成立自由贸易区的变化。第一，东盟各国经济长期、持续和快速的增长是促成东盟各国政府下决心提升区域经济合作水平、组建自由贸易区的重要因素。20 世纪 80 年代以来，东盟各国经济（除菲律宾外）保持高速增长，成为世界上最有经济活力的一个地区。在 1980—1990 年的 10 年间，泰国、马来西亚、新加坡和印度尼西亚的国内生产总值年均增长率分别高达 7.6%、5.3%、6.7% 和 6.1%，只有菲律宾最低，才 1.0%。随着经济的持续发展，东盟的市场容量也迅速扩大，东盟 5 国货物和服务的进口总额由 1980 年的 745.3 亿美元增加到 1990 年的 1 806.9 亿美元，平均年增长 9.26%。经济的快速持续增长，以及市场容量的迅速扩大，既为东盟加强区域经济合作提供了物质基础，也增强了东盟各国领导人加快区域经济合作的信心。第二，东盟各国的开放程度越来越高，为各国深化经济合作创造了一定条件。除了新加坡在 20 世纪 70 年代走上外向型经济发展道路外，自 20 世纪 80 年代中期开始，为了摆脱世界经济衰退的影响，东盟各国纷纷实行经济改革，以外向型经济为发展方向，采取一系列措施，诸如私有化、贸易自由化、放宽对外资的限制等。经过多年的调整，东盟各国的外向型经济发展模式逐渐建立起来。它们采取积极的单边行动计划，取消了对进口商品的诸多限制，降低了多种原材料、中间产品和设备的进口关税。例如，印度尼西亚分别于 1986 年 10 月、1987 年 1 月和 12 月以及 1988 年 11 月实行取消进口数量配额的改革。到 20 世纪 90 年代初，该国实行了重大的改革，开始逐步统一关税结构。第三，经过 20 世纪 80 年代中期开始的经济结构调整，东盟三国（印度尼西亚、马来西亚和泰国）的经济结构有了较大的改善，东盟各国（新加坡除外）工业化进程加快，成效明显。例如，印度尼西亚的农业比重从 1975 年的 37% 下降到 1993 年的 18%，而同期其制造业的比重从 11% 上升到 22%。随着工业化程度的提高，东盟各国提升了制造业的生产能力，增加了产品出口的品种，增强了各国制造业的出口竞争实力。制成品出口的增长，使东盟扩大了区域内部贸易的选择范围，相互之间的贸易互补性有所提高。值得一提的是印度尼西亚，印度尼西亚是东盟最大的成员国，20 世纪 70 年代中期至 80 年代末期，印度尼西亚一直反对东盟各成员国共同削减关税，对贸易自由化的态度最为保守。由于 80 年代初期石油价格的大幅度下跌，1986 年起，印度尼西亚着手实行出口多元化政策，努力促进非石油产品的出口，特别是工业制成品的出口。为此，印度尼西亚开始实施市场导向的经济政策，以提高制造业的效率和竞争力，90 年代开始，这种政策上的转变促使该政府逐步改变了对贸易自由化的态度。

二、东盟区域经济一体化形成的过程

（一）东南亚国家联盟

东南亚国家联盟，简称东盟（Association of Southeast Asian Nations，ASEAN）的前身是由马来西亚、菲律宾和泰国 3 国于 1961 年 7 月 31 日在曼谷成立的东南亚联盟。1967 年 8 月，印度尼西亚、泰国、新加坡、菲律宾 4 国外长和马来西亚副总理在曼谷举行会议，发表了《东南亚国家联盟成立宣言》，即《曼谷宣言》，正式宣告东盟成立。

东盟的宗旨是本着平等与合作精神，共同努力促进本地区的经济增长、社会进步和文化发展，为建立一个繁荣、和平的东南亚国家共同体奠定基础，以促进本地区的和平与稳定。20世纪八九十年代，文莱（1984）、越南（1995）、老挝（1997）、缅甸（1997）和柬埔寨（1999）5国先后加入该组织，使东盟由最初成立时的5个成员国扩大到10个成员国。截至2009年10月，东盟十国总面积444万平方公里，人口5.84亿，国内生产总值（GDP）达15062亿美元，是一个具有相当影响力的区域性组织。

东盟主要机构有首脑会议、外长会议、常务委员会、经济部长会议、其他部长会议、秘书处、专门委员会以及民间和半官方机构。首脑会议是东盟最高决策机构，会议每年举行一次，已成为东盟国家商讨区域合作大计的最主要机制，主席由成员国轮流担任，现任东盟秘书长素林，任期从2008年1月1日开始至2012年12月31日止。外长会议是制定东盟基本政策的机构，每年轮流在成员国举行。常务委员会主要讨论东盟外交政策，并落实具体合作项目。东盟秘书处设在印度尼西亚首都雅加达。

2004年11月，东盟领导人签署《万象行动计划》，正式将制订《东盟宪章》列为东盟的一个目标，以加强东盟机制建设。2005年12月，东盟领导人签署《吉隆坡宣言》，并指定一个由10人组成的"名人小组"负责为宪章的制订提出建议。2007年1月，东盟领导人确认了"名人小组"提出的关于制订《东盟宪章》的具体建议，同时签署了关于制订《东盟宪章》的宣言，并指定一个由10人组成的"高级别特别小组"负责起草宪章文本。2007年7月，"高级别特别小组"向东盟外长会议提交宪章草案，同年11月20日，东盟领导人在新加坡签署《东盟宪章》。2008年12月15日《东盟宪章》正式生效。

《东盟宪章》是东盟成立40多年来第一份具有普遍法律意义的文件。它确立了东盟的目标、原则、地位和架构，同时赋予了东盟法人地位，对各成员国都具有约束力。

《东盟宪章》规定，东盟共同体将由东盟经济共同体、东盟安全共同体和东盟社会文化共同体组成。东盟的基本目标是：维护并加强本地区和平、安全与稳定；保持本地区无核化，支持民主、法制和宪政，为东盟居民提供公正、民主与和谐的和平环境；致力于经济一体化建设，构建稳定、繁荣和统一的东盟市场和生产基地，实现商品、服务和投资自由流动；增强合作互助，在本地区消除贫困，缩小贫富差距；加强人力资源开发，鼓励社会各部门参与，增强东盟大家庭意识。

《东盟宪章》坚持不干涉内政的基本原则，规定就涉及关系东盟共同利益的事宜应强化磋商机制，依照东盟条约和国际惯例解决纷争，棘手问题将交由东盟首脑会议协商决定。宪章不包含任何强制性条款或针对成员国的制裁机制，依靠各成员国自觉在宪章框架下增强遵守规则与履行义务的意识。

《东盟宪章》是东盟成立40年来第一份具有普遍法律意义的文件。这份长达31页的文件确立了东盟的目标、原则和地位。其主要内容如下：

目标：维护并加强本地区和平、安全与稳定。保持本地区无核武化，支持民主、法制和宪政，为东盟居民提供公正、民主与和谐的和平环境；致力于经济一体化建设，构建稳定、繁荣和统一的东盟市场和生产基地，实现商品、服务和投资自由流动，促进商界人士、技术人才和劳动力的自由往来；增强合作互助，在本地区消除贫困，缩小贫富差距；加强开发人力资源，鼓励社会各部门参与，增强东盟大家庭意识。

原则：继续坚持不干涉内政的基本原则。尊重各成员国的独立、主权、平等、领土完整和民族特性；坚持以和平手段解决纷争；不干涉成员国内政；就涉及关系东盟共同利益的事宜加强磋商机制，依照东盟条约和国际惯例解决纷争，棘手问题将交由东盟首脑会议协商决定。

地位：《东盟宪章》对各成员国具有约束力，赋予东盟法人地位。

架构：东盟首脑会议为东盟最高决策机构，每年举行两次会议。东盟成员国领导人在峰会上决定有关东盟一体化的关键问题，决定发生紧急事态时东盟应采取的措施，任命东盟秘书长。设立4个理事会，其中一个由外长组成，负责协调东盟重要事务，另外3个分别负责政治安全、经济一体化和社会文化事务；每个理事会各由一名副秘书长负责。成立一个人权机构，致力于改进本地区人权状况。

其他：宪章将英文定为东盟的工作语言，并规定每年8月8日为"东盟日"，并对东盟旗帜、徽章做出相关规定。

（二）东盟自由贸易区

为了早日实现东盟内部的经济一体化，2002年初，东盟6个老成员国（新加坡、马来西亚、泰国、印度尼西亚、菲律宾、文莱）率先启动东盟自由贸易区。自由贸易区的目标是促进东盟成为一个具有竞争力的基地，以吸引外资；消除成员国之间关税与非关税障碍，促进本地区贸易自由化；扩大成员国之间互惠贸易的范围，促进区域内贸易；建立内部市场。2009年8月15日，中国和东盟签署了中国－东盟自由贸易区《投资协议》，这标志着中国－东盟自贸区的主要谈判已经完成，中国－东盟自贸区如期在2010年建成。中国－东盟自贸区是中国对外商谈的第一个自贸区，也是东盟作为整体对外商谈的第一个自贸区。

建立东盟自由贸易区的构想并不是20世纪90年代才提出的，实际上早在60年代末菲律宾就提出了这一想法。1968年10月，在马尼拉召开的东盟工商会议上，菲律宾第一次正式提出了建立东盟自由贸易区的建议，除了新加坡外，东盟其他成员国都予以否决。1971年，菲律宾总统马科斯在外长会议上提议筹组东盟共同市场及经济合作的支付联盟（Payment Union），并主张尽快就某些特定商品进行有限的自由贸易。1975年11月，在雅加达召开的第一次东盟经济部长会议上，建立自由贸易区问题再次被提出来，部长们原则上同意逐渐降低成员国的关税，并将其作为迈向东盟自由贸易区的一个步骤。由于当时的经济和政治条件还不成熟，部长们对建立东盟自由贸易区的问题只是简单地进行了议论，并未作广泛深入的讨论。而且，在1976年的外长会议上，东盟外长们宣布"已经撤回了关于建立东盟自由贸易区的建议"。在1982年5月的东盟经济部长会议上，菲律宾建议东盟实行自由贸易政策。1985年，里杰（Rieger）曾在其一篇文章中提出建立东盟自由贸易区的两层体系（Two-tier System），即马来西亚、泰国、印度尼西亚和菲律宾组建一个关税同盟，而这一关税同盟以一个整体与新加坡成立自由贸易区。但是，该提议并没有为东盟国家所接受。直到1991年7月的东盟外长会议上，泰国总理阿南提议在20世纪结束前成立东盟自由贸易区，这一次该提议得到了积极的回应。经过多轮协商，1992年1月新加坡东盟首脑会议批准了在15年内建成东盟自由贸易区的提议。因此，东盟自由贸易区自最初建议的提出到计划的出台经历了二十几年的时间。

1992年1月27日在新加坡召开的东盟第四次首脑会议上，东盟各国签署了《新加坡宣言》和《东盟加强经济合作的框架协定》，宣布从 1993 年 1 月 1 日起的 15 年内建成东盟自由贸易区，将关税最终降至 0～5%，基本实现成员国之间免除关税。同时，各国经济部长批准了作为建立东盟自由贸易区主要运行机制的《共同有效优惠关税协定》（CEPT）。至此，标志着东盟区域经济合作进入新阶段的东盟自由贸易区计划正式出台了。同年 9 月，东盟在曼谷成立了一个由东盟各成员国的经济部长和东盟秘书长组成的，旨在监督、协调和审核 CEPT 计划实施的"东盟自由贸易区理事会"（AFTA Council），该理事会工作由"高级经济官员会议"（SEOM）和东盟秘书处（ASEAN Secretariat）协助进行。

新加坡首脑会议决定的《共同有效优惠关税协定》拟定了降低关税的时间表和东盟自由贸易区所涉及的产品范围。由于印度尼西亚建议以不同速度削减关税，"东盟自由贸易区理事会"于 1992 年 12 月 11 日在雅加达举行了第三次会议，会议决定《共同有效优惠关税协定》实施两种时间表，即快速减税计划和正常减税计划，其主要内容如下：《共同有效优惠关税协定》从 1993 年 1 月 1 日起生效，到 2008 年之前，所有在区域内贸易的工业制成品的关税税率减至 0～5%；纳入快速减税计划的有 15 大类商品，那些税率在 1993 年 1 月 1 日前超过 90% 的商品应在 10 年内，也就是 2003 年 1 月 1 日前降到 10%～5%；那些税率在 20% 及其以下的，应在 7 年内，即 2000 年 1 月 1 日前降到 0～5%；正常减税计划包括上述 15 大类以外的所有应纳入 CEPT 列入清单（Inclusion List）的产品。产品税率超过 20% 的商品首先在 5～8 年内（即 2001 年 1 月 1 日前）将关税税率降至 20%，再在 7 年内（即 2008 年 1 月 1 日前）降至 0～5%；产品税率在 20% 及以下的商品在 10 年内（即 2003 年 1 月 1 日前）降至 0～5%；当某商品开始享受共同有效优惠关税时，各成员国须即刻消除该商品的所有数量限制（如配额、许可证），而且其他的非关税壁垒应在随后的 5 年内逐步取消；所有享受共同有效优惠关税的产品，其产品价值中至少 40% 必须源于东盟成员国。同时，共同有效优惠关税还包括例外清单，它包括暂时例外清单（Temporary Exclusion List）和一般例外清单（General Exception List）。暂时例外清单上的产品是成员国认为降低其进口关税将对自身经济造成严重损害，暂时排除在优惠关税范围的产品，但是要分阶段逐步把这类产品列入清单之中。一般例外清单上的产品是指根据世贸组织的规则（关贸总协定第 20 条款），永远排除在优惠关税范围之外的产品，它包括涉及国家安全，保护公共道德、健康，涉及人类、动物和植物生命，保护艺术、文化、环境、历史和考古遗产等的产品。

1.《共同有效优惠关税协定》的发展变化

1993 年 11 月在西雅图召开的第一届亚太经济合作组织（APEC）领导人非正式会议上，与会各成员国基本同意在 APEC 范围内加快贸易与投资自由化进程。同年 12 月关贸总协定关于"乌拉圭回合"谈判取得突破性进展，对世界范围内的贸易自由化起到了巨大的推动作用。这些事态发展对东盟产生了强大的冲击力。随着全球贸易状况的改变，原计划以 15 年时间建成东盟自由贸易区的设想已不能适应形势的要求，为此，东盟做出了积极的反应。1994 年 9 月在清迈召开的东盟自由贸易区理事会同意将自由贸易区计划的实现时间提早 5 年。随后召开的第 26 次东盟经济部长会议达成正式协议，决定在 10 年内（即 2003 年 1 月 1 日之前）建成东盟自由贸易区，从而有了新的时间表。

（1）快速减税计划中，税率超过 20% 的产品应在 2000 年 1 月 1 日前降到 0～5%；税率在 20% 及其以下的，应在 1998 年 1 月 1 日前降到 0～5%。

（2）正常减税计划中，税率超过 20% 的产品先于 1998 年 1 月 1 日前将关税税率降至

20%，随后在 2003 年 1 月 1 日前降至 0～5%；税率在 20% 及以下的产品将在 2000 年 1 月 1 日前降至 0～5%。

针对新的时间表，1995 年 9 月召开的第 7 次东盟自由贸易区理事会确定了新的 CEPT 列入清单产品的减税方案。这些产品的平均关税税率将从 1996 年的 7.75% 降到 2003 年的 2.95%。

第 26 次经济部长会议还决定扩大 CEPT 的覆盖范围，暂时例外清单上的产品从 1996 年开始在 5 年时间内分批纳入 CEPT 列入清单。另外，会议还决定把原来未列入东盟自由贸易区计划的未加工农产品也列入计划。各国将未加工农产品分成三类——即刻成为 CEPT 列入清单、暂时例外清单和敏感清单（Sensitive List）的产品。即刻成为 CEPT 列入清单的产品应在 2003 年前将关税降到 0～5%，同时，其数量限制和其他非关税壁垒也要消除。那些被列入暂时例外清单的农产品，必须在 2003 年之前逐年被纳入 CEPT 列入清单，而且同其他产品同步降低关税。而那些被列入敏感清单的农产品，其减税时间可能更长，减税幅度更小，可以不必在 2003 年之前将关税降低到 0～5%。但是，该类产品必须在 2010 年之前将关税降到 0～5%。为此，东盟成立了一个工作组来审核、制定非加工农产品的减税安排。经过两次会议的协商，68.5%、18.5% 和 12.9% 的非加工农产品分别被列入上述三类不同的减税进程。

1997 年下半年开始的亚洲金融危机使东盟大多数国家持续保持高速增长的经济急转直下，普遍出现经济衰退。为此，在 1998 年 12 月召开的第 6 次东盟首脑会议上，东盟各国认识到"经济和金融的急剧变化使各国和东盟已经实现的许多利益都丧失了"。为了克服危机带来的经济和社会困难，各国首脑决定"以更紧密的合作和更强有力的团结采取共同行动"。在此次会议上东盟宣布了《河内行动计划》（Hanoi Plan of Action，HPA）。东盟领导人决定，东盟原来的成员将自由贸易区的实现时间再提前一年至 2002 年，当然，在实现这一目标时允许存在一定的灵活性。该计划还要求：①尽量扩大 CEPT 列入清单中 2002 年（越南为 2003 年，老挝和缅甸为 2005 年）将关税降至 0～5% 水平的税目；②尽量扩大 CEPT 在 2003 年（越南为 2006 年，老挝和缅甸为 2008 年）将关税降至 0 的税目；③减少例外清单和敏感清单的税目以扩大 CEPT 列入清单的税目。这种安排要在 2000 年使东盟原来的 6 个成员国的所有税目中至少有 90% 的税率降到 5% 以下，而且各国须在 2000 年把列入清单中 85% 以上税目的商品的税率降到 0～5% 之间，2001 年这一比重提高到 90%，2002 年列入清单内的税率全部达到 5% 以下（仅少量例外可灵活处理）。为此，东盟各国在新的 CEPT 列入清单下，产品的平均关税税率削减进程又有了新的变化。

2. 东盟自由贸易区计划中的新成员

1995 年 7 月 28 日在第 28 届东盟外长会议上，越南正式被接纳为东盟成员国，同年 12 月的第 5 次东盟首脑会议上，越南签署了加入 CEPT 协定的草案。越南将从 1996 年 1 月 1 日开始执行 CEPT 计划，降低其关税，于 2006 年 1 月 1 日使其关税税率达到 0～5% 的水平；1999 年 1 月 1 日起将暂时例外商品以每年 20% 的速度纳入 CEPT 列入清单，2003 年 1 月 1 日完成；2000 年 1 月 1 日开始将属于暂时例外商品的农产品纳入 CEPT 列入清单，并于 2006 年 1 月 1 日完成。1997 年 7 月 23 日，老挝和缅甸同时正式被接纳为东盟成员国，并签署了加入 CEPT 协定的草案。两国将从 1998 年 1 月 1 日开始执行 CEPT 计划，于 2008 年 1 月 1 日使其关税税率达到 0～5% 的水平；2001 年 1 月 1 日起将暂时例外商品以每年

20％的速度纳入 CEPT 列入清单，并于 2008 年前使其关税达到 0～5％水平；2002 年 1 月 1 日开始将属于暂时例外商品的农产品以每年 20％的速度纳入 CEPT 列入清单，并于 2008 年 1 月 1 日完成；2006 年 1 月 1 日起将属于敏感商品的农产品逐步纳入 CEPT 列入清单，并于 2015 年 1 月 1 日完成。1999 年 4 月 30 日柬埔寨正式成为东盟成员国，根据规定，柬埔寨从 2000 年 1 月 1 日开始执行 CEPT 计划，削减关税，并于 2010 年 1 月 1 日完成。

东盟自由贸易区计划是东盟发展至今推出的最重要的区域经济合作计划。该计划除了在关税削减方面的合作外，还寻求其他领域的合作，以促进区域内贸易自由化的发展。这主要包括产品标准的协调、产品检验和证书的相互承认、海关程序的统一、对外资限制的撤销、非关税壁垒的排除、对 CEPT 产品外汇限制的免除、宏观经济的磋商、公平竞争规则的推行和相互投资的促进等等。此外它还包括与贸易有关的投资政策和知识产权，以及保护版权、专利权和商标权等。以上许多内容还在协商之中，但是在以下一些方面已经有了协议，如非关税壁垒、服务业、外国投资、知识产权、海关、旅游等。在服务贸易方面，虽然 CEPT 协定没有涉及，但 1995 年 12 月召开的第 5 次东盟首脑会议签订了《东盟服务贸易的框架协定》，以促进各国在服务领域的合作，改善成员国的效率和竞争力，使东盟的生产能力与供应能力多样化。它要求成员国制定一项关于服务贸易的计划，服务部门涉及金融服务、电信、旅游、海运、航空、建筑业等领域。该项计划允许成员国之间相互认可服务提供者的许可证或标准证明。非成员国的人员不能享有源自服务协定的利益。

东盟建立自由贸易区的主要目标是：促进东盟成为一个具有竞争力的基地，以吸引外资；消除成员国之间关税与非关税障碍，促进本地区贸易自由化；扩大成员国之间互惠贸易的范围，促进区域内贸易；建立内部市场。

（三）东盟共同体

2008 年 12 月正式生效的《东盟宪章》明确规定，东盟共同体将由东盟经济共同体、东盟安全共同体和东盟社会文化共同体组成。建成后的东盟共同体将使东盟具有一个目标、一个身份和一个声音，共同应对未来的挑战。

早在 1992 年举行的第四次首脑会议上，东盟就提出建立自由贸易区，力争通过推进贸易自由化提高合作水平和经济一体化建设，增强东盟的整体实力。随着经济合作的不断深化，特别是经历了 1997—1998 年的亚洲金融危机，东盟国家普遍认识到，只有建立本区域自觉应对外部冲击的多种机制，才能保证区域的安全与稳定。因此，建立一个类似于欧盟的"东盟共同体"的设想开始应运而生。

2003 年 10 月，第九届东盟首脑会议发表的《东盟第二协约宣言》宣布，将于 2020 年建成以安全共同体、经济共同体和社会文化共同体为三大支柱的东盟共同体。这标志着东盟将由较为松散的以经济合作为主体的地区联盟，转变为关系更加密切的一体化区域组织。为进一步推进东盟一体化建设，2004 年 11 月，第十届东盟首脑会议通过了《东盟安全共同体行动纲领》和《东盟社会文化共同体行动纲领》，并正式将制订《东盟宪章》列为东盟的一个目标，为东盟共同体建设寻求法律保障。2007 年 1 月举行的第 12 届东盟首脑会议通过的《宿雾宣言》决定，正式启动东盟宪章的起草工作。宣言还决定将东盟共同体建设提前至 2015 年完成。同年 11 月，第十三届东盟首脑会议通过了《东盟宪章》，为建立东盟共同体提供了法律保障。另外，会议还通过了《东盟经济共同体蓝图》，重申在 2015 年之前建成东盟经济共同体。这是东盟经济一体化建设的总体规划，也是一份指导性文件。2008 年，东盟还逐步完成了政治安全共同体蓝图、社会文化共同体蓝图以及第二次东盟一体化行动计划蓝图的起草工作。在《东盟宪章》的框架下，2009年2月，东盟国家领导人在第14届首脑会议上签署了《东盟共同体2009—2015年路线图宣言》及相关文件，就如期在2015年建成东盟共同体提出了战略构想、具体目标和行动计划。

此外，东盟还积极加强自身的组织建设，设立了包括由外长组成的东盟协调理事会及政治安全、经济、社会文化3个理事会等。东盟各成员国还同意增设两名副秘书长，分别负责东盟经济共同体建设和共同体及机构事务。东盟共同体建设的举措不仅提升了东盟国家的整体影响力，也使世界上其他国家和组织进一步认识到东盟在东南亚地区的重要性。美国、澳大利亚、新西兰、日本、中国等国家已向东盟秘书处派出或宣布派出大使级代表。

尽管东盟发表了东盟共同体宣言，但从法律和制度的层面来看，东盟共同体究竟是什么性质的组织人们并不清楚，就连东盟的决策者们也没有共识。为了探讨东盟共同体的性质，2004年6月在万象举行了一个题为"走向东盟共同体"的研讨会。与会者全部为来自东盟各成员国的专家、学者和官员。会议认为，"为了应付内部的挑战（种族冲突、分立主义、武装暴动等）和外部压力（全球化、恐怖主义、非法移民和洗钱等），东盟必须调整和采用新的工作机制"。会议对东盟现行制度、机制、运行规则和法制效率提出了许多改革主张。首先，有人提出应当引入"制约机制"，建立具有法律意义的标准和规则，实施有约束力的决议。其次，有人提出重新审视"东盟方式"和"不干涉原则"。再次，有人主张强化东盟秘书处的功能。最后，也有人主张为市民社会和媒体提供某种权力空间。东盟共同体的现实发展一定是在继承与革新中不断前进的。

三、东盟区域经济一体化形成的影响

（1）东盟不同层次的国家都意识到如果不促进和维持经济高速持久地增长，东盟各国将处于落后的状态，目前，原东盟六国的经济增长速度已逐渐降低，急需新的经济动力来促进其经济的进一步增长，而东盟成功的经验已表明经济发达地区与发展中地区的结构关系不应是一种单一制成品与原材料的单一产业结构关系，而是一种动态的产业结构升级的"雁形模式"。这样一种产业结构的产品在彼此之间有很强的互补性和极大的需求性，而且，由于当今世界贸易保护主义盛行，发展中国家的劳动密集型产品常受到发达国家制定的反倾销和配额等贸易壁垒的限制，为保证其产品出口，享受贸易优惠，迫切需与经济发达国家实现经济一体化，而发达国家出于产业结构升级需要，将一些不再具有比较优势的劳动密集型产业和部分密集型产业转移至发展中国家，利用当地劳动力便宜、资源丰富的优势将生产出的产品再返回国内消费。与发展中国家实现经济一体化，有助于发达国家比较优势的发挥，有利于该国福利水平的提高。产业结构互补，是推动发达与发展中国家之间实现经济一体化的动力，并且互补性越强，实现经济一体化以后的好处就越多。东盟自由贸易区的建成将会成为一个更好的证明。

（2）东盟在社会经济发展、区域合作上表现出的东南亚特点和自主精神确立了其在国际社会中的地位。从发展道路来看，政治上，东南亚各国从20世纪50年代开始先后转向集权制，并一直持续到80年代末，这些国家致力于经济发展或现代化的强有力的领导集团，用集权方式消除发展的负面政治因素，如政局动荡、党派斗争等。同时，实行市场经济体制，保证经济活动的自主性，为经济增长创造了良好的宏观环境，使经济得到了空前

的大发展，被称为"东南亚模式"，这为第三世界国家提供了经验，也使西方国家对其刮目相看。在区域合作方式上，东盟以其协商一致原则，表现出有别于欧盟制度化体系的亚洲特色，这意味着该组织只有在各成员国充分讨论、协调利益、达成共识、各得其所的情况下，才能够就有关问题表达并形成决议。通过这种亚洲方式，东盟在地区内和地区间努力创造对话气氛，吸引了非东盟国家广泛参与，有利于国际局势的稳定。

　　（3）东盟自由贸易区的成立，不仅使得整个东盟成员国在国际政治舞台上的地位得到了极大的提高，而且为东盟成员国的经济发展注入了新的活力。从东盟内部的经济联系来看，东盟内部各国的贸易联系正在逐步加强，20年来，东盟的商品进出口方向都发生了较大变化。1970年，东盟重要的商品出口市场依次是：日本24.0%，东盟19.8%，美国17.3%，欧共体15.7%；1993年，出口顺序变为：东盟22.6%，美国20.2%，日本15.4%，欧盟15.0%。东盟国家间的贸易有了长足的发展，1994年东盟国家相互间的出口增长41%，东盟国家间的贸易增长速度超过了东盟总贸易额的增长速度，1995年在东盟内有效普惠关税计划内的产品额达539亿美元，比上一年增长20.9%；非有效普惠关税计划内的产品额为700亿美元，比上一年增加16.2%，1995年在东盟的区内出口产品中，有效普惠关税计划内的产品已占84.7%，彼此将成为最重要的贸易伙伴。

　　（4）由于放宽限制，改善投资环境，东盟国家的外资引入也在不断增加。随着亚太地区投资自由化的进展，东盟引进外资的限制会继续放宽，投资环境会不断改善。对于经济较不发达的越、老、缅、柬来说，艰巨的挑战也意味着绝好的发展机会。

第二节　东盟区域经济一体化的内容与实施

　　东盟自由贸易区的核心框架是《共同有效优惠关税协定》，即东盟自由贸易区共同有效关税（CEPT－AFTA）。自2010年1月1日起，东盟6个老成员国文莱、印度尼西亚、马来西亚、菲律宾、新加坡和泰国的7 881种进出口商品税目关税将降至为零，税目达54 457种，占总关税税目99.11%。此外，经过关税削减之后，这些国家的平均关税预计将由2009年的0.79%降低至2010年的0.05%。2008年，东盟内部这7 881种商品进口税共计达226.6亿美元，占据这6国进口额的11.84%，税目包括最终消费产品，如空调、辣椒、鱼和豆酱；半成品有摩托车配件和汽车气缸，其他产品包括钢铁、塑料、机械和机械设备、化学用品、精制食品、纸产品、水泥、陶瓷和玻璃产品。东盟六国取消商品关税，落实了东盟内部取消关税和建立开放市场的承诺，也是完成东盟经济共同体（AEC）建立单一市场和生产基地蓝图的重要推动力。

一、东盟区域经济一体化的内容框架

　　东盟成立于1967年，在1992年1月东盟首脑会议上，东盟首脑决定设立东盟自由贸易区或AFTA，共同执行具有约束力的优惠关税税率，称CEPT。CEPT框架的主要目的是在15年内将工业品和农产品的关税税率削减至0～5%。1994年9月东盟部长例会决定将原来的15年缩短为10年，即2003年实施东盟自由贸易区。东盟部长还同意将尚未加工的农产品并入CEPT框架，但需要延长时间，东盟自由贸易区框架同意未加工农产品于2010年完成并入。

东盟自由贸易区共同有效关税(CEPT－AFTA)覆盖整个东盟成员国,并且产品自1993年以来一直享受关税逐步递减的待遇。根据CEPT－AFTA降低关税时间表,每个成员国允许以正常方式降低产品关税,其中东盟老6成员国承诺将在2010年降低关税到零,新的4个成员国柬埔寨、老挝、缅甸和越南承诺将在2015年降低关税到零,并承诺削减5%关税,将平均税率由2009年的3%降低至2.61%。根据CEPT－AFTA,敏感名单(SL)上的产品,如烟草、咖啡、活动物及动物产品关税在2010年降低至5%,在2015年降低至零关税。高度敏感名单(HSL)产品,如大米将维持关税至某特定日期。至于不降低关税名单(GEL)上产品,从国家安全、道德等角度考虑仍保持原关税。截至2010年1月1日,共计487种商品被列入敏感名单、高度敏感名单和不降低关税名单。除了关税自由化之外,东盟也致力于提供相关贸易便利措施。东盟还积极制定和简化产品海关通关清关手续,废除非关税措施,发展东盟单一窗口和生产基地,改善投资环境,为知识产品保护提供更好的解决争端制度,消除专业人士和熟练技术工人转移的障碍。

东盟自由贸易区的目的是消除成员国之间的贸易壁垒,为建立统一市场奠定基础。东盟自由贸易区的中心价值是自我实施CEPT,东盟自由贸易区的修改方案必须在5～8年内(从1993年1月开始)将关税下调至20%,直至2003年降至0～5%,越南、老挝和缅甸除外,但须先后在2006年和2008年实现东盟自由贸易协定。优惠关税和特权是指根据商品原产地规定的特别监管,是为了不使第三国利用其他国家低关税率进入另一个高关税率的国家,这也叫做从第三国及高关税国家到低关税国家的贸易限制。

CEPT框架内采用四大目录。即关税就地削减目录(Inclusion List)、临时暂停削减关税目录(Temporary Exclusion List)、永久保留目录(General Exception List)、敏感商品目录(Sensitive)。所有这些是以此作为确定贸易自由化步伐和各项工作的工具。关税就地削减目录包括2003年关税拟降至0～5%的商品目录。脆弱商品目录包括列入2003年左右关税削减目录尚未加工的农产品类,到2010年降至0～5%。普遍取消目录包括由于安全以及相关人类、动物、树木生命、健康保护等原因被永久取消关税的商品。此外,还有文化艺术、历史价值和古迹的保护等。

CFPT的根本特征是接受符合产品基础的商品,列入关税削减目录确认的商品有三个条件。①上述商品必须列入国家进出口关税削减目录;②为获得上述条件,这里所说的商品必须是低于20%的关税。如果某一商品关税高于20%,可从高于20%关税商品成员国中获得同样的优惠待遇;③证明上述商品来自上述地区的成本结构必须高于40%以上。这一优惠关税将促进成员国将其商品列入关税削减目录,以便在短时间内享受优惠关税条件。CEPT框架是阶段性削减关税。CEPT的另一个重要特征是要求成员国在使用优惠关税时取消商品配额,获准实施优惠关税后,5年内取消各类非关税壁垒。根据联合国贸发会或UNTAD的规定,实施方针的确定须经东盟内部通过,所有这些包括关税管控措施、价格管控措施、财政措施、垄断保护措施和技术措施。

二、东盟区域经济一体化的运作模式

(一)东盟方式

对东盟取得的成就和地位的原因,许多国家的政界和学界都进行了深入研究,其中印度尼西亚战略和国际研究中心主任日匝·祖克玛(Rizal Sukma)认为主要原因有以下几个方面。

首先，东盟从一开始就在其合作议程中回避处理"敏感"问题。事实上，从 1967 年 8 月成立后的二十多年里，东盟的议程中有意不明确提安全合作。尽管在成立时有政治和安全背景，东盟倾向于回避更深层次、更体制化的政治和安全合作的必要性。尽管东盟确定的任务是推动"地区和平与稳定"以及加强"繁荣与和平的东盟国家群体"的基石，曼谷宣言仍明确体现出对"通往和平的经济道路"的信心。换句话说，东盟国家间的合作始于非敏感领域。

其次，注重经济合作并不意味着东盟完全忽视处理成员国之间政治和安全问题的必要性。事实上，人们已经看到，经济发展中共同利益的存在没有导致激烈的国家间竞争。相反，东南亚各国政府看到了建立一种能让成员国更加注意将资源用于更紧迫的国内稳定与发展任务的地区秩序的必要性。这样一个目标需要地区国家间的友好关系，这种关系须通过恪守作为防止冲突主要手段的不干涉国内事务的原则来实现。换言之，通过严格遵循不干涉原则来处理政治和安全问题。

第三，在经济政治和安全事务方面，东盟成员国更喜欢双边途径而非多边途径，并且运用平静外交的方式。事实上，东南亚背景下的平静外交的概念常常被定义为"东盟方式"。比如，有人认为，平静外交的原则构成了所谓"东盟方式"的重要因素。通过这种途径，"每个成员国克制自我，不公开评论他国政策"，这样做反过来又"使得东盟成员国能够征服任何双边紧张关系"。当成员国之间发生问题时，各国政府不公开散布它们的分歧，它们常常关上门加紧磋商，以解决这些分歧并且尽量阻止媒体介入。更重要的是，东盟国家严格克制自己，不评论各自的国内问题或国内形势。

第四，鉴于东盟喜欢用非正式的方式处理冲突和解决纠纷，其采用平静外交也是可以理解的。尽管节制各方的《友好与合作协议》提供了处理和解决冲突的正式机制，东盟却从未使用过它。相反，东盟成员国更愿意"在正式架构和制度范围之外"处理纠纷，尤其是在解决双边领土争端方面。正如一位学者所说，"东盟本身的作用不是正式解决纠纷和结束纠纷，而是创造一种地区环境。在此环境下，此类问题不出现或能被很容易地处理和节制"。换句话说，东盟也是避免和防止冲突的一个过程。

第五，在领导人间发展更紧密个人关系方面非正式性变得更为有效。在东盟，作为处理冲突途径的平静外交也为成员国或冲突各方的领导人或政府所用。因此，东盟很大程度上依赖领导人之间的个人关系。

第六，东盟的合作以各国都满意的速度进展。尽管有更大合作的必要性，东盟仍采取渐进的合作方式，以便各成员国有一种舒适感。比如，东盟为召开 1976 年的第一次峰会准备了 10 年。更重要的是，直到 1992 年，即成立 25 年后，它才将政治和安全合作写入东盟合作正式议程。通过将合作更集中于"非敏感"领域，东盟设法培养了一种合作习惯和成员国之间的信任，从而最终将敏感问题纳入正式合作议程。

日匝·祖克玛在总结东盟上述特点时，是将其作为东盟成员国之间创造互相信任经验归纳在一起的，这些经验在讨论东盟问题时已经被概括为"东盟方式"。目前，虽然"东盟方式"仍旧没有明确定义，但人们的理解基本大同小异。著名的东南亚问题专家阿查亚认为这种方式的特征为：非对抗性；协商一致；非正式性；思想上的多边主义与行动上的双边主义。哈克博士则将其总结为：主权平等；不诉诸武力与争端的和平解决；不干涉和不干预内政；东盟对成员国之间未能解决的双边问题的不卷入；私底外交；相互尊重和容忍。

一直以来，人们都在高度评价东盟树立了与欧盟不同的模式，认为这一模式符合东南亚地区多样性的特点，而且在凝聚各成员国过程中的确卓有成效。作为一个地区组织，传统东盟模式的主要特点是：第一，从性质来说，它不是一个超国家组织，而是一个国家间的组织，是一个松散的多国联合体。比较强调各国主权的独立，反对权力让渡；只承认一个中央协调联络机构，而反对建立中央权力机构。第二，从运作方式来说，东盟创造了独特的"东盟方式"，即坚持开放性和非排他性；坚持非强制性和非约束性；主张协商一致，反对"多数决定"原则；容忍差异性，反对干涉内政。第三，从功能上说，传统的东盟重在同区外大国的协调关系，以及自身在地区和世界舞台上的地位和作用，而自身一体化方面则显得相形见绌。

当然，东盟方式也有缺陷。东盟方式存在着严重的先天不足，其局限性首先表现在对自身一体化向更深层次发展的制约作用上，随之表现在作为东业经济合作中心的角色中。但需要说明的是东盟方式表现出来的不足，并非是东南亚国家政治家的疏忽，而是一种选择，因为从确定这种方式的最初时刻直到最近，政治家对此也有过多次评说。同欧盟不一样，东盟从未打算成为一个要求成员国交出某些国家主权的超国家组织。东盟没有欧盟委员会和欧洲议会那样的超国家机制来制定集体的政治政策。

（二）东盟区域合作的特点

第一，经济合作循着由小到大、由弱至强的路子平稳发展，东盟的经济合作最初是在贸易方面。1977 年 2 月签署了特惠贸易协议，以建立和发展区域特惠贸易制度；1987 年进一步签订了《改进的东盟优惠贸易协定关税议定书》；1990 年在东盟第 22 届经济部长会议上采纳了以产品种类为基础的共同特惠关税的做法。东盟的特惠商品项目 1977 年仅 71 项，1982 年扩大到 8 563 项，1989 年达 19 000 项。享受优惠税率商品的削减幅度从 10% 提高到 25%，其中 3 588 项非食品商品的税率削减了 50%。区域内的贸易额占东盟贸易总额的比重从 1973 年的 14% 升至 1983 年的 21%。同期东盟与工业发达国家的贸易额占东盟贸易总额的比重则从 63% 降至 54%。1969 年东盟的区域内贸易额（进出口总额）仅25.04 亿美元，1973 年为 46.01 亿美元，1978 年上升为 122.07 亿美元，1983 年高达 351.04 亿美元。进入 90 年代后，更是以提出建立东盟自由贸易区的计划使区域内贸易迈上了新的台阶。

除贸易之外，东盟的区域经济合作还扩展到工业合作方面。工业合作的内容：一是建立东盟共同的大规模工业企业，由各国政府支持，这被称为"东盟共同工业建设项目"；二是鼓励私人中小型企业进行合作，由民间的东盟商会具体执行经政府批准的"东盟与补贴工业建设项目"。另外，东盟还在能源、粮食和通信方面以及财政、金融等方面进行全方位合作。

第二，在区域经济合作上充分调动私人企业的积极性。在东盟进行区域经济合作的初期，不仅政府间的合作很少，而且成员国的私营企业都对东盟持怀疑态度。为此，1972 年在雅加达成立了民间性质的东盟商业联合会，各成员国分别成立了商业联合会，以支持东盟的区域经济合作。但最初几年基本上没有发挥什么作用。1975 年 7 月在吉隆坡举行东盟商会第一次会议时，为与东盟的经济合作在政府一级重新又活跃起来相适应，出现了合理发挥东南亚实业家在东盟内的作用的想法，于是成立了 5 个工作小组及其召集者：放宽贸易小组——马来西亚，工业互相补充小组——印度尼西亚和菲律宾，航运小组——印度尼西亚和新加坡，旅游小组——印度尼西亚和泰国，银行小组—菲律宾和新加坡。1977年将放宽贸易小组和旅游小组合并，新成立一个粮食和农业小组。这样它们就与政府一级的委员会对口了。私营企业与政府之间的交流渠道是东盟工业和商业常设委员会（即后来的商业、矿业和能源委员会），通过它私营企业可以就东盟的政策和计划向政府提出意见和建议。商会和政府的代表经常就东盟的事务举行会晤，会员们被邀请参加东盟商会和工业俱乐部的各种正式的和非正式的会议。在上述小组中，最能体现私营企业作用的是"工业互相补充"。所谓工业互相补充指的是在东盟国家的工业系统进行生产与交换的一整套计划。其特点是"需要投入大量的私人资金"，主要由私人企业经办。工业互相补充工作小组首次全体会议于1976年6月在新加坡召开，东盟地区工商界巨头近100人出席了这次会议。会议的重要成果是提出了成立工业俱乐部的主张，因为这些俱乐部可以作为各国私人企业的协作团体和基层组织，来承办、指导和扶助已确定和同意的工业互相补充的具体项目。为使工业互相补充的目的能更加明确、措施更加可行，东盟于1976年11月在吉隆坡召开的工业互相补充工作小组第二次全体会议上提出了一套工业互相补充指导方针。

除了东盟工商会外，东盟其他私人组织也主动同东盟合作，如东盟旅游协会、东盟新闻工作者联盟、东盟电影制片商协会、东盟石油合作理事会、东盟钢铁俱乐部等。

在世界各种类型的区域经济合作组织中，像东盟这样在区域经济合作中政府和私营企业结合得这么充分、这么完好者并不多见，私营企业的积极参与使东盟的这种努力有别于其他已经出现的区域合作形式。

第三，东盟国家在区域内经济合作上尽管存在一些分歧，但对外却用一个声音说话。东盟国家的经济合作包括区域内和区域外。区域内的合作因主观的和客观的种种原因，以及国际环境的变化和历史遗留问题的影响等，难免产生这样或那样的分歧，尤其是在合作的初期。李光耀曾经指出，从心理上说，处理与东盟外部伙伴的关系比起在东盟伙伴之间做出地区内部的安排更为容易。然而，在联合国大会、联合国贸易和发展会议、海洋法会议、关税与贸易总协定以及其他一些国际会议和多边谈判中，东盟国家均十分注意协调自己的立场，把自己作为一个整体，用一个声音说话。东盟国家都是外向型的发展中国家，对发达国家的市场、资金和技术的依赖性都比较大，因此，处理与西方工业国家的关系是东盟国家经济合作的一个重要方面。早在20世纪70年代东盟就与工业发达国家和联合国的发展计划署等机构建立起正式的对话关系。欧洲经济共同体是与东盟最早建立对话关系的区域外组织。

（三）东盟的次区域合作

东盟次区域合作，是指东盟内部几个国家之间开展的小范围的、被认可为单独一个经济区的跨国界的多边经济合作，次区域合作的内容可以是资源自由流动、建立共同市场、建立联合经济组织、协调资源开发、合理保护环境、协调经济发展、维护经济秩序、保持经济稳定等，实质是消除区域内资源流动的障碍，促进区域经济社会的共同发展。主要包括湄公河流域的次区域合作和三个增长三角的经济合作。它们构成该地区次区域经济合作的主要形式。

1. 大湄公河次区域合作

早在19世纪末20世纪初，当时的殖民者法国曾代表受保护国家与泰国签订了合作利用湄公河下游航道的协议。但是有关共同开发、利用湄公河的正式合作始于 20 世纪 50 年代。1955 年联合国亚洲及远东经济委员会发表一项报告，提出合作开发、利用湄公河下游的水力资源，此计划被称为"湄公计划"。1957 年，泰国、柬埔寨、老挝和越南表示支持"湄公计划"，并于同年成立了湄公河委员会，在亚太经济社会理事会的主导下运作。然而在 60 年代至 80 年代期间，由于中南半岛军事冲突不断，政治局势动荡，"湄公计划"进展步履艰难，湄公河流域的国际合作开发基本上陷于停顿状态。

20 世纪 90 年代，随着冷战的结束和中南半岛政治局势的逐渐缓和，湄公河流域国家关系实现正常化，湄公河流域经济合作的势头重新活跃起来。这一地区除了泰国是市场经济国家外，其他国家此时都在以不同速度摆脱传统的计划经济发展模式，试图通过发展次区域经济合作来推动本国经济体制的改革，促进经济发展。除了湄公河沿岸国家和东盟其他国家以外，日本、澳大利亚、欧盟等发达国家，以及亚洲开发银行、联合国开发计划署、亚太经济社会理事会等国际组织，也纷纷参与了该区域各项经济合作。

目前，在湄公河流域主要有下列四种国际合作开发机制。

第一，大湄公河次区域经济合作（Economic Cooperation in Greater Mekong Sub-region，GMS）。这是湄公河次区域经济合作中最重要的国际合作开发机制，由亚洲开发银行（Asian Development Bank，ADB）作为合作的协调方和资助方，中、老、缅、泰、越、柬参加，旨在改善次区域的基础设施，扩大贸易与投资的合作。其主要机构是大湄公河次区域经济合作部长级会议，按惯例每年在亚洲开发银行总部召开一次会议。自 1992—2000 年已先后召开了 9 届部长级会议，主要的合作领域是交通、能源、通信、旅游、环境、人力资源开发、贸易和投资、禁毒等 8 个方面。部长级会议下设专题论坛和工作组。2001 年第十届部长级会议通过了《大湄公河次区域经济合作未来十年战略框架》，强调加强基础设施建设、促进跨境贸易和投资、推动私营部门参与合作、发展人力资源和能力、保护环境和合理利用资源等。该战略框架确定了建设重要交通走廊、电信骨干网、电力联网与投资、贸易、旅游等 11 大标志性项目。2002 年 11 月在柬埔寨首都金边举行了大湄公河次区域经济合作（GMS）第一次领导人会议。这是湄公河开发合作史上最高级别的会议，通过了《领导人宣言》和《发展规划表》两个重要文件，确定了未来十年的合作领域和承诺。会议还讨论了对该次区域合作的基本看法和 GMS 的作用，以及发展伙伴关系、筹集资金和亚行的作用等问题。它标志着湄公河次区域合作进入一个新的发展阶段。

第二，东盟湄公河流域开发合作。1995 年 12 月，第五届东盟首脑会议提出东盟湄公河流域开发合作（The ASEAN – Mekong Basin Development Cooperation，AMBDC）（包括中国云南省），目的是加速湄公河流域印支三国和缅甸经济的发展。1996 年 6 月，当时的东盟七国和澜沧江 – 湄公河流域国家中的中、缅、老、柬共 11 国的部长级代表，在马来西亚首都吉隆坡通过了《东盟湄公河流域开发合作基本框架》（The Basic Framework of AMBDC），合作领域包括基础设施、投资与贸易、农业、矿业、工业及中小企业发展、人力资源开发、科技等 8 个方面。同年，在印度尼西亚召开的东盟非正式首脑会议批准了这一基本框架文件。这一框架文件强调加强整个湄公河沿岸各国的经济联系，建立经济伙伴关系，以最终实现东南亚自由贸易区和由 10 国组成的大东盟。在该合作框架中，首次推出了南起新加坡、北至中国昆明的"泛亚铁路"计划。它将连接新加坡、马来西亚的吉隆坡、泰国的曼谷和清迈、缅甸的仰光、柬埔寨的波贝和金边、越南的胡志明市和河内、老挝的万象以及中国的昆明。该计划提出后得到了中国和东南亚国家的赞同和支持。东盟湄公河流域开发合作机制的形成表明,澜沧江－湄公河开发合作已作为东盟经济一体化的一部分而被纳入东盟合作框架之中,其合作范围已超越了澜沧江－湄公河流域。

第三,湄公河流域可持续发展合作。1995 年,在湄公河工作小组的基础上,泰国、老挝、越南和柬埔寨在泰国清迈签署了《湄公河流域可持续发展合作协定》,并正式成立了新的湄公河委员会(The Mekong River Commission,MRC)。新湄委会为完全由泰、老、柬、越 4 国主导的地区性组织,其宗旨是对整个湄公河的水资源和相关资源以及全流域的开发制定计划和实施管理。新湄委会成立后,每年都制定项目计划,并积极寻求国际援助。中国在 1996 年以对话国的身份参与了它的有关活动,同年缅甸也成为新湄委会的对话国。

第四,中、老、缅、泰"黄金四角"地区经济开发合作(Golden Quadripartite Economic Co-operation,QEC)。泰国政府于 1993 年初率先提出了"东南亚黄金四角经济计划"。"黄金四角"地区指澜沧江－湄公河流域的中、老、缅、泰四国毗邻地区,总面积约 16 万平方公里。该计划提出后立即得到中国、缅甸和老挝政府的支持和响应。同年 5 月,四国高级官员首次在曼谷举行关于联合发展交通运输的会议,确定连接四国的交通和发展旅游业是区域经济合作的重点。1998 年,召开的亚洲开发银行次区域第八届部长级会议,正式将禁毒列为澜沧江－湄公河次区域合作的新领域,并开展大规模的替代种植,这一活动也成为"黄金四角"区域合作的重要内容。目前"黄金四角"经济合作的范围涉及航运资源开发、水电资源开发、旅游资源开发、交通道路建设、生态环境保护、贸易与投资以及替代种植等方面,其宗旨是建设中国西南通向中南半岛的陆上通道和经济走廊,实现中国与印支国家市场的对接,并促进该区域内的经济发展。2000 年 4 月,中、老、缅、泰四国交通部长正式签署《澜沧江－湄公河商船通航协议》,2001 年四国实现正式通航。

上述四种合作机制虽然在合作的范围、层次和程度上各不相同,内容上也有不少重叠,但都是围绕着澜沧江－湄公河次区域合作展开,其最终目的是在这一特定区域内实现最有效的专业化生产,消除不必要贸易投资障碍,实现生产要素的合理流动和资源的优化配置,促进次区域内各国经济的共同繁荣。

2. 东盟南增长三角

1989 年 12 月新加坡当时的第一副总理吴作栋首先提议,由新加坡和与之毗邻的马来西亚柔佛州及印度尼西亚巴淡岛联合建设"增长三角"经济开发区。1990 年,印度尼西亚总统苏哈托和马来西亚总理马哈蒂尔正式表示赞同。增长三角计划在经济上的可行性不仅在垂直分工与合作方面,而且还在于充分发挥规模经济效益。新加坡已拥有与世界市场联系在一起的金融、商业网络,充分利用这一条件对于新加坡本身和周围地区的发展都十分有利。此外,这一地区的旅游资源丰富,到新加坡的旅客可到柔佛和廖内群岛饱览两地秀丽的海滨风光,从而增加有关国家的旅游收入。从新加坡来看,增长三角的建立还有利于保证其淡水供应、扩大市场和投资地,而其他两个国家可以从新加坡获得经济发展所需的资金和技术。1990 年 8 月,新加坡与印度尼西亚签订了合作开发廖内群岛(主要是巴淡和宾坦岛)的协议,并成立了开发联合委员会。双方决定简化人员来往和产品进出口的手续,共同开发旅游业,促进廖内群岛工业和技术的发展。印度尼西亚还将向新加坡提供淡水。新加坡技术工业公司和裕廊工业工程公司与印度尼西亚沙林集团合作在巴淡岛建立巴他明多投资公司,以共同投资交通运输和其他服务业部门。其子公司巴他明多管理公司将负责建设和管理共同开发的工业区。现在已有一些企业投产。除了开发工业区外，旅游设施也在巴淡岛和宾坦岛兴建起来。新加坡还与有关银行和财团合作开发宾坦岛的旅游资源以及位于巴淡岛西南的布兰岛的饲养业和观赏植物种植。

新加坡与马来西亚柔佛州的经济联系已有很长的历史。从 20 世纪 80 年代初开始，新加坡企业已陆续扩展到该地区。柔佛州几次增加对新加坡的淡水供应，新加坡在柔佛州的投资不断增加。为了推进增长三角计划，柔佛州设立了一些工业区和自由贸易区，为"先驱企业"提供一系列税收方面的优惠。双方还建立培训熟练工人的学校和达成合作发展工业和旅游设施的协议。该增长三角在投资合作方面成效比较显著。目前新加坡是柔佛州最主要的外资来源地，柔佛州成了马来西亚工业和旅游业发展最快的地区之一。巴淡岛的累计投资额在 1994 年达到 42 亿美元，投资领域包括机械制造、金属工业、化工、电子、贸易、服务业和涉农产业。在柔佛州的投资约达 69 亿美元。1996 年马来西亚柔佛州与印度尼西亚西苏门答腊政府合资 2 000 万美元在巴当建立工业园（Padang Industrial Park）。

3. 东盟东增长区

东盟东增长区（The East ASEAN Growth Area，EAGA）是 1992 年由菲律宾参议员巴特诺首先提议的。1993 年菲律宾拉莫斯总统正式提出建立东盟东增长区的主张。它包括苏禄海周边国家和地区，即文莱、菲律宾的棉兰老岛和巴拉望、马来西亚的沙巴和沙捞越以及印度尼西亚的北苏拉威西和东西加里曼丹，所以也称为文菲马印度尼西亚增长区（Brunei-Indonesia-Malaysia-Philippines Growth Area，BIMPGA）。1994 年 3 月上述四国的经济部长在菲律宾的达沃签署备忘录，宣布该增长区的建立。1996 年 7 月这些国家的部长们在增长区部长会议上决定把该增长区的范围扩大到中、南加里曼丹以及中、南、东南苏拉威西、伊里安查亚和马鲁古等地，使之覆盖 4 千万人口的广阔地区，其中印度尼西亚所占的面积最大。

该地区拥有丰富的自然资源，如文莱、加里曼丹、沙巴和沙捞越拥有热带木材资源，文莱、东加里曼丹、沙巴和沙捞越有大量的石油和天然气资源，棉兰老和巴拉望以及北苏拉威西有丰富的海产品和农产品资源，沙巴的邮电通信相对比较发达，马来西亚的橡胶和油棕榈的种植技术等可为其他国家所利用。该地区旅游资源也十分引人注目。长期以来，该地区就有密切的贸易关系和人员往来，易货贸易有很长的历史。在该增长区建立之前，已经有一系列的多边和双边的贸易和投资合作协议，如航空和海运、渔业、旅游、通信、林业和金融等。

1994 年 3 月有关四国的经济部长签署了合作计划，明确提出加快海空航运服务的发展，加强渔业和旅游业的合作，促进本地区的边境贸易。此外，还要简化税收和投资法规。该增长区具体分工为：文莱负责环境和电信，印度尼西亚负责人口流动和林业开发，菲律宾负责建筑和农产品加工工业。亚洲开发银行提供了 1 200 万美元资助增长区研究拟合作的领域。部长会议和负责各具体领域合作的工作组会议每半年举行一次。东盟商务理事会（East ASEAN Business Council）于 1994 年建立，它致力于挖掘有关各方的比较优势和发动私人部门参与次区域经济合作。20 世纪 90 年代中期以来，该增长区的空中航线不断增加，在渔业和旅游业的合作成效比较明显。为了增加该增长区的游客和密切经济合作，菲律宾和印度尼西亚取消了各自的出境费。

4. 东盟西增长三角

即印度尼西亚、马来西亚、泰国增长三角（Indonesia-Malaysia-Thailand Growth Triangle, IMTGT），是 1990 年由马来西亚槟榔屿州首席部长许子根博士提出的。他认为这是除东盟南增长三角（包括新加坡、马来西亚的柔佛州和印度尼西亚的廖内群岛）以外可促进次区域经济合作的另一个途径，如果合作成功，它还可扩大为更大范围的经济合作。马来西亚不少人认为，建立增长三角可缓解槟州地区制造工业所面临的劳工短缺问题。上述三国领导人认为，它可以使马来西亚的资本和经验与泰国南部和苏门答腊北部丰富的廉价劳动力和土地相结合，因此参与各方都能受益。基于这一认识，有关各国的最高领导人很快表示支持此建议。

该增长三角的有关各方并没有签订条约或协定，只有 1993 年 12 月由各方政府签署的谅解备忘录。该文件明确此增长三角包括印度尼西亚的亚齐和北苏门答腊，马来西亚的吉打、玻璃币、槟榔屿和霹雳等州，泰国的那拉惕瓦、北大年、沙敦、宋卡和也拉等府。该增长三角的总面积为 180 000 平方公里，人口为 2 200 万。印度尼西亚部分占增长三角总面积的 70.5%、人口的 64%。马来西亚和泰国部分分别占总面积的 17.9% 和 11.6%，分别占总人口的 22.1% 和 13.4%。该地区拥有多条重要的海上交通航线，近海的油气开发前景很好，并有诱人的旅游资源。由于环境和土地条件相近，农业也有合作前景。

东盟西增长三角自建立起，部长和较低层次的官员经常举行会议，讨论合作事宜。该增长三角确定了 6 个重点合作领域，并相应地建立了 6 个工作组，涉及旅游、投资与贸易、农业与渔业、服务业、基础设施、人力资源开发等。马来西亚有关的四个州在吉打的亚罗士打市设立了增长三角秘书处，为有兴趣到泰国和印度尼西亚投资的马来西亚企业家提供资料。由于马来西亚槟榔屿地区的许多跨国公司面临土地和劳动力成本上升，有的已转移到生产成本较低的泰国北部和印度尼西亚苏门答腊北部。印度尼西亚和马来西亚合资建立油棕榈种植园和加工厂。在交通领域已开辟了一些新航线。泰国南部与马来西亚进行电力供应方面的合作，马来西亚通过管道向泰国供应天然气。至 1996 年一批耗资共约 32.5 亿美元的投资项目已经签署，包括发电站、工业园、道路、油气管道和铁路设施，马来西亚在泰国的投资约 25 亿美元，包括橡胶手套生产以及棕榈油和海产品加工。

三、东盟区域经济一体化的运作概况

东盟自由贸易区计划实施后，为有效贯彻执行这一总的经济合作计划，东盟各成员国积极制订了各自的关税减免计划，并于 1992 年 12 月先后予以公布。遗憾的是，除了新加坡和泰国外，其他 4 个老成员国无法按原定计划开始的时间（即 1993 年 1 月 1 日）执行其关税减免计划，纷纷推迟了计划的执行。其主要原因有以下几个方面：

第一，有关执行关税减免计划的具体技术细节尚未准备好。CEPT 协定本身几乎没有有关执行计划的技术细节，而且 CEPT 下的产品清单到 1993 年 11 月才出台。第二，一些国家受到国内利益集团的压力而推迟了执行东盟自由贸易区计划的时间，继续采取保护主义措施。CEPT 协定主要是由东盟各国官方推动的，几乎没有私营部门的参与，事先也没有在国内进行广泛的宣传，也未对其可行性和影响进行深入的研究。第三，一些国家（如印度尼西亚、菲律宾）正进行自身的经济体制调整，对于执行关税减免计划有所顾虑。第四，由于全球贸易增速放缓，欧美经济不景气以及日本经济疲软的影响，这 4 个老成员国

首先考虑各自的应对措施，从而使得关税减免计划无法按时付诸实施。随着亚太经济合作组织加快贸易与投资自由化进程和关贸总协定"乌拉圭回合"谈判的进展，东盟各国意识到加快实施东盟自由贸易区对本地区的重要意义。经过协商，各成员国在于 1993 年 10 月的东盟经济部长会议上同意从 1994 年 1 月起实行减税计划，但文莱由于管理上的需要须到 6 月份才能开始执行。各国的运行情况简要介绍如下：

1. 新加坡

新加坡于 1993 年开始执行减税计划，该年将 373 个税目(HS 编码 9 位数)的商品的进口关税降至零。这些商品包括糖果制品、巧克力制品、饼干、鸡蛋、有机化学品、成衣和服饰、电池等。这样，新加坡共有 5 722 个税目，也就是 97.94% 的商品的关税税率在 0～5% 水平，只有 1 120 个税目的商品列于一般例外清单，这些例外清单商品主要是含酒精的饮料、石油产品和摩托车。1997 年一般例外清单中有 8 个税目转为 CEPT 列入清单。2000 年 3 月 1 日，新加坡又将一般例外清单中的 82 个税目转入 CEPT 列入清单，从而使 5 821 个税目(占 99.4%)属于 CEPT 列入清单。除了 38 个税目的商品仍归属于一般例外清单外，其余的 5 821 个税目的关税税率为零。

2. 马来西亚

马来西亚于 1994 年才开始实施减税计划，该年对 3 776 个税目降低了关税，其中属快速减税的有 1 373 种，1995 年又削减了 2 317 个税目的商品的进口关税。按照原先的计划和承诺，东盟 6 个老成员国于 2002 年 1 月 1 日将所有的制造业产品和加工农产品纳入 CEPT 列入清单。但是，为了保护本国的汽车行业，马来西亚宣布暂缓将 218 种与汽车相关的产品纳入 CEPT 列入清单，这些商品的减税将被推迟到 2005 年。2000 年 1 月马来西亚共有 8 894 个税目(占 97.26%)属于 CEPT 列入清单，其平均关税税率为 2.85%，而且其中 60% 是零关税。同时，只有 53 个税目属于一般例外清单，这主要是酒精类饮料和武器。另外，马来西亚将 10 种(糖类商品)原来属于非加工农产品转为敏感清单商品。

3. 文莱

文莱从 1994 年 6 月开始实施 CEPT 减税计划。1994 年 6 月其对 1 408 个税目的商品(HS 编码 6 位数)降低了进口关税，1995 年 4 月 1 日又削减了 688 个税目的商品的进口关税。1996 年 1 月，共有 6078 个税目(占 93.6%)属于 CEPT 列入清单，而且将近 92% 的关税税率在 0～5% 水平。

4. 菲律宾

菲律宾从 1994 年开始执行减税计划。菲律宾 CEPT 列入清单的税目增加幅度很大，从 1993 年占 85.7% 扩大到 2001 年的 98.7%。1994 年 1 月菲律宾降低了 1 052 个税目(HS 编码 8 位数)。截止到 2000 年年底，菲律宾兑现了降低关税税目承诺的 70%。2001 年 9 月 7 日，菲律宾政府宣布将 320 个税目的商品的东盟内部关税降至 5%，从而使菲律宾所承诺的降低关税的兑现率达到 85%。2000 年菲律宾 CEPT 列入清单中有 85% 的税目的税率低于 5%，但是，2001 年其列入清单的平均关税为 4.17%，高于东盟 6 个老成员国平均 3.59% 的水平。

5. 泰国

泰国是从 1993 年开始减税的。1994 年泰国降低了 1 397 个税目的商品的进口关税，1995 年又削减了 25% 的进口商品的关税，2000 年又进一步将 1 190 个税目的进口关税削减到 0~5%，这些税目主要包括农业原材料、化工产品、机电产品和汽车零配件等。

6. 印度尼西亚

1994 年印度尼西亚降低了 2 001 个税目的进口关税，1996 年年初又对 428 个税目降低关税，降幅在 5% ~15% 之间。1998 年 433 个税目的关税从 14% 降低到 5%。2002 年列入清单中的大约 700 个税目的进口关税被下调到 5% 以下。但是 2002 年印度尼西亚推迟下调 66 个税目的关税，除了这 66 个税目的关税在 5% 以上外，印度尼西亚列入清单中其他税目的进口关税均在 5% 以下。

7. 越南、老挝与缅甸

越南、老挝与缅甸分别于 1996 年和 1998 年开始减免关税。根据 1995 年 12 月越南公布的第一次 CEPT 关税税率表，越南共有 2 218 个税目，其中 38.6%（即 857 项）被纳入 CEPT 列入清单。1996 年越南大幅降低了列入清单税目的税率。到 2001 年，越南、老挝、缅甸的 CEPT 列入清单的税目的比例大大增加，分别提高了 42.2%、31.9% 和 11.5%，其中越南有 70% 的税目的税率在 0~5% 之间。

总的说来，除实施初期一些国家没能按原定的时间实施减税计划，或亚洲金融危机爆发后有的国家采取的一些市场保护措施，迄今为止，各国基本上还是履行了各自的承诺。东盟原 6 个成员国 CEPT 列入清单税目的加权平均关税税率从 1993 年的 12.76% 降低到 2001 年的 3.21%，而 4 个新成员国也已将 CEPT 列入清单中 12 005 个税目的加权平均关税税率降低到 7.45%。东盟十国 2001 年的加权平均关税税率为 3.85%。可以说，2002 年东盟原 6 个成员国已基本上达到其减税目标，使东盟自由贸易区初步形成。

第三节　东盟区域经济一体化的运作效果

一、区域经济一体化组织运作效果的评价标准

区域经济一体化包含着两层含义：一层含义是指成员国之间经济活动中各种人为限制和障碍逐步被消除，各国市场得以融合为一体，企业面临的市场得以扩大；另一层含义是指成员国之间签订条约或协议，逐步统一经济政策和措施，甚至建立超国家的统一组织机构，并由该机构制定和实施统一的经济政策和措施。对此，学术界将前者称为功能性一体化，将后者称为制度性一体化。功能性一体化与制度性一体化是经济一体化发展的两种趋势。功能性一体化的发展来自于各国市场经济自发的内在要求，当它发展到一定阶段时必然要求制度性一体化给予保障和促进；而制度性一体化会加深功能性一体化的程度。功能性一体化是制度性一体化的准备，具有一体化的实质性意义；制度性一体化是功能性一体化的阶段性标志，具有一体化的形态性意义。因此，功能性一体化与制度性一体化具有密切的关系。两者既可相互促进，也可相互制约。从世界区域一体化的实践来看，制度性一体化具有更重要的现实意义。因而，人们更多关注的是制度性一体化的进展。

（一）关税同盟理论

关税同盟的特征是不仅在同盟内成员国之间相互取消关税，而且各成员国实行对非成员国的统一关税。根据维纳的理论，这种区域经济一体化的形式具有静态和动态两方面效应。

静态效应是指以下的贸易效应：

1. 贸易创造效应(Trade Creating Effect)

贸易创造效应是指建立关税同盟后，关税同盟某成员国的一些国内生产品被同盟内其他生产成本更低的产品的进口所替代，从而使资源的使用效率提高，扩大了生产所带来的利益；同时，通过专业化分工，使本国该项产品的消费支出减少，而把资本用于其他产品的消费，扩大了社会需求，结果使贸易量增加。

2. 贸易转移效应(Trade Diverting Effect)

贸易转移效应是指缔结关税同盟之前，某个国家不生产某种商品，而从世界上生产效率最高、成本最低的国家进口商品。建立关税同盟后，如果世界上生产效率最高的国家被排斥在关税同盟之外，则关税同盟内部的自由贸易和共同的对外关税使得该国该商品在同盟成员国内的税后价格高于同盟某成员国相同商品在关税同盟内的免税价格，这样同盟成员国原来从非成员国进口的成本较低的商品转为从关税同盟内部生产效率最高、生产成本最低的国家来进口。

关税同盟动态效应包括：

1. 竞争效应

美国经济学家萨尔瓦多(Salvatore)认为，关税同盟可能使成员国之间竞争加剧，从而形成该机制的最大效应。针对该理论出现的不同认识，这位经济学家的解释是，在没有关税同盟的情况下，生产者特别是那些垄断者和寡头垄断者在高贸易壁垒的保护下很可能变得懒惰和自满。而在关税同盟建立后，高贸易壁垒的拆除必然促使各成员国的生产者提高生产效率以避免在竞争中被淘汰。同时，激烈的竞争也会刺激新技术的发展和应用。这些都将减少生产成本，从而提高消费者福利。

2. 规模经济效应

关税同盟建立后可能产生的第二个效应是由于市场扩大而带来的规模经济。尽管有些国家在加入关税同盟之前也能凭借其强大的竞争力通过出口产品克服国内市场狭小以取得规模经济，但过高的贸易壁垒无论如何会使规模经济大打折扣。关税同盟建立以后，在排斥非成员方进口的同时，也为成员方相互之间增加商品出口创造了条件。所有成员方企业可以在扩大了的区域市场内增强对非成员方企业的竞争实力，并不断扩大生产规模，降低成本，获得规模经济效益。

3. 投资促进效应

建立关税同盟后，随着市场扩大，风险与不稳定性降低，将至少有三部分资金为同盟成员国所使用，第一部分是在成员国内将出现一批新厂商；第二部分是原有的厂商将扩大投资规模；第三部分是非成员国将到关税同盟区域内建立避免关税工厂。需要说明的是，在发达国家，第三种资金是否应当看做促进效应经济学界尚有争议。欧盟对其成立前后，美国大量资金流入这个地区，从而使同盟成员国的投资机会减少曾产生过不同看法，但在发展中国家，目前还没有对外资的进入提出异议。此外，关税同盟还将在促进技术进步、提高生产要素流动等方面产生动态效应。这些效应最终将通过同盟内国家的经济增长表现出来。

(二)引力模型

引力模型源自于牛顿万有引力定律，其将两个物体之间的引力与它们各自的质量和两者之间的距离联系起来。20 世纪 40 年代 James Stewart 首次将引力应用于社会科学。而最早将其应用于国际贸易的是丁伯根（1962），引力模型预言两个国家的双边贸易流量是两国经济规模以及两国之间距离的函数。

经济规模用 GDP、人口和人均收入来衡量。距离一般是测量两个国家首都之间的距离（绝对距离），也有的研究是测量两个贸易伙伴之间的距离与它们和其他贸易伙伴距离的比值（相对距离），并有若干具体表述的统计形式（ITC，2000；Soloaga and Winters，2001）。

引力模型已经广泛应用于国际贸易研究，其大受欢迎应归因于以下几点：原理简单、数据适用、模型容易被用于计量研究。通过学者的努力，模型被不断扩展，加入了被认为影响贸易流动的虚拟变量，如共同的语言、共同的边界和国家间的历史关系。引力模型也被用于政策分析，例如对拥有共同货币的区域或优惠贸易协定的成员国之间的贸易流动估计。

贸易引力模型不是首先从贸易理论中推演而来的，而是以对现实贸易关系的直观判断为依据建立起来的，因此，贸易引力模型的实证研究在先，理论研究在后。Anderson（1979）指出引力模型与世界贸易模型在某些方面是一致的，如假定来自不同地区的产品（进口品和国内产品）是不完全替代的（Armington 假设）。接着一系列的研究指出引力模型框架与许多标准的贸易理论是一致的，如 H－O 模型，垄断竞争模型。Helpman & Krugman（1985）明确表明，引力模型是来源于规模报酬递增的垄断竞争模型，垄断竞争的一般均衡模型预言不同国家的消费者希望进口有别于其他任何国家的商品，所以贸易流量就会与进口国规模（需求）和出口国规模（产品多样性）联系在一起。Deardorff（1998）表示，引力模型同样来自于不存在产品差异情况下的 H－O 模型，他得出此结论的窍门就是放松了国际间要素价格相等的假设，这样国家间就可以专门生产差别产品。产品的不同在供给一方，消费偏好在需求一方，这样就暗示了引力方程，Deardorff 强调引力类型贸易的关键是国家间生产差别产品，而差别产品是由垄断竞争企业提供（Helpman 的假设）还是专门化生产（Anderson 和 Deardorff 的假设）并不是关键。Eaton & Kortum（2002）建立了一个以李嘉图模型为基础的同质产品新贸易模型，这个模型的实质也是体现了一种引力关系。Deardorff（1995）指出"几乎所有的贸易模型都可以导出类似引力方程的结果，但它们成功的经验并不能证明什么，仅仅是一个不可更改的事实"。

二、东盟区域经济一体化运作的静态经济效应

东盟成员在削减包括信息产品关税方面取得了明显进展。根据共同有效普惠关税计划，东盟 6 个老成员国文莱、印度尼西亚、马来西亚、菲律宾、新加坡和泰国在削减关税名目中已有 98.99% 的产品降到了 0～5% 的水平。东盟 4 个新成员国老挝、柬埔寨、缅甸和越南也已有 71.05% 的产品下降到 0～5%。由于关税降低和地区自由化贸易程度得到进一步提高，东盟 2004 年进出口总额首次突破一万亿美元，比上一年增长了 23.4%。其中，出口额达 5 506 亿美元，比上一年增长 20.6%；进口达到 4 923 亿美元，比上一年增长 26.6%。美国、欧盟、中国及韩国仍然是东盟最大的贸易伙伴①。

---

① 黄海敏.东盟将大幅削减关税 提高东盟自由贸易区竞争力.新华网，2005－09－30

表 2 - 1   东盟 2007—2008 年对外贸易额(百万美元)

国家	2007			2008		
	出口	进口	总额	出口	进口	总额
文莱	7 653.2	2 096.7	9 749.9	8 754.2	3 106.0	11 860.2
柬埔寨	3 905.5	3 675.1	7 580.6	4 358.5	4 417.0	8 775.5
印度尼西亚	114 100.9	74 473.4	188 574.3	137 020.4	129 197.3	266 217.7
老挝	381.9	711.1	1 093.0	827.7	1 803.2	2 630.9
马来西亚	176 205.6	146 910.3	323 115.9	194 495.9	144 298.8	338 794.7
缅甸	5 933.4	2 789.1	8 722.5	6 620.6	3 794.9	10 415.5
菲律宾	50 465.7	55 513.7	105 979.4	49 025.4	56 645.6	105 671.0
新加坡	299 297.4	263 154.9	562 452.3	241 404.7	230 760.3	472 165.0
泰国	153 571.1	139 965.7	293 536.8	174 966.7	177 567.5	352 534.2
越南	48 288.9	61 693.6	109 982.5	61 777.8	79 579.2	141 357.0
东盟	859 803.8	750 983.7	1 610 787.5	879 251.9	831 169.9	1 710 421.8

数据来源:东盟官方网站 http://www.aseansec.org/17310.htm. 东盟货物贸易统计数据库,表 17

三、东盟区域经济一体化运作的动态经济效应

(一)成员国经济实力增强

东南亚是历史上长期遭受殖民统治的地区,所以直到第二次世界大战结束后仍旧比较贫穷,即使是很多国家实现了民族独立后,也没有改变这种状况。得益于东盟领导人对地区主义的理解和勇于实践的精神,从 20 世纪 80 年代起,东盟一些国家先后加入到创造东亚经济奇迹的队伍中。首先是新加坡与韩国、中国香港、中国台湾一起成为东亚四小龙,接着马来西亚和泰国又跻身于四小虎的行列。近年越南经济连续多年实现高速增长,国内生产总值增长率始终保持在 7% 以上,成为东南亚地区的新亮点。

表 2 - 2   东盟各国 2009 年 GDP 增长情况(不变价格)

国家	不变价格计算的 GDP 增长率(%)	CPI 年末比上年通胀率(%)
	2009	2008
文莱	0.2	2.6
柬埔寨	-2.7	7.5
印度尼西亚	4.5	11.9
老挝	4.6	8.5
马来西亚	-1.7	4.4
缅甸	4.3	—
菲律宾	0.9	8.0
新加坡	-2.0	4.9
泰国	-2.3	0.4
越南	5.2	19.9
东盟	1.3	—

数据来源:东盟官方网站 http://www.aseansec.org/17310.htm. 东盟宏观经济主要参数,表 2

（二）以东盟为主导的东亚区域合作增强了东盟在亚洲的作用

东亚地区多样性突出，区域合作将是一个多渠道、多速度、多机制向前推进的过程。各机制既应相互促进，共同发展，也要突出重点，优势互补。具体地讲，10＋1 合作是基础，10＋3 合作是实现东亚共同体长远目标的主渠道，东盟与中国、日本、韩国、澳大利亚、新西兰、印度 6 个对话伙伴国（10＋6）合作是领导人引领的战略论坛，中日韩合作是东亚合作的重要组成部分。区域合作是东亚地区的主要潮流之一，既符合本地区国家自身发展的需要，也顺应经济全球化和区域一体化的潮流。目前东亚国家正通过东盟，东盟十国分别与中、日、韩（10＋1），东盟与中、日、韩（10＋3）等机制，积极推进务实合作。各方已经达成了多个双多边自贸协议，启动了东亚自贸区研究，10＋3 区域外汇储备库即将建成，人员交往日益密切，这些都有利于东亚共同体的建立。

1. 中国与东盟的合作

自 1991 年中国与东盟开启对话进程以来，双方政治互信不断增强，经济合作日益扩大，社会文化交流愈发紧密，相互了解进一步加深，国际和地区事务协调与合作不断得到加强。中国与东盟已建立了领导人、部长级、高官级等较为完备的对话合作机制，确定了农业、信息通信技术等 11 个重点合作领域，在近 30 个领域开展务实合作。中国与东盟合作是东亚合作中最富有活力、最具成效的关系之一，中国－东盟关系正处于历史最好发展时期。2010 年 1 月 1 日，中国－东盟自由贸易区如期建成，这是中国和东盟双边关系发展史上一个具有重要里程碑意义的实践。自贸区的建设，不仅为各方提供了投资、贸易的更多机会，同时也在帮助进一步缩小不同国家之间的贫富差距、推动跨境贸易和投资、帮助各方更好地从金融危机中复苏等方面发挥了积极的作用。对于整个东亚地区经济的一体化建设是一个非常重要的契机。目前，中国是东盟的第三大贸易伙伴，在 2008 年全球金融危机期间，双方通过认真履行自贸协定的义务，相互不断开放市场，携手应对挑战，反对贸易保护主义，推进自贸区建设，不仅进一步密切了双边经贸关系，还减轻了因危机带来的消极影响，使中国和东盟的经济率先开始走出低谷，为世界经济复苏作出了贡献。双方应继续严格实施中国－东盟自由贸易区各项协议规定的义务，宣传并扩大自贸区的积极效应，鼓励企业用好自贸区提供的各项优惠政策，巩固自由贸易区建设取得的成果。

2. 日本与东盟

对于东盟国家而言，1997 年的金融危机使其深刻认识到加强区域内经济合作的必要性，并于 2003 年建立了区域内自由贸易区 AFTA。但是，由于会员国间产业结构与经济政策的差异，AFTA 发展并不顺利。尤其是越南、老挝、柬埔寨及缅甸等经济落后的国家加入后，使该组织的自由化期限再度推迟，AFTA 的合作效果受到严重影响。在这种情况下，原本同日本一直保持着密切经济关系的东盟各国，面对日本提出的 FTA 协商的反应自然是积极的。因为东盟各国一直奉行开放政策，多数国家的开放度较高，与日本建立 FTA，既能获得贸易自由化带来的便利，同时又能保持东盟在地区经济合作中的核心地位。这样，在中国与东盟提出合作意向后不久，日本总理小泉纯一郎就出访东盟 5 国，并于 2002 年 1 月同新加坡签署了其第一个双边自由贸易协定——日新贸易协定。在东盟成员国中，新加坡是对 FTA 问题反应最积极的国家。因为新加坡原本就是自由贸易国家，关税极低。日新贸易协定的关键是日本如何对新加坡开放本国市场。谈判的结果是，日本对新加坡撤销 3 800 多种商品的关税，意味着日本从新加坡进口的 94% 的商品将被取消关税。此外，日本还将在金融、运输、旅游等30多种服务领域对新加坡实施最惠国待遇。新加坡对日本实际只需取消了4种药酒的关税。随后，日本又于2004年12月和2005年5月同菲律宾和马来西亚签署了双边FTA协议。菲政府认为，日本是菲律宾的第二大贸易伙伴，缔结双边FTA有助于扩大市场、增加就业。在日菲FTA协议中包括开放农产品、劳务市场及矿业领域等内容。关于农产品问题，日菲两国达成协议，4年内暂不考虑砂糖等农产品取消关税的自由化问题，对于菲律宾出口日本的金枪鱼、鲣鱼、鸡肉、菠萝、香蕉等农产品，日本同意采取低关税政策。日本自2004年初开始与马来西亚就签署双边FTA问题进行正式谈判，在农林水产等领域，双方谈判进行得比较顺利。分歧主要集中在是否取消汽车和钢铁领域的关税问题上。日本希望马来西亚能取消对汽车和家用电器所用钢材的关税，而马来西亚出于对本土汽车制造公司的保护，坚持要到2015年才能最终取消汽车关税。后在日本的压力下，马来西亚作出一定让步，同意取消对本国汽车制造公司的补贴，力争对本国和外国公司"一视同仁"。在钢铁问题上，马来西亚也作出让步，同意立即削减用于出口产品所用钢材的关税。这样，在2005年5月马来西亚总理巴达维访问日本时，双方正式签署了双边FTA协议。日本同新加坡、菲律宾、马来西亚三国签署FTA后，马不停蹄地开始同泰国、印度尼西亚就签署双边FTA问题进行协商。在日泰FTA谈判中，泰国希望日本撤销大米、鸡肉、砂糖、淀粉4种产品的关税。但日本坚持农业保护立场，拒绝撤销关税。谈判进入停滞阶段。后来，双方均作出让步：泰国暂不要求日本撤销大米进口关税，日本则按泰国要求，考虑降低鸡肉等3种产品的进口关税。在此背景下，2005年8月双方就FTA的基本内容提前达成共识，2005年9月日本首相小泉和泰国总理他信正式签署了日泰FTA。2005年4月日本与印度尼西亚就FTA问题进入谈判阶段，双方谈判涉及的主要内容包括农业、矿业、人员流动等领域。印度尼西亚是日本天然气能源的主要进口国，因此，谈判还将涉及能源领域。据悉，印度尼西亚能否接受撤销汽车、钢铁等工业品的关税，进一步整顿投资环境，以及日本能否接收印度尼西亚的护士、护理师将是两国谈判的焦点。上述内容目前正在协商中，预计双方经过一年左右的谈判后将签署FTA协定。对于后加入东盟的国家(柬埔寨、老挝、缅甸、越南等国)，考虑到这些国家同原东盟国家在经济上存在着一定的差距，预计日本在同这些国家的协商中，将会采取推迟自由化期限，并在基础设施及技术、人才等方面对这些国家给予支持的优待措施，目的是通过加强双方间的经济技术合作，缩小这些国家同东盟原成员国之间的经济差距，以期待这些国家经济能力提高后再开放合作领域。为了与中国抗衡，保持在东盟地区的经济外交主导权，日本在同东盟的部分成员国积极达成双边自由贸易协定的同时，日本还将东盟作为一个整体进行FTA谈判。2002年11月在柬埔寨召开的东盟首脑会议上，日本与东盟就"10年内缔结FTA"达成一致意见。2004年12月，日本与东盟发表《日本－东盟战略协作伙伴关系东京宣言》和"行动计划"。日本正式宣布加入《东南亚友好合作条约》，从而加强了与东盟联系的力度。日本与东盟之间是"广泛的经济联系和合作"，日本将在服务、贸易、知识产权、人才培养等领域与东盟开展广泛的合作与交流。显然，这些领域恰恰都是日本的强项，日本希望凭借自己的优势迅速占领东盟市场，发挥先导作用。东盟对日本提出的用"广泛的经济合作"取代"单纯的贸易自由化"的FTA概念并不反对，但东盟坚持首先要在关税减让等贸易自由化方面取得进展，然后再进入其他领域。日本对东盟的FTA战略实际上就是恢复和强化日本在东亚的主导和领先地位，重新确立日本的优势。

3. 韩国与东盟

东盟已发展成为具有相当影响力的区域性组织。对于资源匮乏、市场狭小的韩国来说，与拥有着丰富资源和巨大市场潜力的东盟加强合作具有重要战略意义。对东盟来说，韩国处于发达国家和发展中国家之间，在国际舞台上能以中立国立场担任桥梁角色，并在经济危机、气候变化等全球性问题上可以与韩国加强外交合作。因此，韩国与东盟自 1989 年建立对话关系以来，双边关系发展迅速，东盟已成为韩国第三大贸易伙伴和第二大海外投资对象。2009 年 6 月，双方在韩国济州岛举行韩国与东盟特别峰会。会议期间，双方一致肯定了过去二十年来在互惠合作过程中取得的成果，并通过多种形式的会谈广泛讨论了政治、经济和社会文化等领域的合作方案，为今后进一步加强全方位双边合作奠定了重要基础。首先，双方签署投资协定，全面启动了经济合作机制。韩国与东盟的自由贸易协定分为商品贸易协定、服务协定和投资协定。双方自 2005 年 2 月开始进行有关自由贸易协定谈判，前两项协定已分别于 2007 年 6 月和今年 5 月正式生效。这次峰会上签署的投资协定标志着双方结束 4 年多的谈判，最终就双边自由贸易协定达成一致，由此双方将不断发展为更具实质性的贸易共同体。据韩国外交部透露，韩国计划在 2012 年前对马来西亚、印度尼西亚、泰国、菲律宾、新加坡和文莱等 6 国 80% 的商品实现零关税，并于 2020 年前对所有东盟成员国 90% 的商品实现零关税。其次，双方协调了对朝立场，相互确认了加强外交合作的意愿。2009 年 6 月 2 日下午，与会各方首脑签署了关于朝鲜核试验的联合公报，公报称，朝鲜核试验和导弹试射违反了六方会谈协议及联合国安理会决议。公报还表示，应通过和平解决朝核问题，实现半岛无核化，并维持亚太地区和平与稳定。声明同时强烈支持重启六方会谈。这体现出了东盟国家与韩国在朝核问题上协调一致，进一步加强合作的决心。此外，双方还就国际金融危机、粮食和能源安全以及气候变化等全球性问题进行了深入探讨，在诸多领域达成共识。韩国总统李明博在会议闭幕后举行的记者见面会上表示，韩国和东盟通过这次会议成为相互理解的友邻和共同寻求繁荣的伙伴。东盟轮值主席国泰国总理阿披实则表示，希望韩国和东盟以自由贸易协定为基础，展开更为成熟的经济合作。韩国媒体称，这次峰会是李明博担任韩国总统以来首次在国内举行的重要会议，将有力地推动韩国与东盟之间的合作关系上升到新的水平。

中国－东盟自由贸易区是中国参与建成的首个自由贸易区，也是东盟国家参与建成的首个自贸区，它的建成必将对东亚经济一体化进程产生巨大的推动作用。随着韩国－东盟自由贸易区、日本－东盟自由贸易区建设进程的推进，一个以中国、日本、韩国以及东盟十国为主体的"10＋3"东亚经济共同体已经开始孕育。根据相关协议，韩国－东盟自由贸易区将于 2011 年建成，而日本－东盟自由贸易区则将在 2012 年建成。在不少专家看来，东亚地区的 3 个自由贸易区逐渐融合，将是实现东亚自由贸易区和东亚经济共同体的基本路径。

（三）东盟区域合作提升了东盟的国际地位

由于东盟地位的提升，各主要经济体加强了与东盟国家的自贸区谈判进程。由东盟主导的地区机制有东盟地区论坛①；东盟与中国(10+1)领导人会议②；东盟-中、日、韩合作机制③。东盟参与的地区合作机制包括亚洲开发银行主导的大湄公河次区域合作等。

（四）东盟区域经济一体化进程的影响因素

首先，是东盟成员国间经济差距。东盟是一个由发展中国家组成的区域经济一体化组织，其6个老成员国经济水平本来就有一定的差距，随着东盟从6个成员国扩充到10个成员国，东盟组织内的经济水平差距更大了。根据1999年的人均GDP，东盟十国可分为四个层次：新加坡和文莱属于高收入国家，马来西亚为中上收入国家，菲律宾和泰国属于中下收入国家，印度尼西亚和新成员国为低收入国家。2000年新加坡的人均GDP为25 864美元，而缅甸只有155美元，二者之间相差近167倍。区域组织各成员国之间的经济发展水平差异越大，各参与国的目的和要求的分歧也就越大．这就使得区域经济合作组织在促进经济一体化过程中、在协调各成员国利益时，必须留有充分的回旋余地，否则，若处理不好，很可能产生新的隔阂，影响成员日之间的团结与合作。为了照顾经济发展水平较低的新成员国的利益，东盟不得不实行两个时间表，将东盟自由贸易区的最终建成时间向后推迟。再加上东盟新成员国的贸易、投资和其他领域的体制与老成员国的差异也很大，东盟新成员国能否在规定的时间内实现东盟自由贸易区的要求还不能肯定。

另外，东盟新成员国本来是希望通过加入东盟获得经济发展水平较高的旧成员国的大量投资和适当的经济技术援助与扶持。但是，由于亚洲金融危机的冲击，旧成员国忙于应付各自的政治、经济和社会问题，对新成员国的投资大幅度减少，而且危机也使新成员国在经济体制改革、建立市场经济、对外开放等方面的态度变得较为谨慎。

这些都对东盟自由贸易区的建设产生不利的影响。因此，怎样缩减成员国经济发展水平的巨大差异，协调各国的利益得失，促使成员国在各个领域的合作达成一致意见，是东盟自由贸易区建设所面临的一大挑战。

其次，亚洲金融危机的影响。通常情况下，当某个或某些地区乃至整个世界经济形势良好，经济增长较快，生产、贸易和投资等都在扩大时，经济合作较易得到加强；相反，当区域或世界经济形势恶化时，各国尤其是发展中国家就会倾向于首先考虑本国的应对策略，贸易保护主义容易抬头，对区域经济合作计划的实施产生不利影响，阻碍区域经济一体化的发展进程。

亚洲金融危机使东盟各国经济受到很大的冲击，为了应付危机，减少经常项目赤字，

---

① 新华网。1994年7月25日，东盟地区论坛首次会议在曼谷召开，中国作为东盟磋商伙伴国参加。东盟地区论坛现有27个成员：文莱、柬埔寨、印度尼西亚、老挝、马来西亚、缅甸、菲律宾、新加坡、泰国和越南(东盟十国)，澳大利亚、加拿大、中国、印度、日本、新西兰、韩国、俄罗斯、美国和欧盟(10个东盟对话伙伴)，以及孟加拉国、朝鲜、蒙古、巴基斯坦、巴布亚新几内亚、斯里兰卡和东帝汶。

② 新华网。东盟与中国("10+1")领导人会议是指东盟十国(文莱、印度尼西亚、马来西亚、菲律宾、新加坡、泰国、越南、老挝、缅甸、柬埔寨)与中国领导人间举行的会议。

③ 新华网。"10+1"是东盟十国分别与中、日、韩3国(即3个"10+1")合作机制的简称。20世纪90年代后期，在经济全球化浪潮的冲击下，东盟国家逐步认识到启动新的合作层次、构筑全方位合作关系的重要性，并决定开展"外向型"经济合作。在这种形势下，"10+1"合作机制应运而生。近年来，"10+1"合作机制以经济合作为重点，逐渐向政治、安全、文化等领域拓展，已经形成了多层次、宽领域、全方位的良好局面。"10+1"确定了五大重点合作领域，即农业、信息通信、人力资源开发、相互投资和湄公河流域开发。在"10+1"合作机制下，每年均召开首脑会议、部长会议、高官会议和工作层会议。

东盟有些国家从本国的利益出发，虽然没有放弃对贸易自由化的承诺，但在具体措施上出现了倒退现象，如提高部分产品进口关税等抑制进口的贸易保护措施。1997 年 10 月 14 日，泰国将小轿车整车、化妆品与皮制品、光学镜头与钟表等商品的进口关税分别从42%、20% 和 5% 提高到 80%、30% 和 300%，次年，又提高了一些商品的关税。菲律宾将纺织品、汽车零件的进口关税从 10% 和 3% 上调到 15% 和 10%。马来西亚于 1997 年年底也先后上调了建材、建筑机械、成品车等商品的进口关税，同时，还对部分产品的进口实施审批制，严格限制本国能生产的产品的进口。这些措施虽然只是应对危机的临时性措施，但是它们与东盟自由贸易区的关税减免计划、消除贸易壁垒和市场开放的贸易自由化原则是相背离的，而且它动摇了人们对东盟自由贸易区的信心。

1997 年的亚洲金融危机之后，受危机冲击的东盟国家都在努力地调整经济结构，试图早日摆脱危机的影响，重现往日的辉煌。虽然 1999 年和 2000 年大多数国家取得了较快的经济增长，但是，2001 年下半年开始，美国经济明显出现衰退迹象，世界经济形势很不乐观，这对那些严重依赖于世界市场，尤其是美国市场的东盟国家来说，无疑是雪上加霜，因为它们的经济还未完全恢复，对巩固经济成果至关重要的很多政治、经济和社会改革还没有完成，东盟的整体实力还很脆弱，东盟国家的经济被担忧再次出现危机的阴霾所笼罩，这对各国执行东盟自由贸易区计划可能带来不利的影响。

再次，各国执行自由贸易区计划的不同步伐。根据东盟特惠贸易协定，马来西亚必须在 2000 年 1 月 1 日将汽车进口关税税率降低到 20% 以下，并于 2002 年进一步降低到 5% 以下。但是，由于担心如果在 2002 年开放本国的汽车市场，其国产汽车，如"普腾"（Proton）汽车将很难与在泰国制造的日本汽车进行竞争。1999 年 9 月，马来西亚表示无法兑现开放汽车市场的承诺，暂缓降低汽车及其配件的进口关税，并将它推迟到 2005 年 1 月。泰方曾向马方提议以某种贸易让步的形式作为补偿，但是，至今双方尚未达成协议。如果双方谈判失败，那么在泰、马之间有可能发生新的贸易摩擦，而且马来西亚的这一举动可能会动摇其他国家实现贸易自由化的决心。比如，2002 年印度尼西亚也推迟了将 66 项化工和塑料产品的关税税率降低到 5% 以下。2000 年 11 月 23 日东盟经济部长签署了关于允许因实际经济原因而无法达到减低关税目标的成员国申请暂时延迟减税的新规程。该规程使东盟的有关国家在执行原定减税计划时具有一定的灵活性。另外，马来西亚总理马哈蒂尔批评新加坡促进东盟自由贸易区的步伐跑得太快，其他经济比较落后的成员国如越南、缅甸等根本跟不上，难免会产生怨言。而新加坡则认为东盟自由贸易区进展缓慢，起码比预料的慢，甚至感到东盟自由贸易区有倒退的迹象，故正在考虑减少对本地区经济的依赖，谋取与区域外的贸易伙伴建立更密切的经济联系。2000 年 11 月和 2002 年 1 月，新加坡分别与新西兰和日本签署了双边自由贸易协议，并与澳大利亚、美国、墨西哥等国谈判双边自由贸易的事宜。新加坡认为东盟各成员国只要本身做好准备，都应该积极同其他国家签订自由贸易协定以从中受惠，而其他成员国则担心这会影响东盟自由贸易区计划的实施。

最后，区域内经济合作与加强同区外国家经济联系的矛盾。东盟多数国家实行的是开放式的经济发展模式，尤其是东盟 5 国，经济的对外依赖程度很高，其对外经济关系的重点不在东盟地区，而是在本地区之外，如美国、日本和欧盟是东盟 5 国主要的贸易伙伴和资金与技术的提供者，它们既是东盟 5 国的主要出口市场，也是其主要的进口来源地，1999 年分别占 49% 和 47%。寻求外向发展是东盟 5 国的客观需要，但是出口导向战略的长期实施，必然会导致本国经济对外特别是对发达国家经济的过分依赖。1999 年东盟 5 国的贸易依存度(除印度尼西亚外)均超过 100%，大大高于 52% 的世界平均水平，其中新加坡和马来西亚居世界前两位，分别为 316% 和 218%，他们对美国的出口分别占这两个国家出口总额的 18.4% 和 21.9%。东盟成员均为发展中国家，需要大量引进资金和技术。东盟的外国直接投资主要来源于本地区外的国家，东盟区域内相互投资的水平很低(除了新加坡之外)。日本、亚洲"四小龙"、美国和欧盟是东盟国家外国直接投资的主要来源，占东盟 4 国 1990—1997 年外国直接投资的 83% 以上。另外，由于东盟各国的科技水平不高，生产力不发达，基础研究和开发能力不足，经济发展过程所需的技术和先进设备均依靠从较为发达的国家大量引进。东盟各国在争夺国外资金、技术、市场等方面存在激烈竞争，使得东盟各国在经济合作上的态度有时不能保持一致，甚至产生矛盾。对于开放型的东盟国家来说，其与区域外贸易和投资的联系远比区域内的相互依存重要。因此，怎样既扩大东盟区内经济合作的广度和深度，又不影响东盟各国原有的对外经济关系，解决东盟经济合作的开放性和非排他性问题，包括不同范围和层次的优惠待遇问题，是今后东盟自由贸易区发展面临的又一挑战。

第三章 中国－东盟自由贸易区的形成

第一节 中国－东盟自由贸易区形成的动因

区域经济一体化具有许多经济方面的优点,重要的有:通过加强专业化提高生产效率;通过市场规模的扩大达到规模经济,提高生产水平;提升国际谈判实力,有利于得到更好的贸易条件;竞争的加剧带来经济效率的增强;科技一体化带来技术的提高,进一步促进生产数量和质量的提高;各国协力实现就业、高经济增长和更好的收入的共同目标等。

发展中国家间组成不同形式的区域经济一体化组织,一是由于这些国家经济发展水平普遍较低,在国际分工和国际交换中处于极为不利的地位,因而希望借助于集体力量,实行经济上的联合,为发展民族经济和改变不利的国际经济地位而创造有利条件,通过市场机制、合作机制、互助机制与扶持机制协调区域发展;二是在生产要素和产业结构上极强的经济互补性可使双方获取最大的比较利益;三是双方巩固和扩大市场份额的需要。对广大发展中国家来说,发达国家贸易保护主义盛行,经常运用关税和非关税壁垒等手段限制发展中国家工业制成品的出口,而实现一体化合作后,成员国之间相互给予优惠,可以扩大本国产品的出口市场。

中国－东盟自由贸易区形成的动因表现在两个方面。

一、内因

(一)合作利益

1. 对经济发展稳定和增长的共同要求为双边合作提供了基础

亚洲金融危机后,在世界经济周期波动的冲击和国内经济转型与结构调整的拖累之下,东盟国家经济急剧波动,国内成本不断上升,国际竞争力有所下降。同时周边国家市场开放和低成本竞争,直接影响到东盟国家经济的发展。东盟国家意识到,建立中国－东盟自由贸易区搭乘"中国经济快车",将有利于进一步推进本国经济转型和提升竞争力。

中国自改革开放以来,积极改善和发展与东盟及其成员国的友好关系,相互间政治关系、经济关系不断有新的发展,尤其是自 1991 年中国与东盟建立对话伙伴关系以来,相互间合作关系进入了一个新的发展阶段,主要体现在双边贸易、双向投资、双向旅游等三个方面。2000 年双边贸易达到 395 亿美元,其中中国出口 173.4 亿美元,占当年中国出口总量的 8.33%;进口 221.8 亿美元,占中国当年进口总量的 9.85%,中国逆差 48.4 亿美元。2001 年,双边贸易额达到 416 亿美元,同比增长接近 6%。这是在全球经济减速的情况下取得的。

中国和东盟经济互补性较强,市场空间和增长潜力巨大。东盟国家要向中国出口石化、橡胶、棕榈油等原材料产品,同时从中国进口物美价廉的工业制成品。中国与东南亚各国之间的贸易中，总额最大的是中新贸易，2000 年突破 100 亿美元。其次是中马贸易，达 80.45 亿美元，其中出口 25.65 亿美元，进口 54.8 亿美元。第三是中印(尼)贸易，达到 74.6 亿美元，其中出口 30.6 亿美元，进口 44 亿美元。第四是中泰贸易，达 66 亿多美元，其中出口 22.43 亿美元，进口 43.81 亿美元。中国是泰国橡胶的第一大买主。第五是中菲贸易，达到 31.42 亿美元，其中出口 14.65 亿美元，进口 16.77 亿美元。排在第六位的中越贸易，在 2000 年达到 14.66 亿美元的基础上，2001 年继续快速发展，达到了 28.15 亿美元。

在投资方面，以前主要是东南亚商人到中国来投资，到 2000 年年底，东盟国家来华投资项目 16 690 个，协议外资金额 500.6 亿美元，实际到位 231.2 亿美元，占中国利用外资总额的 6.6%。现在随着中国改革开放的深入和经济发展水平的提高，越来越多的中国企业走出去，不断增加在东南亚地区的投资。截至 2000 年年底，中国企业在东盟的投资项目为 629 个，总投资 8.93 亿美元。

旅游方面也是这样，过去主要是东南亚的游客到中国来旅游，现在是愈来愈多的中国游客到东南亚去。就目前的经济发展水平，东南亚是中国人出国旅游的首选地区。2001 年春节期间，广州市各大旅行社组织了 4 万多人到国外旅游，首次超过仅有 3 万人的国内旅游。出国游主要的目的地是东南亚国家。

2. 东盟倡导的"10 + 3"未取得预期效果

东盟最初倡导与中、日、韩之间的"10 + 3"合作(亦即东亚合作)明显具有将东南亚的区域合作扩大到整个东亚，以主导东亚区域合作，在 APEC 中与美国抗衡的意图。在 1997 年的亚洲金融危机爆发后，东盟希望"10 + 3"合作由构想变为现实，但"10 + 3"未取得预期效果。金融危机的发生使东盟深刻地认识到，应对经济全球化单靠自身的力量是不行的。而要以合作的集体力量应对全球化的挑战，必须要选择合适的合作对象。在金融危机期间，中国和日本的支持和援助对东南亚国家摆脱金融危机起了关键作用，而且没有任何政治或经济的附加条件，这与美国的袖手旁观大不一样。另外，从地缘方面来看，东盟认为发展与东亚国家的合作有助于促进东亚地区的和平与稳定，有利于世界多极化的发展，在经济上可以形成与欧洲、北美相抗衡的强大的经济集团，从而进一步提高东盟的国际地位。同时，也可以借助中、日、韩三国的力量来扭转危机后东盟影响力下降的趋势，并利用大国之间的矛盾来主导东南亚和东亚地区的事务。因此，"10 + 3"合作体制产生之初，一些东盟国家领导人的确对其寄予了很大希望，但随着时间的推移，由于各方面的原因，"10 + 3"合作并未取得预期的成果，为摆脱困境，东盟不得不寻求其他合作方式，以便为东南亚的区域合作寻求新的动力，应对经济全球化的挑战。

3. 国际社会事务方面广泛的共同语言和共同利益为合作提供了推力

中国和东盟大部分国家同属发展中国家，在"南北对话"和"南南合作"中有着一致的立场。此外，东盟自由贸易区的发展也为中国－东盟自由贸易区的建立提供了现实基础。早在 1992 年，东盟 6 国就签署了东盟自由贸易区(AFTA)的协议，计划在 2010 年将区内平均关税水平降到 0~5%。此后，东盟成员国制定了加快实现自由贸易区的时间表。目前，东盟国家已将 90% 以上的产品关税降至 0~5%。经历 10 年发展的东盟自由贸易区所涵盖的内容构架和制度安排，为中国－东盟自由贸易区提供了现实的框架和机制。

（二）文化背景

中国文化与东盟国家的文化同属于东方文明体系，文化相近，文化交流源远流长，其中，儒佛文化和华人文化是中国与东盟多国共有的文化理念，民族习俗以及思想、思维方式、伦理道德等相似。

东盟国家居住着近 2 500 万华人华侨，占世界华人华侨总数的 70%，是世界上华侨华人最集中、人数最多的地区之一。当地华侨一直保持、继承和学习中华文化这一因素有利于双方交流与合作，华侨商人在东盟拥有强大的经济实力和影响力，凭借亲情、语言、文化相通等优势，在推动区域合作中发挥着不可替代的重要作用。

中国与东盟国家的合作有一个其他国家所不具备的突出优势，它拥有以亲情为纽带的生活在东盟各国千千万万的华侨华人。这些华人大多数已经加入了当地国籍，他们一方面认同所居住的国家，融入当地的经济、文化、建设和生活，成为所在国家发展的重要力量；另一方面又始终保持自己的文化特色，与祖籍国有着千丝万缕的联系，在中国与东盟各国之间的国家关系、经贸交往、文化交流和其他方方面面的联系中发挥着非常积极的作用，这种联系已逐渐成为东南亚国家与中国之间经贸、文化关系发展的一个重要组成部分。

马来西亚总理马哈蒂尔曾经指出："如果没有华人，东南亚的经济状况肯定不会像今天这般有活力。"他还说："在东南亚的海外华人是联结马来西亚、泰国、新加坡、印度尼西亚、越南、柬埔寨与中国的一条共同主线。"

二、外因

（一）世界经济一体化的发展

中国－东盟自由贸易区以全球多边和双边贸易自由化兴起为背景。纵观世界经济的发展形势，区域经济一体化与经济全球化已成为当今世界经济发展的两大潮流。随着国际分工的深化，世界各国经济相互依存性不断提高，不同地区范围的联系与合作日益深入，从而促进了世界经济整合的趋势不断深化推进。美国在 20 世纪 80 年代后期是签署双边自由贸易最活跃的国家。1985 年，美国与以色列签署了双边自由贸易协定，而 1988 年与加拿大签署的双边自由贸易协定则是发生于世界经济领域的一个重大事件。20 世纪 90 年代后，以自由贸易区为目标的区域性协定不断涌现，经济全球化和区域一体化迅速发展，显示出强劲的发展势头，通过建立各种优惠的经贸安排，特别是自由贸易区以寻求更大的经济发展空间，已成为世界上多数国家一项重要的政策选择。截至 2000 年，全球已有 240 个自由贸易协定，在世界贸易组织的成员中形成了 135 个自由贸易区。与此同时，许多国家的双边自由贸易框架也陆续建立。欧盟也积极与其他国家签订双边自由贸易协定，其中大多数是欧洲国家，其余为中东、拉美国家和南非，如南非、墨西哥。

随着信息技术和互联网技术的迅速提高与普及，世界区域经济合作进一步加快，区域合作的空间不断扩大，欧盟将东扩，美洲建立了北美自由贸易区。WTO 的成员国基本上都与其他有关国家建立了自由贸易关系。中国和东盟成员都是发展中国家，经济实力有限，经济增长对外部市场的依赖度高，全球经济的变动会对其经济产生重大影响。面对全球经济一体化和区域化进程加快的挑战，中国－东盟自由贸易区应运而生。

（二）1997 年亚洲金融危机的发生

发生在 1997 的亚洲金融危机，是继 20 世纪 30 年代世界经济大危机之后对世界经济有深远影响的又一重大事件。1997 年亚洲金融危机发生后，世界经济发展趋缓，只有中国和印度等少数国家继续保持了良好的发展势头。截至 2001 年年底，中国的 GDP 已突破1.1万亿美元，外汇储备突破 2 000 亿美元。当时，中国对受危机打击的东盟各国给予了极大的支持，为了帮助亚洲国家摆脱金融危机，中国政府顶住巨大的压力，坚持人民币不贬值，确保人民币汇率的稳定，并通过国际机构和双边援助来支持东南亚国家的经济，帮助东盟国家最终克服了金融危机，充分展现了负责任的大国风范，赢得东盟各国的普遍好评，与中国的关系迅速改善和发展。

经历金融危机后，东盟更加明确了地区需要加快经济一体化，以建立有效的合作机制来防止危机的再次发生和冲击，中国是一个可以信赖的合作伙伴，因而选择和中国建立区域经济合作机制，即中国－东盟自由贸易区成为必然而积极的选择。

（三）美国、日本经济衰退的影响

美国、日本经济衰退唤醒了东盟自身和外延合作的强烈合作意识。东盟国家长期以来出口市场严重依赖日、美等发达国家。21 世纪初，世界经济低迷，日本经济衰退，欧盟经济不景气。美国在"9·11"事件中遭恐怖分子袭击使陷入衰退的美国经济雪上加霜，更加困难，并且对世界经济的发展再一次造成了巨大的负面冲击，促使尚未从亚洲金融危机的深渊中复出的东南亚经济又滑入了另一个深渊，延缓了复苏的进程。"9·11"事件使东盟国家进一步发现，"他们与美国的牢固联系使他们非常容易受到影响"，为重振东南亚地区经济，他们必须减少对美国的依赖，寻找新的出路。而在当时，只有中国和印度等少数国家继续保持了良好的发展势头。截至 2001 年年底，中国的 GDP 突破了 1.1 万亿美元，外汇储备突破了 2 000 亿美元，在世界经济中的表现突出。世界和地区形势的变化促使东盟接受了中方提出的建立中国－东盟自由贸易区的建议。

第二节　中国－东盟自由贸易区的形成过程

一、中国与东盟的前期交往

（一）新中国成立后到改革开放前的双边关系

中国与东盟各国双边关系源远流长，早在古代，双方在经济贸易、文化、宗教等方面已有不少交往。但在新中国成立初期，由于政治和意识形态的原因，中国与东南亚各国都没有建立外交关系。尤其在漫长的冷战岁月，中国和东南亚地区各国总体上处于对立状态，互相敌视。后来由于形势的变化，20 世纪 70 年代初期，我国和东盟国家的关系开始逐步松动，1975 年中国正式承认东盟。

20 世纪 70 年代中期，东盟部分国家，如马来西亚时有打砸、抢、烧等排华、反华事件，中国大使馆在当地开展工作也十分困难。当时印度尼西亚已与我国断交，而新加坡、文莱则尚未与我国建交。其他一些东盟国家与我国虽有外交关系，但处处对我国防范。

20 世纪 70 年代后期，随着中国恢复在联合国的合法席位，双方关系有较大改善，中国先后与马来西亚、菲律宾、泰国建立了外交关系。邓小平 1978 年 11 月访问新、马、泰，标志着中国与东盟关系进入了互相尊重和互相理解的阶段，但政治互信度很低，贸易往来主要依靠中国香港和新加坡。

（二）中国改革开放后的双边关系

20 世纪 80 年代到 90 年代，中国和东盟的经济关系由于中国的改革开放方针而得到更进一步的发展。进入 90 年代，我国同印度尼西亚复交，同新加坡建交。1991 年 7 月，钱其琛外长出席第 24 届东盟外长会议，这是中国首次同东盟组织进行正式接触。后来又参加第 26、27 届东盟外长会议。1992 年 7 月中国成为东盟的磋商伙伴。1994 年东盟国家建立起以对地区政治安全问题进行非正式磋商为宗旨的"东盟地区论坛"，中国外长参加了历次该论坛的外长会议，双方关系得到进一步提升。1996 年 7 月中国成为东盟的全面伙伴对话国。1997 年双方举行首脑非正式会议，此后经常举行高官磋商。

（三）东南亚金融危机以来的双边关系

1997 年东南亚国家爆发了金融危机，后来发展成亚洲金融危机。在应对危机过程中，中国与东盟积极合作，双边关系得到了进一步的加强。为应对金融危机，东盟和东亚三个主要国家中国、日本和韩国在马来西亚首都吉隆坡举行了首次东盟与中、日、韩首脑非正式会晤。中国国家主席江泽民出席了会议，开始了东盟与中、日、韩之间的"9＋3"会晤机制。与此同时，还举行了中国－东盟首脑非正式会晤，即"9＋1"机制也建立起来。两种形式的非正式会晤机制每年都举行，成为推动中国与东盟相关国家合作、促进地区一体化的重要机制。

为加强协调配合，中国以"10＋3"为主渠道积极与东盟携手推进东亚合作和区域经济一体化，并在"10＋3"框架内逐步开展中日韩三边合作，参与并推动大湄公河次区域经济合作项目。1997 年，江泽民主席出席在马来西亚吉隆坡举行的第一次"9＋3"领导人非正式会晤后，中国与东盟双方发表了《中华人民共和国与东盟国家首脑会晤联合声明》，确定了中国－东盟面向 21 世纪睦邻互信伙伴关系的方向和指导原则。

从 1999—2000 年，中国先后同泰国、马来西亚、文莱、新加坡、菲律宾、印度尼西亚、缅甸、老挝、柬埔寨几乎所有东盟国家签署或发表了面向 21 世纪关于双边合作计划，或合作框架的联合声明、文件或公报。

2001 年举办的第五次东盟与中日韩（"10＋3"）领导人会议和中国与东盟（"10＋1"）领导人会议的会上，朱镕基总理阐述了中国政府积极促进东亚合作的立场。他所提出的关于将农业、信息通信、人力资源开发、相互投资和湄公河开发作为近期合作的重点领域，以及建立中国－东盟自由贸易区为目标的重大建议，得到了与会国家的广泛赞赏和支持，并达成了共识。东盟与中日韩、中国与东盟合作机制经过五次会议，其合作领域已经由最初的经济、金融合作逐步向政治、安全对话与合作扩展，东亚合作的长远目标越来越清晰。

随着中国与东盟交往的增加，双方之间的互信不断加强。2002 年中国与东盟各国外长及外长代表在金边签署了《南海各方行为宣言》，确认中国与东盟致力于加强睦邻互信伙伴关系，《南海各方行为宣言》强调通过友好协商和谈判，以和平方式解决南海有关争议。《南海各方行为宣言》是中国与东盟签署的第一份有关南海问题的政治文件，对维护中国主权权益、保持南海地区和平与稳定、增进中国与东盟互信有重要的积极意义。2003 年，中国加入《东南亚友好合作条约》，成为东盟成员国以外第一个加入该条约的大国。这标志着中国和东盟政治互信关系进入一个新阶段，彼此之间的关系发展到一个相当高的水平。中国同东盟之间互信的增加和关系的加强，有力地推动了双方在经济和贸易领域的快速发展。

二、中国－东盟自由贸易区的建立设想与启动

(一)建立构想的第一次提出

亚洲金融危机后，受经济周期波动的冲击，东盟国家经济急剧波动，国内成本不断上升，国际竞争力有所下降，严重地影响了东盟国家经济的发展。各国政府为此实施了一系列降低成本和增强国际竞争力的政策措施，而加强多边和双边贸易自由化则是这些政策体制调整的重要方面。其中搭乘"中国经济快车"提升竞争力为各国所共识。

在经济合作不断深化的同时，东盟国家进一步认识到，只有在政治、经济、安全、社会与文化等全方位各个领域加强合作，建立本区域自觉应对外部冲击的多种机制，才能全面保证本区域的安全与稳定。

2000年11月，在第四次中国－东盟领导人会议上，朱镕基总理首次提出建立中国－东盟自由贸易区的宏伟构想。领导人会晤期间，东盟方面提出中国加入WTO对东盟影响的关注，中国方面提出就中国－东盟之间建立自由贸易区的可行性进行研究。根据领导人的指示，随即成立了中国－东盟经济合作专家组，经过从多方面、多角度进行研究和探讨，专家组向领导人提出了建立中国－东盟紧密经济伙伴关系的建议，其中包括建立中国－东盟自由贸易区。

2001年11月6日，朱镕基总理出席了在文莱首都斯里巴加湾举行的第五次中国与东盟领导人会议，双方一致同意于十年内建立中国－东盟自由贸易区。

(二)具有实质意义的开始

2002年5月中国和东盟十国的经济官员在北京举行第三次中国东盟经济高官会，这次会议重点商讨中国－东盟经济合作的框架协议将包含哪些内容，最后确定框架协议包括货物、服务、投资及其他相关领域的合作。

此后的一年中，中国与东盟分别于雅加达、曼谷、上海、文莱和新加坡就自由贸易区的具体问题进行了几轮谈判。2002年11月5日在金边召开的第六次中国与东盟领导人会议上，朱镕基总理提出了我国与东盟合作的建议：启动中国和东盟自由贸易区进程，推进双方全面经济合作，启动湄公河全面开发合作，促进东盟一体化进程，启动中国与东盟非传统安全领域全面合作，维护地区和平与安全。这些建议都得到了东盟各国领导人的高度赞同，双方最终正式签署了《中国与东盟全面经济合作框架协议》，这标志着中国－东盟自由贸易区进程正式启动。这一自由贸易区建成后将是世界上人口最多的贸易区，是仅次于欧盟和北美贸易区之后全球第三大市场。

三、中国－东盟自由贸易区建立的各阶段历程

从2003年初起，中国与东盟十国建立自由贸易区的谈判正式启动。中国－东盟自由贸易区是新一代自由贸易区，其内容远远超出传统的货物贸易范围，它还包括服务贸易、投资、经济合作等诸多领域。因此自2003—2009年这几年间，双方在以上几方面作出了诸多努力，取得了丰硕成果。

(一)实施"早期收获"计划

"早期收获"计划(Early Harvest Program)是在中国－东盟自贸区框架下最先实施的降税计划，启动时间为2004年1月1日。此项计划是根据2002年11月签署的《中国与东盟

全面经济合作框架协议》而实施的。尽管当时我国与东盟还没有就全部货物的降税安排达成协议，但为了使双方尽早享受到自贸区的好处，树立建立中国－东盟自贸区的信心，双方决定选择一些共同感兴趣、互补性强的产品，用较快的速度和较大的幅度提前进行降税，先行开放市场。因此，"早期收获"计划也称为中国－东盟自贸区在货物贸易领域的快速轨道和试验田。

1. 中泰率先签署部分水果、蔬菜零关税协议

中泰在中国－东盟自贸区框架下提前实现蔬菜、水果的零关税，目的是加速中国－东盟自由贸易区的建设。此项安排向所有东盟成员开放，欢迎并鼓励其他东盟成员参加。随着此项安排的实施以及更多东盟成员的加入，中国与东盟间的贸易得到进一步的发展。

2003年6月，中国与泰国在"早期收获"计划框架内签署了取消水果、蔬菜关税协议，并于同年10月1日起付诸实施。这是CAFTA的首项成果，对促进以后的各项谈判具有十分积极的意义。

该协议实施后，效果显著。在水果贸易上，泰方的热带果品（龙眼、荔枝、芒果、榴莲）颇具优势，而中国的温带水果（梨和苹果）很有竞争力，双方的出口量都大幅增长。中泰签署的该项协议对东盟其他成员也产生了激励作用。

2. "早期收获"计划逐步实施

根据中国－东盟自由贸易区"早期收获"计划实施时间框架为，中国和东盟六国（马来西亚、新加坡、印度尼西亚、菲律宾、泰国、文莱）关税消减和取消时间表是，最惠国关税税率高于15%的所有产品，2004年1月降到10%，2005年1月降到5%，2006年1月降到0；最惠国关税税率在5%~15%之间的所有产品，2004年1月降到5%，2005年1月降到0；最惠国关税税率低于5%的所有产品，2004年1月降到0。

对于东盟新成员国（越南、老挝、缅甸、柬埔寨），最惠国关税税率高于30%（含）的所有产品，2004年1月降到20%，以后每年降低5%，2009年降到零税率（柬埔寨2010年降到零）；最惠国关税税率在15%（含）~30%（不含）之间的所有产品，越南2004年1月降到10%、2006年1月降到5%、2008年降到零税率，其他新东盟国家2006年降到10%、2008年降到5%；最惠国关税税率低于15%的所有产品，越南2004年1月降到5%、2006年1月降到零税率，其他新东盟国家2006年降到5%、2008年后降到零税率。

不过由于东盟10个成员国各有各的要求，因此谈判进展并不顺利。谈判期间，菲律宾正面临着大选，中央政府的精力集中在处理国内矛盾上，菲律宾最终未与中国谈成"早期收获"计划协定，但也未关上谈判窗口。除菲律宾外，中国已与东盟其他9个成员分别达成了"早期收获"计划协议。2004年1月1日起，这些协议（9+1）已如期实行。2005年4月下旬，中国国家主席胡锦涛在访问菲律宾时期，双方终于签署了"早期收获"协定，并从2006年1月1日起实施。

至此，中国和东盟全部成员都加入了"早期收获"计划。中国－东盟自由贸易区建设的第一阶段圆满完成。

（二）签署货物贸易协议

"早期收获"计划付诸实施后，双方接着就有关正常产品和敏感产品（指需适当加以保护的产品）的降税模式（即高税率和低税率的商品如何分阶段降税）进行谈判，至2004年6月基本达成一致。虽各方有关敏感产品清单的分歧较大，但经过努力已在同年9月初就货

物贸易的主要内容达成原则协议。

11 月，中国－东盟签署了《货物贸易协议》，规定自 2005 年 7 月起，除 2004 年已实施降税的早期收获产品和少量敏感产品外，双方将对其他约 7000 个税目的产品实施降税。2007 年 1 月 14 日，中国与东盟在菲律宾宿雾市签署了《服务贸易协议》，双方在 60 多个服务部门相互作出了高于世界贸易组织水平的市场开放承诺。

其中，中国对东盟 6 个老成员国家平均关税税率已降为 8.1%，比最惠国平均税率水平 9.9% 低 1.8%，中国－东盟自贸区建设由此进入实质性阶段，双方经贸发展开创了全新局面。

表 3 -1　关税削减时间表

起始时间	关税税率	覆盖关税条目	参与国家
2000 年	对所有东盟成员国 0～5%	85% 的 CEPT 条目	原东盟六国
2002 年 1 月 1 日	对所有东盟成员国 0～5%	全部 CEPT 条目	原东盟六国
2003 年 7 月 1 日	WTO 最惠国关税税率	全部	中国与东盟十国
2003 年 10 月 1 日	中国与泰国果蔬关税降至 0	中泰水果蔬菜	中国、泰国
2004 年 1 月 1 日	农产品关税开始下调	农产品	中国与东盟十国
2005 年 1 月	对所有成员开始削减关税	全部	中国与东盟十国
2006 年	农产品关税降至 0	农产品	中国与东盟十国
2010 年	对老东盟成员国零关税	全部减税产品	原东盟六国
2010 年	关税降至 0	全部产品（部分敏感产品除外）	中国与原东盟六国
2015 年	对新东盟成员国零关税	全部产品（部分敏感产品除外）	新东盟成员国
2015 年	对中国－东盟自贸区成员国关税降至 0	全部产品（部分敏感产品除外）	东盟新成员国
2018 年	对东盟自贸区和中国－东盟自贸区所有成员国零关税	剩余的部分敏感产品	东盟新成员国

（三）成功举办中国东盟博览会

举办中国东盟博览会，是中国和东盟十国政府为促进双方企业界的合作，加快中国－东盟自由贸易区建设进程而采取的一项重要的措施。

自 2004—2009 年已成功举办 6 届中国东盟博览会。首届中国东盟博览会 2004 年 11 月在中国南宁成功举行。首次博览会有来自中国和东盟众多不同行业的企业、公司前来参展，总交易量达到 10.3 亿美元，签订投资项目 129 个，总投资达到 49.68 亿美元。此次中国－东盟博览会对促进中国与东盟双方经贸合作发挥了重要作用。2004 年博览会举办当年，中国－东盟双边贸易额取得历史性突破，达到 1 059 亿美元，提前一年实现了 1 000 亿美元目标。2004—2008 年，双方贸易额年均增长率达 21.6%。2008 年，虽然受到国际金融危机的影响，双方贸易额仍达 2 311 亿美元，同比增长 14%，显示出双方经贸合作的巨大潜力。

2009 年第六届中国东盟博览会如期在南宁举行，与前五届博览会相比，此届博览会、商务峰会又有新提升和突破，取得了丰硕成果。此届中国 – 东盟博览会参展企业 2 450 家，比上届增长 16.7%，共设展位 4 000 个，比上届增长 17.6%。其中东盟十国及其他国家、地区使用展位 1 267 个，占总展位的 31.7%。东盟十国使用展位 1 168 个，比上届增长 1.2%，占总展位数的 29.2%，东盟国家展位数创历史新高，参展参会客商 48 619 人，参展参会规模进一步扩大。

此届博览会累计交易总额达到 16.54 亿美元，同比增长 3.8%。东盟国家贸易成交额与去年基本持平，订单数大幅增加。国内贸易额达到 3.5 亿元人民币，在扩大内需、促进经济发展方面进一步发挥了平台作用。其中来自国内和越南的 10 家企业签订了 20 亿美元正式出口合同，这是中国 – 东盟博览会举办以来签订的最大出口合同，也是广西外经贸史上最大的出口订单。

（四）签署服务贸易协议

由于中国东盟自贸区 11 个成员经济水平差距巨大，服务贸易的成熟程度也有很大差别。一些在服务贸易上有优势的国家，如新加坡，要求尽早开放服务贸易市场，而服务贸易欠成熟的国家则有顾虑。通过数次谈判，各国一致同意服务贸易领域的市场准入应当比 WTO 规定的更深一步。

2007 年 1 月 14 日，中国与东盟在菲律宾宿雾市签署了《服务贸易协议》，双方在 60 多个服务部门相互作出了高于世界贸易组织水平的市场开放承诺，并于 2007 年 7 月实施。

各国以减让表的形式列出各自在服务部门的具体开放承诺。具体承诺是各国在其各自 WTO《服务贸易总协定》承诺的基础上，作出更高水平的开放承诺。中国具体承诺的主要内容：中国的承诺涵盖建筑、环保、运输、体育和商务服务（包括计算机、管理咨询、市场调研等）等五个服务部门的二十六个分部门，具体包括：进一步开放部分服务领域，允许设立独资企业，放宽设立公司的股比限制及允许享受国民待遇等。

根据渐进自由化条款的规定，上述出价作为第一批市场准入承诺的减让表，同《服务贸易协议》一并签署。目前，双方正就第二批市场准入承诺进行谈判，在谈判结束后将签署《议定书》，以将第二批减让表纳入《服务贸易协议》。同时，根据审议条款，未来双方可就服务贸易进一步开放问题进行磋商，实现服务贸易逐步自由化。

（五）签署投资协议

2009 年 8 月 15 日，第八次中国 – 东盟经贸部长会议在泰国曼谷举行，中国与东盟十国签署了中国 – 东盟自贸区《投资协议》，它标志着双方成功地完成了中国 – 东盟自贸区协议的主要谈判。

该协议的签署表明，中国和东盟各国将携手抗击金融危机，继续推进贸易和投资自由化，反对贸易和投资保护主义，为东亚地区和全球经济的复苏与发展作出贡献。

《投资协议》包括 27 个条款。该协议通过双方相互给予投资者国民待遇、最惠国待遇和投资公平公正待遇，提高投资相关法律法规的透明度，为双方投资者创造一个自由、便利、透明及公平的投资环境，并为双方的投资者提供充分的法律保护，从而进一步促进双方投资便利化和逐步自由化。

（六）签署其他协议

2009 年 10 月 25 日，在第四届东亚峰会上，中国与东盟签署了《中国－东盟知识产权领域合作谅解备忘录》和《中国－东盟关于技术法规、标准和合格评定程序谅解备忘录》，以进一步推动自贸区建设取得实质性进展。

（七）正式建成中国－东盟自由贸易区

2010 年 1 月 1 日，中国－东盟自由贸易区正式建成，这不仅为双方带来了经济、政治、外交等多方面的综合利益，而且对东亚、亚洲、亚太地区乃至全球经济的繁荣稳定将起到重要作用。

第三节　中国－东盟自由贸易区的意义

建立中国－东盟自由贸易区，是中国和东盟合作历程中的创举。它充分反映了双方领导人加强睦邻友好关系的良好愿望，也体现了中国和东盟之间不断加强的经济联系，是中国与东盟关系发展中新的里程碑，具有重要意义。

一、政治意义

（1）从中国与东盟的双边关系来看，中国－东盟自由贸易区的建立，有助于中国和东盟全面、深入、快速地发展友好关系，对进一步维护东亚和亚太地区的和平与稳定具有积极意义。

（2）从建立国际新秩序来看，中国－东盟自贸区的建立，有助于发展中国家的团结合作，可促进发展中国家共同发展。

（3）从提高东盟的国际影响力来看，中国－东盟自贸区的建立，有助于提升东盟的国际地位，增强东盟在国际社会的存在感，利于东盟在国际社会事务中发挥积极作用。

（4）从提升中国国际形象来看，中国－东盟自贸区的建立将进一步显示中国作为地区大国的风范。中国在建立自贸区的问题上作出了让步，甚至于现在对东盟还是贸易逆差，但这体现了中国作为地区大国的风范，也为中国今后在其他自贸谈判时增添了话语权。目前，中国还在就多个双边和多边自贸区进行谈判。有了第一个自贸区的建立，中国在与其他国家商谈建立自贸区方面有望取得极大进展。

二、经济意义

从某种意义上说，中国－东盟自由贸易区是中国加入世贸组织前后对外经贸战略重大调整的产物，也是中国为摆脱长期游离于区域和次区域贸易集团之外的不利境遇，而在机制性的区域合作方面迈出的具有实质意义的一步。

中国－东盟自由贸易区的建成，将会创造一个拥有 19 亿消费者、近 6 万亿美元 GDP 和 4.5 万亿美元贸易总量的经济区。按人口算，这将是世界上最大的自由贸易区；从经济规模上看，这将是仅次于欧盟和北美自由贸易区的全球第三大自由贸易区，也是世界上由发展中国家组成的最大的自由贸易区，它的建成有着重大意义。

（一）有利于促进中国与东盟双边贸易的发展

自由贸易区的重要特点是在区内各成员国之间废除关税和其他贸易壁垒，实现区内商品的完全自由流动，所以，自由贸易区的最大作用就是促进区域内贸易的发展。从货物贸易来看，2004 年实施的"早期收获"计划，对 500 多种农产品实行先期降税，在当年就实现早期收获产品贸易增长 40%，超过全部产品进出口增长的平均水平。自由贸易区建成后，中国与东盟双方 90% 以上的产品将享受零关税待遇。在实现货物贸易自由化的同时，双方也将实质性地开放彼此的服务贸易市场，这将极大地促进双边贸易的发展。消费者将享有更多选择、更大福利。

（二）有利于增加双向投资，吸引更多的外资

中国市场广阔，是原东盟 6 国对外投资的区域之一，自贸区各种相应优惠政策的出台，将进一步促进东盟对中国的投资；东盟已与日本、韩国、印度等国家签订自贸区协定，中国－东盟自贸区启动后，中国企业在东盟投资生产的产品还可享受东盟与这些国家的自贸区优惠关税待遇，从而销往更广阔的国际市场。

由于中国－东盟自由贸易区成员国之间相互取消关税，区外的跨国公司为了享受国民待遇，在自由贸易区内投资建立企业，以保持其在自贸区原有的市场份额。另外，自由贸易区建立后的市场扩大效应，给区内的生产企业直接带来规模经济效益和范围经济效益，获得更高的利润，区外跨国公司受统一大市场的吸引，也会加速在区内建立生产基地，以进一步扩大其市场份额。出于上述两种动机，自由贸易区外的跨国公司都将会增加对自由贸易区内的投资。

从东盟自由贸易区的建设看，自东盟自由贸易区成立后，欧洲、美国和日本企业为了应对东盟自由贸易区的竞争，重新调整或扩充东南亚的生产据点，加大了对东南亚地区国家的投资。如：2001 年，韩国 LG 电子公司将泰国的空调设备工厂的产量提高到原先的 10 倍，扩建成为年产量 20 万部东南亚空调生产基地。日立制作所将在新加坡的电视机和吸尘器生产基地转移到泰国。资生堂公司 2002 年前将在泰国委托生产三种品牌商品，再出口至其他东南亚国家。

（三）有利于减少贸易摩擦，减少对欧美等市场的依赖

在当代世界经济中，发展中国家已经成为发达国家实施贸易壁垒的主要对象，如纺织品、制鞋，中国和越南都是被实施"反倾销"的国家。出口市场较单一是困扰中国对外贸易多年的问题，2008 年中国对东盟出口仅占中国总出口额的 8%，而对欧盟出口占 20.5%，对美国出口占 17.7%。过于依赖欧美市场对中国制定贸易产品价格、维持出口市场稳定以及防范各种外贸风险是非常不利的，一旦别国经济衰退或者对中国产品采取贸易限制措施，将严重打击中国产品的出口。金融危机爆发后，欧美市场需求减少，导致中国出口迅速下降正说明了这一点。东盟国家也存在这一问题，美国同样是新加坡、马来西亚、印度尼西亚等国主要出口市场。有关数据表明，欧盟约 60% 的进出口贸易是在其内部市场完成的，这就决定了欧盟在经济上具有相对的独立性，受到外部市场的影响也较小。而北美自由贸易区对于美国的贸易出口起到举足轻重的作用，这在一定程度上保证了美国出口市场的稳定性。中国与东盟的合作扩大了市场空间，使双方获得"贸易创造"效益，减少了欧美市场波动的影响，增加了抵御风险的能力。

（四）有利于加强国际结算合作，推进人民币国际化进程

随着中国经济的稳定增长，人民币成为一些东盟国家的对华贸易结算货币。2009 年 7月 1 日，我国政府发布了《跨境贸易人民币结算试点管理办法》，人民币国际化迈出了重要

一步。东盟许多国家愿意用人民币来进行贸易结算，特别是越南、老挝等国和中国进行边境贸易时，在一些地方人民币甚至成为民众最乐于接受的货币。在老挝东北三省，人民币完全可以替代本币在境内流通，最远深入到老挝首都万象一带。而在中缅边贸及旅游活动中，缅甸掸邦重镇小勐拉，每年流出、流入的人民币多达10多亿元。人民币在越南流通范围也非常广，已经在越南全境流通。越南国家银行已经开展了人民币存储业务。中国－东盟自由贸易区的建立将进一步发挥人民币跨境贸易结算的功能，从而帮助企业规避汇率风险，推动人民币国际化进程。

（五）有利于为其他发展中国家的贸易和经济发展提供借鉴

中国－东盟自由贸易区作为发展中国家之间最大的一个自由贸易区，它的筹备、建设过程和效果必将备受关注。如果其获得巨大成功，将为其他发展中国家的贸易和经济发展提供一条可行的思路。在自由贸易区建设过程中，通常第一步是货物贸易自由化，第二步是服务贸易自由化，第三步是投资自由化。中国－东盟自由贸易区先后签署了《货物贸易协议》、《服务贸易协议》和《投资协议》，可见自由化不仅仅体现在贸易上，也体现在投资上，这表明中国－东盟自由贸易区是一个完全的自由贸易区，对发展中国家的示范作用也更强。有了第一个自由贸易区的建立，中国在与其他国家商谈建立自由贸易区方面也有望取得极大进展。

（六）有利于亚洲经济的稳定

中国和东盟将在货物贸易、服务贸易及相互投资这三个领域实现三重互动，互利共赢。更重要的是，自贸区的建成还将对区域经济起到稳定器的作用。根据有关协议，中国和东盟国家今后如遇贸易争端，即使彼此取消自贸区优惠待遇，但仍可回归世贸组织优惠待遇，这将对贸易摩擦起到缓冲作用。

中国－东盟自贸区的启动将促进亚洲国家间的贸易增长，降低对出口欧美的依赖度，有利于亚洲经济稳定性的提高。

亚洲开发银行高级经济学家杰扬特·梅农认为，作为一个覆盖人口最多、贸易总量居世界前列的自贸区，中国－东盟自由贸易区的全面建成，将加速东亚地区的经济融合，为区域最终实现经济一体化打下坚实基础。

此外，美国次贷危机引发的全球金融危机赋予了中国－东盟自由贸易区特殊的意义。金融危机的爆发阻碍了世界经济的发展，如今虽然出现好转迹象，但经济复苏的前景仍然充满各种不确定性，全球范围内贸易保护主义不断抬头。在这种背景下，中国和东盟于2010年全面建成的自由贸易区，在提升本地区经济一体化的同时，展现了中国对于市场开放的承诺，以及中国作为一个大国所承担的地区责任。从东盟的角度来说，各国也将更加清楚地认识到，中国是一个重要的合作伙伴，而非经济威胁。正如商务部部长陈德铭所言，在国际金融危机背景下，《投资协议》的签署体现了中国和东盟各国携手应对危机、继续推进贸易投资便利化、反对贸易投资保护主义的信心和决心，是中国与东盟同舟共济、共克时艰的实际行动，有利于推动中国－东盟经贸合作迈向更高水平，也将为东亚地区和全球经济的复苏与发展作出积极贡献。

第四章　中国－东盟自由贸易区合作的内容框架

第一节　《全面经济合作框架协议》的主要内容

2002 年 11 月 4 日，中国和东盟十国签署了《中国－东盟全面经济合作框架协议》（简称《框架协议》），这标志着中国与东盟的经贸合作进入了一个新的历史阶段。《框架协议》是未来自贸区的法律基础，共有 16 个条款，总体确定了中国－东盟自由贸易区的基本架构，协议于 2003 年 7 月 1 日生效。同时，为使双方尽快享受到自贸区的好处，制定了"早期收获"计划。《框架协议》主要内容如下。

一、中国－东盟自由贸易区包括的内容

根据《框架协议》，中国－东盟自由贸易区将包括货物贸易、服务贸易、投资和经济合作等内容。其中货物贸易是自贸区的核心内容，除涉及国家安全、人类健康、公共道德、文化艺术保护等 WTO 允许例外的产品以及少数敏感产品外，其他全部产品的关税和贸易限制措施都将逐步取消。

二、谈判时间安排

《框架协议》初步确定了相关领域的谈判时间安排，规定了中国和东盟双方从 2005 年起开始正常轨道产品的降税。在协议中，各缔约方商定将以农业、信息通信技术、人力资源开发、投资促进和湄公河流域开发为重点，并逐步向其他领域拓展，包括但不限于银行、金融、旅游、工业合作、交通、电信、知识产权、中小企业、环境、生物技术、渔业、林业及林业产品、矿业、能源及次区域开发等。服务贸易和投资谈判也从 2003 年开始，并要求尽快结束。

三、自由贸易区建设的时间框架

双方从 2005 年起开始降低正常产品的关税，2010 年中国与东盟老成员建成自贸区，2015 年与东盟新成员建成自贸区，届时，中国与东盟的绝大多数产品将实行零关税，取消非关税措施，双方的贸易将实现自由化。

四、"早期收获"计划的主要内容

为使双方尽快享受到自贸区的好处，双方制定了"早期收获"计划，决定从 2004 年 1 月 1 日起对 500 多种产品（主要是《税则》第一章至第八章的农产品）实行降税，到 2006 年这些产品的关税降到零。

五、关于给予东盟非 WTO 成员多边最惠国待遇的承诺

在签订《框架协议》时，越南、老挝、柬埔寨尚未加入 WTO。为了帮助这些国家发展，中国同意给予东盟非 WTO 成员以多边最惠国待遇，即将中国加入 WTO 时的承诺适用于这些国家。

六、有关贸易规则的制定

《框架协议》还规定，中国与东盟将制定原产地规则和反倾销、反补贴、保障措施、争端解决机制等贸易规则，以保证未来中国－东盟自由贸易区的正常运转。中国－东盟自由贸易区的建成进一步加强了双方业已密切的经贸合作关系，也对亚洲和世界经济发展作出了积极的贡献。

第二节　《货物贸易协议》的主要内容

2004 年 11 月 29 日，第八次中国－东盟领导人会议在老挝首都万象召开。中国与东盟十国共同签署了《中国－东盟全面经济合作框架协议货物贸易协议》(简称《货物贸易协议》)。2005 年 7 月 20 日，中国－东盟自由贸易区降税进程全面启动。这标志着《货物贸易协议》正式进入了实施阶段，也标志着中国－东盟自由贸易区的建设进程全面拉开了帷幕。

《货物贸易协议》是规范我国与东盟货物贸易降税安排和非关税措施等问题的法律文件，共有 23 个条款和 3 个附件，主要包括关税的削减和取消、减让的修改、数量限制和非关税壁垒、保障措施、加速执行承诺、一般例外、安全例外、机构安排和审议等内容。

一、自贸区产品的分类

除已有降税安排的早期收获产品外，其余产品分为正常产品和敏感产品两大类。在正常产品中，分为一轨产品和二轨产品两类。两者的共同点是最终税率均为零，区别是二轨产品在取消关税的时间上享有一定的灵活性。在敏感产品中，按敏感程度不同，又分为一般敏感产品和高度敏感产品两类。两者的共同点是最终税率可不为零，区别是一般敏感产品要在一段时间后把关税降到相对较低的水平，而高度敏感产品最终可保留相对较高的关税。

二、正常产品的降税模式

中国－东盟自由贸易区的货物贸易谈判采取的是"否定列表"(Negative List)方式，凡是没有列入敏感产品清单的产品均视为正常产品。因此，在中国－东盟自贸区框架下，绝大多数的产品都是正常产品。《货物贸易协议》详细规定了正常产品关税减让的模式，其中，对东盟新成员的特殊和差别待遇是协议所体现的一项重要原则。

（一）降税步骤

对中国和东盟老成员，正常产品自 2005 年 7 月起开始降税，2007 年 1 月 1 日和 2009 年 1 月 1 日各进行一次关税削减，2010 年 1 月 1 日将关税最终削减为零；对东盟新成员，

从 2005 年 7 月起开始降税，2006—2009 年每年 1 月 1 日均要进行一次关税削减，2010 年不削减关税，2011 年起每两年削减一次关税，至 2015 年将关税降为零。

（二）降税的起点税率

《货物贸易协议》将产品按其降税起点税率的高低进行分类，每一类都遵循一定的降税模式，最终将关税降为零。一般来说，目前实施税率较高产品降税幅度较大，降速较快，关税较低的产品降税幅度较小，速度也较慢，这样可以保证全部产品的稳步降税。与中国和东盟老成员相比，东盟新成员的产品分类更细，降税更为平缓，从开始降税到取消关税的时间也较长。

（三）二轨正常产品

二轨正常产品的降税模式与一轨正常产品完全相同，区别仅在于二轨正常产品的关税在按降税模式降到 5% 以下时，可保持不超过 5% 的关税，在比一轨正常产品更晚的时间降为零。对中国和东盟老成员，应在 2012 年 1 月 1 日取消二轨正常产品的关税，对东盟新成员，应在 2018 年 1 月 1 日取消二轨正常产品的关税。但是，二轨产品的数目有一定限制，中国和东盟老成员的二轨产品不得超过 150 个六位税目，东盟新成员不得超过 250 个六位税目。

三、敏感产品的降税模式

（一）敏感产品的种类

敏感产品是各方出于国内产业发展考虑，需要进行保护的产品，因此其最终税率不为零。《货物贸易协议》规定，敏感产品按其敏感程度分为一般敏感产品和高度敏感产品；中国对东盟十国提出一份敏感产品清单，同时适用于 10 国；东盟十国则分别针对中国提出各自敏感产品清单，其中所列的敏感产品只适用于中国。

在中国－东盟自由贸易区中，各方按照其各自情况分别提出了不同的敏感产品。我国提出的敏感产品主要包括大米、天然橡胶、棕榈油、部分化工品、数字电视、木材和纸制品等；东盟国家提出的敏感产品为橡胶制品、塑料制品、陶瓷制品、部分纺织品和服装、钢材、部分家电、汽车、摩托车等。

（二）敏感产品的上限

敏感产品要受到两个指标，即税目数量和进口金额的限制。也就是说，敏感产品的数量不能超过一定税目，同时一方敏感产品所影响的进口额也不能超过该方进口总额的一定比例，但协议同时也对东盟的新成员做出了特殊安排。各国的敏感产品上限如下：

（1）中国与东盟老成员：不超过 400 个六位税目，进口额不超过进口总额的 10%（以 2001 年数据为基础）。

（2）柬埔寨、老挝和缅甸：不超过 500 个六位税目，不设进口额上限。

（3）越南：不超过 500 个六位税目，不设进口额上限，但越南应在规定时间内对敏感产品进行一定幅度的关税削减。

（三）敏感产品的降税模式

一般敏感产品和高度敏感产品的降税模式有所不同，一般敏感产品由于敏感程度较低，其最终税率要低于高度敏感产品，但高度敏感产品的数量也要受到一定约束。

1. 一般敏感产品的降税模式

中国与东盟老成员：2012 年 1 月 1 日削减至 20%，2018 年 1 月 1 日进一步削减至 5% 以下。

东盟新成员：2015 年 1 月 1 日削减至 20%，2020 年 1 月 1 日进一步削减至 5% 以下。

2. 高度敏感产品的降税模式

中国与东盟老成员应在 2015 年 1 月 1 日将高度敏感产品的关税削减至 50% 以下，但高度敏感产品的数量不应超过 100 个六位税目。

东盟新成员应在 2018 年 1 月 1 日将高度敏感产品的关税削减至 50% 以下，但越南的高度敏感产品的数量不应超过 150 个六位税目，柬埔寨、老挝和缅甸不应超过 50 个六位税目。

四、原产地规则

原产地规则是确定产品"身份"的标尺。中国－东盟自由贸易区的原产地规则以"增值标准"为基础。《货物贸易协议》规定，如一产品的本地加工增值不低于该产品总价值的 40%，则该产品可被认为是原产于中国－东盟自贸区的产品，在进出口贸易中享受自贸区的优惠税率。早期收获产品由于以农产品为主，基本上采用"完全获得"标准。少数有特殊情况的产品，如纺织品、羊毛制品等，采用了加工工序、税号改变等其他原产地判定方式。

目前，中国－东盟自贸区原产地证书使用的是不同于 WTO 原产地证书格式的 E 表（Form E），在我国由国家质检总局及各地的检验检疫部门颁发，凭此证书可以在通关时享受到中国－东盟自由贸易区的优惠关税。

五、保障措施

贸易救济措施是进出口贸易的"安全阀"，主要包括反倾销、反补贴和保障措施。《货物贸易协议》规定，中国－东盟自由贸易区的反倾销与反补贴措施适用 WTO 的相关规定。但在保障措施方面，为保证各自的国内产业不受到严重冲击，协议规定了自贸区的保障措施，允许各方在必要时采用。

中国－东盟自由贸易区保障措施的主要大意是：由于来自中国－东盟自由贸易区内部的进口激增，使某一产品的国内生产部门受到实质损害或实质损害威胁时，一缔约方可以启动保障措施，对来自中国－东盟自由贸易区内的产品提高关税。但为避免滥用保障措施，协议同时还规定了各缔约方使用保障措施的限制性条件：其一，就具体产品而言，保障措施可使用的期限为从该产品开始降税之日起到完成该产品降税的 5 年内；其二，一次实施期限不得超过 3 年，且延长期不得超过 1 年；其三，实施保障措施的税率不得高于该产品采取保障措施时的最惠国税率；其四，自贸区保障措施不得与 WTO 保障措施同时使用。

六、数量限制和非关税壁垒

各缔约方不应保留任何数量限制措施，非 WTO 成员的缔约方也应逐步取消其数量限制。同时，各方应尽快确定其仍保留的非关税壁垒，并逐步取消。这一规定对于切实保证中国－东盟自由贸易区的自由化程度具有重要意义。

七、承认中国市场经济地位

在《货物贸易协议》第十四条中，东盟十国明确承认中国是一个完全市场经济体，并且承诺对中国不适用《中华人民共和国加入世界贸易组织议定书》第十五条（反倾销替代国定价条款）和第十六条（特殊保障措施条款）以及《中国加入世界贸易组织工作组报告书》第二百四十二段（纺织品特保条款）。这一规定对我国具有特殊意义，不仅为我国企业在自贸区内争取了公平和公正的贸易竞争环境，而且也对推动世界上其他国家承认我国市场经济地位起到了很好的示范作用。

八、其他问题

在技术贸易壁垒、卫生和植物卫生措施、知识产权协议等方面，各缔约方应遵循 WTO 的有关规定；其他协议中没有被特别提及或修正的 WTO 多边货物贸易条款，在被修正后应适用于中国－东盟自由贸易区。协议还就自贸区的透明度标准、加速降税安排、一般例外、安全例外及有关程序和机构性安排做出了规定。

《货物贸易协议》的签署具有里程碑式的意义，它为全面推进中国－东盟自由贸易区建设进程奠定了基础，铺平了道路。

第三节 《服务贸易协议》的主要内容

服务贸易是中国－东盟自由贸易区的重要组成部分。2007 年 1 月 14 日，第十次中国－东盟领导人会议在菲律宾宿雾召开。会上，中国与东盟十国签署了《中国－东盟全面经济合作框架协议服务贸易协议》（简称《服务贸易协议》）。目前，除柬埔寨之外的所有国家均已完成《服务贸易协议》的国内法律审批程序。《服务贸易协议》于 2007 年 7 月 1 日起正式生效。

《服务贸易协议》规定了双方在中国－东盟自由贸易区框架下开展服务贸易的权利和义务，同时包括了中国与东盟十国开放服务贸易的第一批具体承诺减让表。各方根据减让表的承诺内容进一步开放相关服务部门。根据《服务贸易协议》规定，我国在 WTO 承诺的基础上，在建筑、环保、运输、体育和商务等 5 个服务部门的 26 个分部门，向东盟国家作出市场开放承诺，东盟十国也分别在金融、电信、教育、旅游、建筑、医疗等行业向我国作出市场开放承诺。这些开放承诺是根据中国和东盟国家服务业的特点和具体需求作出的，主要包括进一步开放上述服务领域，允许对方设立独资或合资企业，放宽设立公司的股比限制等内容。根据《服务贸易协议》规定，双方正就第二批服务部门的市场开放问题进行谈判，以进一步推进中国与东盟间的服务贸易自由化。

一、《服务贸易协议》文本介绍

《服务贸易协议》是规范我国与东盟服务贸易市场开放和处理与服务贸易相关问题的法律文件，基本参照 WTO《服务贸易总协定》（GATS）的模式，包括定义和范围、义务和纪律、具体承诺和机构条款 4 个部分，共 33 个条款和 1 个附件。附件列出了中国与东盟十国的具体承诺减让表。主要内容如下。

（一）定义和范围部分

规定了所有与服务贸易相关的定义和协议的管辖范围，包括法人、自然人和服务提供者等定义内容，均同 WTO/GATS 的相关规定保持一致，并将行使政府职权的服务排除在协议范围之外。其中的自然人定义是确定何种个人可以享受自贸区优惠待遇的规则。协议同样采纳了 WTO《服务贸易总协定》中的自然人定义，规定一方拥有永久居留权的个人（即持绿卡的外籍人）可以同其公民一样视为该方的自然人，享受自贸区的优惠待遇。但由于中国、印度尼西亚、泰国、越南和老挝目前尚未出台有关外籍永久公民从事商业活动的相关法律，协议规定，对上述五国而言，其他方的自然人只限于公民，即其他方的外籍永久公民不能与其公民一样享有自贸区的优惠待遇。一旦上述五国颁布了相关法律，应与其他缔约方就是否将外籍永久公民纳入自然人范围进行谈判。

（二）义务和纪律部分

主要包括透明度、国内规制、相互承认、保障措施、补贴、一般例外和安全例外等条款，对各方开展服务贸易所应遵循的行为准则做出了规定。同时，协议纳入了加强柬埔寨、老挝、缅甸、越南参与的条款，以支持东盟新成员服务业的发展。

（三）具体承诺部分

包括市场准入、国民待遇、渐进自由化、具体承诺减让表、减让表适用方式和减让表的修改等条款。协议参照 WTO《服务贸易总协定》模式，规定各方提交的具体承诺减让表作为附件构成协议的一部分，在减让表中列明具体开放的部门和措施。

关于具体承诺的适用方式，协议规定，中国向东盟十国提交一份统一的减让表，适用于东盟十国；东盟十国分别提交各自的减让表（共 10 份），适用于中国和东盟其他国家。

（四）机构条款部分

包括联络点、审议、争端解决、协议生效等条款，对实施协议的程序性问题做出了规定。协议规定，本协议应于 2007 年 7 月 1 日正式生效，如一方届时未能完成国内审批程序，则该方在本协议下的权利与义务应自其完成此类国内程序之日起开始。

二、各国具体承诺（减让表）和开放部门介绍

各国以减让表的形式列出各自在服务部门的具体开放承诺。具体承诺是各国在其各自 WTO《服务贸易总协定》承诺基础上作出的更高水平的开放承诺。各国主要承诺内容如下：

（一）中国具体承诺的主要内容

中国的承诺主要涵盖建筑、环保、运输、体育和商务（包括计算机、管理咨询、市场调研等）等 5 个服务部门的 26 个分部门，具体包括进一步开放部分服务领域，允许设立独资企业，放宽设立公司的股比限制及允许享受国民待遇等。

（二）东盟具体承诺的主要内容

1. 新加坡

在商务服务、分销、金融、医疗、娱乐和体育休闲服务、运输等部门作出了超越 WTO 的出价，并在银行、保险、工程、广告、非武装保安服务、药品和医疗用品佣金代理和零售、航空和公路运输服务等部门作出了高于其 WTO 新一轮谈判出价的承诺，在不同程度上放宽了市场准入限制，如在外资银行准入方面，取消了对新国内银行的外资参股股比在 40% 以内的限制。

2. 马来西亚

在商务服务、建筑、金融、旅游和运输等部门作出了高于 WTO 水平的承诺。与其在 WTO 新一轮谈判中的出价相比，新增了会展、主题公园服务、海运、空运等部门的具体出价，并在金融、建筑及工程等领域作出了更高水平的开放承诺，如在保险领域，放宽了对外籍管理人员的市场准入限制。

3. 泰国

在商务人员入境、建筑工程、中文教育、医疗、旅游餐饮和海运货物装卸等领域作出了高于 WTO 水平的承诺。

4. 菲律宾

在能源、商务服务、建筑及工程、旅游等部门作出了高于 WTO 水平的承诺。与其在 WTO 新一轮谈判中的出价相比，在采矿和制造业建筑服务等我国较为关注的部门作出了进一步开放的承诺。

5. 文莱

在旅游和运输等部门作出了高于 WTO 水平的承诺，特别是在运输服务方面，增加了海洋客运和货运服务、航空器的维护和修理服务等我方关注领域的市场开放承诺。

6. 印度尼西亚

在建筑及工程、旅游和能源服务方面作出了高于 WTO 水平的承诺，特别是在民用工程、煤的液化和气化服务等领域作出了进一步开放的承诺。

7. 越南、柬埔寨、缅甸

具体出价与其 WTO 的承诺基本一致，主要涵盖商务服务、电信、建筑、金融、旅游和运输等部门。

8. 老挝

在银行、保险领域作出了具体开放承诺。

根据渐进自由化条款的规定，上述出价作为第一批市场准入承诺的减让表同《服务贸易协议》一并签署。目前，双方正就第二批市场准入承诺进行谈判，在谈判结束后将签署《议定书》，以将第二批减让表纳入《服务贸易协议》。同时，根据审议条款，未来双方可就服务贸易进一步开放问题进行磋商，实现服务贸易逐步自由化的目标。

第四节　《投资协议》的主要内容

投资促进与开放是中国－东盟自贸区的重要组成部分，在双方分别于 2004 年 11 月和 2007 年 1 月签署自贸区《货物贸易协议》和《服务贸易协议》后，投资成为双方的谈判重点。经多轮谈判，2009 年 8 月 15 日，第八次中国－东盟经贸部长会议在泰国曼谷举行，中国与东盟十国签署了《中国－东盟全面经济合作框架协议投资协议》（简称《投资协议》）。

该协议致力于在中国－东盟自由贸易区下建立一个自由、便利、透明及公平的投资体制，通过双方相互给予投资者国民待遇、最惠国待遇和投资公平公正待遇，提高投资相关法律法规的透明度，为双方创造更为有利的投资条件和良好的投资环境，并为双方的投资者提供充分的法律保护，从而进一步促进双方投资便利化和逐步自由化。

一、主要内容

《投资协议》包括 27 条，分别为定义、目标、适用范围、国民待遇、最惠国待遇、不符措施、投资待遇、征收、损失补偿、转移和利润汇回、国际收支平衡保障措施、代位、缔约方间争端解决、缔约方和投资者之间争端解决、利益拒绝、一般例外、安全例外、其他义务、透明度、投资促进、投资便利、机构安排、与其他协议关系、审议、修改、保存、生效。其中，国民待遇条款规定各方在其境内，在投资管理、经营、运营、维护、使用、销售和清算等方面，应当给予另一方投资者及其投资不低于其在同等条件下给予其本国投资者及其投资的待遇；最惠国待遇条款规定各方在投资方面应当给予其他方投资者不低于其在同等条件下给予任何其他缔约方或第三国投资者的待遇。这两个核心条款在确保给予双方投资者公平公正的非歧视待遇方面起到关键作用。此外，投资待遇、透明度、投资促进与便利和争端解决等条款为改善双方投资环境、提高外资政策透明度、促进投资便利化、提高投资争端解决公平与效率，以及加强投资保护等方面提供了有效的法律保障。

二、评价

东盟是中国企业境外投资的第二大目的地。截至 2009 年年底，中国共核准赴东盟投资项目 247 个，占中国累计投资项目总数的 14.74%；中方协议投资额为 6.06 亿美元，占中国累计投资总额的 20.06%。其中，第一产业和第二产业项目 155 个，中方协议投资额合计 3.38 亿美元，占中国赴东盟累计投资总额的 55.77%；第三产业项目 92 个，中方协议投资额为 2.68 亿美元，占中国赴东盟累计投资总额的 44.23%。

赴东盟投资发展，中国企业有诸多优势，比如，越南、柬埔寨、老挝等国的劳动力成本低廉，产业基础相对薄弱，是中国具有相对优势的纺织服装、家电、通讯设备等行业进行产业转移的理想之地。中国红豆集团等 4 家公司在柬埔寨投资建立的西哈努克港经济特区正是以劳动密集型纺织服装和轻工产业为主要招商对象的境外经贸合作区，将为中国相关行业企业赴柬埔寨投资提供良好的发展平台。同时，这些国家的基础设施建设方兴未艾，中国建筑企业在当地的市场前景良好。印度尼西亚、泰国和马来西亚等国家的自然资源丰富，市场消费潜力巨大，适合中国企业在当地进行农业、采矿业和制造业投资。文莱和新加坡的金融、旅游、航运等服务业较为发达，对周边国家和地区的辐射力较强，中国企业在当地建立营销网络和研发中心，能够进一步促进中国服务企业的外向型发展和服务水平的提升。《投资协议》在四个方面明确了对相互投资的保护，为中国企业赴东盟投资创造了良好的制度条件。

（一）对缔约国投资者提供无差别的待遇

根据《投资协议》第四条"国民待遇"和第五条第一款"最惠国待遇"条款，中国企业到东盟进行对外直接投资的，将享受与东盟成员国本国国民同等的或者更高的待遇，并将在原则上享受该东盟成员国给予任一其他国家投资者及其投资的最优惠待遇。

（二）对缔约国投资者提供无差别的待遇

建立透明、合作和便利的投资环境。《投资协议》在第十九条"透明度"、第二十条"投资促进"和第二十一条"投资便利化"条款中，规定了各缔约方应披露国内影响投资的法律和行政指南、采取措施加强中国与东盟间的投资合作及简化投资审批手续等义务，以逐步实现"建立一个自由、便利、透明及竞争的投资体制"的目标。

（三）明确了对外国投资保护的具体措施

根据《投资协议》第七条至第十条及第十二条，一缔约方东道国应当给予另一缔约方投资者及其投资：①公平和公正待遇、全面保护与安全；②原则上不予征收，及例外情况下对被征收投资进行价值评估补偿拖延的利息；③在东道国发生战争或内乱时，给予外国投资者风险损失补偿；④允许外国投资者自由汇回其投资和利润；⑤承认投资者母国或其指定的海外投资保险机构享有对该国投资和上述补偿的代位求偿权。

（四）规定了投资者与缔约方间争端解决的办法

《投资协议》第十四条规定，一缔约方与另一缔约方的投资者之间产生的给投资者造成损失或损害的投资争端，不能通过磋商方式解决的，则应当根据投资者的选择而提交法院诉讼或提交仲裁。该规定赋予了投资者与投资东道国间平等的法律地位，明确了投资者寻求法律救济的途径和权利，是中国企业解决与东盟东道国间的投资争端的有利法律依据和保障措施。

《投资协议》将为缔约双方搭建新的投资合作平台，中国企业赴东盟投资，不仅可以享受平等的投资待遇、便利的投资措施和有效的投资保护，并可在发生纠纷时通过法律手段维护自己的合法权益。我国有关部门将进一步推动中国企业赴东盟投资，一是大力宣传该协议对中国企业投资东盟的影响，二是加强与东盟各国政府和相关机构的信息互通；三是组织企业赴东盟考察投资环境；四是推动中国香港特区的辐射和带动作用；五是推进对大项目的跟踪和服务工作。

第五章　中国－东盟自由贸易区合作的经济效应

第一节　中国－东盟自由贸易区合作的
经济效应评价的标准选择

对中国－东盟自由贸易区合作的经济效应进行评价，必须从中国－东盟自由贸易区合作的实际出发，力求做到全面客观、科学，为此，中国－东盟自由贸易区合作的经济效应评价应坚持以下标准。

一、坚持定性评价与定量评价相结合的标准

定性评价从质的方面来评价经济效应，是依据大量历史事实和生活经验材料，运用逻辑推理、历史比较等方法，从事物的内在规定性来研究事物的一种评价方法。本章在分析中国－东盟自由贸易区合作的静态和动态经济效应的时候常用到这一评价方法，但与此同时也运用了定量评价的方法，如采用了贸易总额、增长率、占世界百分比等指标来进行评价。定量评价是从量的方面来评价经济效应，是依据调查得到的现实资料数据，主要以数据、模式、图形等来表达，主要运用经验测量、统计分析和建立模型等方法来研究事物的一种评价方法。定性评价是定量评价的基础，但只有同时运用定量评价，才能在精确定量的根据下准确定性。二者相互作用，缺一不可，只有定性评价没有定量评价，其结论无立足之点，评价结论成为空洞的议论；反之，只有定量评价没有定性评价，则定量评价将是胡乱联系而无实际意义，从而不能从宏观角度对经济效应进行综合评价。

二、坚持一分为二进行评价的标准

坚持一分为二进行评价的标准是指社会事物和经济现象本质上是多层次、多方面的矛盾统一体，都是对立统一的。既是矛盾双方互相排斥、互相争斗，也是双方在一定条件下互相依存，并依据一定的条件各向自己相反的方向转化。因此对社会事物和经济现象要坚持一分为二的评价标准。一分为二评价的标准要求全面地，辩证地看待合作，既看经济效应的这一面，又看另一面。既要分析两方面之间的对立，又要分析两方面之间的统一。本章在分析贸易创造效应和转移效应、投资创造效应和转移效应的时候采用了这一评价标准。

三、坚持系统的标准

系统是一个各要素相互联系和依存的统一体，系统性评价标准是指在评价过程中，坚持以系统观点为指导，采用系统分析方法，把分析的对象看做一个由多种要素构成的系统，分析系统内外的各种要素的变化，进而做出判断。如在本章的定量分析中，分析某一问题时候，应注重各分析要素之间并非孤立的，而是相互联系、相互依存的。

四、坚持连续性的标准

坚持连续性的标准，是指客观事物发展的过程是有合乎规律的连续性，过去、现在与未来的发展趋向必然具有一定的联系，只要这一规律发生作用的条件不变，合乎规律的现象必将重复出现，这意味着指标体系能在较长的时期内有效，具有一定的稳定性，因而在评价经济效应的时候，可以在了解事物的过去和现状的基础上，搜集历史和现实的信息进行合理评价。

第二节　中国－东盟自由贸易区经济与贸易合作的概况

近年来，中国与东盟国家经贸关系迅速发展。由于中国与东盟国家地理位置邻近，双边政治关系友好，经济互补性较强，使双方在进出口贸易、相互投资、承包劳务等领域合作卓有成效。

一、双边贸易额持续稳定增长

2002年11月，随着《中华人民共和国政府与东南亚国家联盟成员国政府全面经济合作框架协议》（以下简称《框架协议》）的签订，中国－东盟之间的双边贸易额快速增长，由中国－东盟1995—2008年贸易额汇总表可知，2001年双方贸易总额突破400亿美元。2002年又超过500亿美元，比上年同期增长了31.6%，2007年更是突破2 000亿美元大关，增长速度为25.9%，其中，出口额从2001年的183.9亿美元增至2007年的941.8亿美元，增幅达512%；进口额从232.3亿美元增至1 083.7亿美元，增幅达466%。2008年，由于金融危机的影响，中国与东盟的双边贸易虽然规模仍继续增大，但增速放慢，由2007年的25.9%降到14.1%，2009年甚至出现负增长。从贸易份额看，中国与东盟的双边贸易额占中国进出口总额的比重由1995年的7.3%上升到2008年的9%，占东盟进出口总额的比重由1995年的2%上升为2008年的11.3%。如表5-1所示。

表5-1　中国对东盟的区内贸易额　　　　　　　　单位：亿美元

年度	进出口额	差额	出口额	进口额	同比（%）		
					进出口	出口	进口
1995	203.7	5.7	104.7	99.0			
1996	211.6	-5.4	103.1	108.5	3.9	-1.6	9.6
1997	251.6	2.4	127.0	124.6	18.9	23.2	14.8
1998	236.4	-15.7	110.4	126.1	-6.0	-13.1	1.2
1999	272.0	-26.5	122.8	149.3	15.0	11.2	18.4
2000	359.2	-48.4	173.4	221.8	32.1	41.3	48.6
2001	416.2	-48.4	183.9	232.3	15.8	6.0	4.7
2002	547.7	-76.3	235.7	312.0	31.6	28.2	34.3
2003	782.5	-164	309.3	473.3	42.8	31.1	51.7

续表 5 – 1

年度	进出口额	差额	出口额	进口额	同比（%）		
					进出口	出口	进口
2004	1058.8	–200.8	429.0	629.8	35.3	38.7	33.1
2005	1303.7	–196.3	553.7	750.0	23.1	29.1	19.1
2006	1608.4	–182.2	713.1	895.3	23.4	28.8	19.4
2007	2025.5	–141.9	941.8	1083.7	25.9	32.1	21.0
2008	2311.1	–28.3	1141.4	1169.7	14.1	21.2	7.9
2009	2130.1	–4.9	1062.6	1067.5	–7.9	–7.1	–8.8

二、中国和东盟的贸易依存度不断提高

由表 5 – 2 可知，中国对东盟的贸易依存度由 1995 年的 2.7% 提高到 2008 年的 5.9%。东盟对中国的外贸依存度也在逐步提高，由 1995 年的 2% 提高到 2008 年的 12.8%。其中，对中国市场依存度增加最多的是印度尼西亚，增长幅度最小的是泰国。

表 5 – 2　中国和东盟的贸易依存度表

时间	中国对东盟贸易依存度（%）	东盟对中国贸易依存度（%）
1995	2.7	2.0
1996	2.4	2.2
1997	2.6	3.2
1998	2.3	4.3
1999	2.5	3.9
2000	3.0	5.4
2001	3.2	5.6
2002	3.8	6.7
2003	4.7	8.3
2004	5.5	11.1
2005	5.7	12.8
2006	6.0	13.2
2007	6.2	13.5
2008	5.9	12.8
2009	6.2	12.1

数据来源：中国商务部网站资料统计整理

三、服务贸易

2007 年 1 月，中国与东盟签署《服务贸易协议》，宣布相互开放服务贸易市场，并于 2007 年 7 月 1 日生效。中国在 WTO 承诺的基础上，向东盟国家作出开放市场的承诺。东盟各国

也作出了开放承诺,这意味着在东盟自由贸易区框架内,服务业贸易自由化已涉及金融服务、电信、旅游、海运、航空和建筑等领域。CAFTA 建成后,双方在承包工程和劳务、旅游业、文化交流、人力资源开发和培训等方面的合作将得到加强。对东盟而言,东盟的企业参与 CAF-TA 的服务业合作,将有很大的商机。对中国而言,服务业为中国较薄弱的领域,在全球服务贸易中的份额大大低于东盟国家,在向 WTO 承诺服务领域开放的基础上,进一步扩大东盟国家进入中国服务领域的机会,可更好地通过竞争促进中国服务业的发展。

中国和东盟国家服务贸易近几年得到了较快的发展,2007 年,中国与东盟服务贸易进出口总额达 179.1 亿美元,中国向东盟的出口额占出口总额的6.5%。目前,东盟是中国服务贸易五大贸易伙伴之一,是中国第五大服务贸易出口市场和进口来源地。东盟在海运、航运、金融服务、建筑工程服务等领域的对华合作,已成为中国服务贸易进口的重要组成部分。中国和东盟国家旅游业发展最快。在 2005—2008 年中国主要客源国的前 15 名中有 5 个是东盟国家,分别是马来西亚、新加坡、菲律宾、泰国和印度尼西亚,其入境旅游人数占入境人数的15% 以上,2008 年达到 18.7%,在中国主要客源国中排名第三(如表 5-4 所示)。在中国出境游中,东盟作为目的国也吸引了大量的中国游客,2005 年 300 万人次,2008 年上升到 448万人次,占东盟入境旅游人数将近 7% 的比例,在东盟游客来源国中排名由 2005 年的第三位升到了 2008 年的第一位(如表 5-3 所示)。另据中国－东盟商务与投资峰会秘书处介绍,东盟国家成为中国海外重要的承包工程市场和劳务市场。截至 2008 年年底,中国企业在东盟国家签订承包劳务合同总金额达 350 亿美元,完成营业额 232 亿美元。

表 5-3　东盟入境旅游的中国游客人次和比重

在东盟游客来源国的排名	年度	游客数量(千人次)	占总额的比重(%)
3	2005	3 007.00	5.9
4	2006	3 315.40	5.8
2	2007	3 437.90	6.4
1	2008	4 487	6.9
2	2009	3 991.9	6.1

注:截止时间为 2010 年 6 月,不含菲律宾

资料来源:2010 年东盟统计年鉴

表 5-4　中国入境旅游的东盟游客 人次和比重

排名	年度	游客数量(万人次)	占总额的比重(%)
3	2005	327.34	16.2
3	2006	346.77	15.6
3	2007	390.57	15.0
3	2008	454.27	18.7
3	2009	370.82	16.9

注:此表中的东盟国家指的是马来西亚、新加坡、菲律宾、泰国和印度尼西亚

资料来源:《2006—2010 年中国统计年鉴》

四、双方进出口产品结构竞争性与互补性并存

中国在生物技术、生命科学技术、航空技术方面有竞争优势；东盟在电子技术、计算机集成制造方面有竞争优势。近年来，中国从东盟进口的电子产品零部件增长已达30%以上。中国与东盟都生产和出口劳动密集型产品，双方交易产品的技术含量并不高。中国在稍高层次的制造品方面更有优势，而东盟则在初级产品方面比较有优势。由于中国与东盟存在地缘关系，而且发展阶段相似或相近，易于形成竞争与互补并存的区域内产业内贸易。

五、相互投资稳步增长

随着中国－东盟自贸区建设步伐的加快，中国与东盟相互投资不断扩大。2008年年底，东盟对我国的投资达51.06亿美元，占我国吸引外资的6.08%，其中排名前三位国家依次是新加坡、马来西亚和泰国。与此同时，我国也积极实施"走出去"战略，对东盟各国的投资也出现了快速增长态势。2008年，我国对东盟直接投资达24.8亿美元，同比增长125%。越来越多的中国企业把东盟国家作为主要投资目的地。

第三节　中国－东盟自由贸易区合作的静态经济效应

中国－东盟自由贸易区的组建，会对双边产生诸多的静态经济效应，其中重要的是贸易创造效应和贸易转移效应。

一、中国－东盟自由贸易区合作的贸易创造效用、贸易转移效应

（一）中国－东盟自由贸易区合作的贸易创造效用和贸易转移效应简述

中国与东盟双方从2005年开始正常产品的降税，2010年中国与东盟老成员国建成自由贸易区，2015年中国将和东盟新成员国建成自由贸易区，届时中国与东盟绝大多数产品将实行零关税。在区内降税前，中国和东盟为了保护国内市场，双方的关税较高，如印度尼西亚、泰国、马来西亚、菲律宾的纺织品（20%）、电子产品（21%）、塑料产品（18%）。尤其是四个新加入的成员国关税水平普遍较高，均在15%以上，中国在从东盟国家进口一些产品上设置的关税和非关税壁垒也比较高，比如对泰国的大米、对印度尼西亚和马来西亚的棕榈油的高进口关税及配额。中国与东盟的主要成员国（新加坡、泰国、印度尼西亚、马来西亚、菲律宾）在经济发展水平、需求偏好、产业结构和工业竞争力水平等方面相近，双边贸易的商品结构也有水平型分工特征，CAFTA建立后，关税壁垒的撤销和减弱使得区内某成员国生产成本高的产品会被区内生产成本低的成员国的产品的进口所取代，从而使资源使用效率提高，而且由于产品的进口价格与原有的生产成本相比是降低的，因此减少了消费开支，促进了贸易量的增加，在自由贸易区下创造了在原有条件下无法达到的贸易量，最终提高了社会福利水平，这即是中国－东盟自由贸易区合作的贸易创造效用。

中国－东盟自由贸易区合作除了贸易创造效应外还有贸易转移效应，指的是区内成员国之间关税的减少及更紧密的关系导致区内成员国把原来从区外非成员国的低成本产品进口转换为从区内成员国高成本产品的进口。由于自由贸易区的建立，阻止了外部低成本进

口,而用高成本的供给来源代替低成本的供给来源,使消费者由原来购买外部的低价格产品转向购买成员国的较高价产品,增加了开支,从而减少了福利。

(二)从理论和实证角度考察中国－东盟自由贸易区合作的贸易创造效应和贸易转移效应

1.从理论上考察中国－东盟自由贸易区合作的贸易创造和贸易转移效应

假设有两个国家 A 国和 B 国结成自由贸易区,这两个国家的供求曲线、关税水平和价格,征收的关税分别是 P_WT_A 和 P_WT_B,其中 OP_W 为世界价格。在两国结成自由贸易区之前,A 国的总消费量为 ON,其中本国生产 OL,以世界价格 OP_W 进口 LN,关税收入为进口量(LN)乘以关税率(P_WT_A)。

第一种情况:生产效率高的 B 国的生产能力能满足 A 国的需求,B 国的全部产出都向 A 国出口(如图 5 – 1 所示)。在区域内的价格(OT_B)下,A 国的需求将增加到 ON',其中本国产品供应量为 OL',进口需求量为 $L'N'$,自由贸易区内的总需求为 $ON'+OM$,小于区域内的总供给能力 $OL'+OM$。如果 A 国的进口需求量小于或等于 B 国的生产能力,B 国将以价格 OT_B 向 A 国出口 $L''M(L''M=L'N')$,以 OL'' 的数量供应本国市场,而不能满足本国需求的缺口 $L''M$ 以世界价格 OP_W 从区域外进口。在这种情况下,自由贸易区内形成单一的价格 OT_B,两个国家的价格水平都比建立自由贸易区前下降。A 国得到了贸易创造效应 $a+c$,而贸易转移造成的损失为 b。对 B 国来说,产出量和消费量与建立自由贸易区前相同,但是政府得到了以世界价格进口 $L''M$ 征收的关税收入,获得的净利润提高。

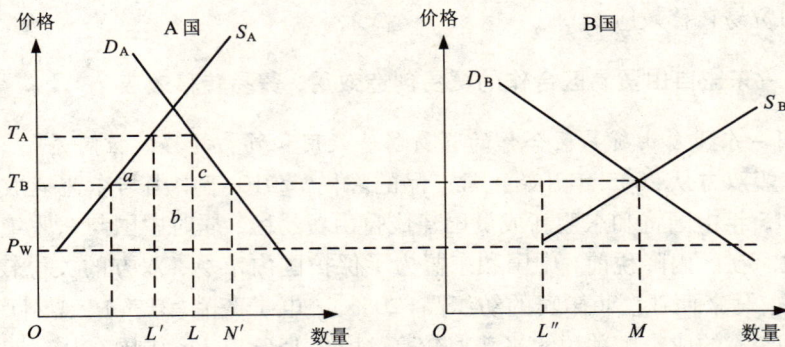

图5－1　自由贸易区的影响(区域内产出能满足区域内需求时)

第二种情况:B 国的生产能力不能满足 A 国的需求(如图 5 – 2 所示)。假定两国均采用禁止性关税。在形成自由贸易区前,B 国生产和消费 OM,A 国生产和消费 ON。形成自由贸易区后,A 国面临的供给曲线为 S_{A+B},在价格 OP_{FTA} 下,B 国的供给不能满足 A 国的消费需求,因而在 A 国内将形成一个高于 OT_B 的价格 OP_{FTA},A 国的进口需求 $L'N'$ 来自 B 国的产出 $OM'(L'N'=OM')$;B 国的产出全部向 A 国出口,但是其国内的消费需求可由自由贸易区外的国家进口,价格仍然为 OT_B。A 国在建立自由贸易区后,得到了净的福利提高 $a+c$;而 B 国在没有导致超额生产成本和消费成本的情况下,以世界价格 OP_W 自区域外进口以满足国内需要,可获得更多的关税收入,国民收入将会提高。与前一种情况类似,自由贸易区的成员都得到了福利的提高,世界的贸易总额也将上升。

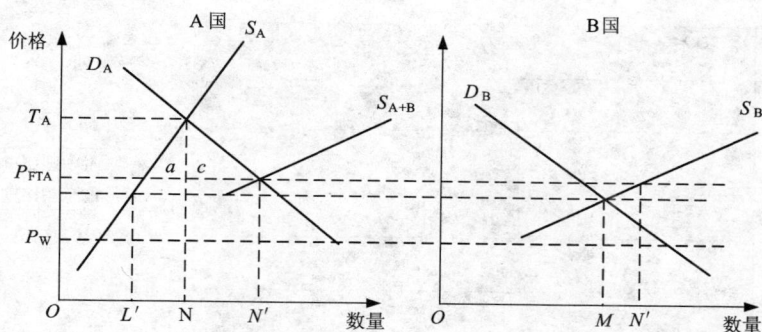

图 5-2 自由贸易区的影响(区域内产出不能满足区域内需求时)

2. 从实证角度考察中国－东盟自由贸易区合作的贸易创造效应和贸易转移效应

(1) 从实证角度考察贸易创造效应。

从实证角度考察中国－东盟自由贸易区合作的贸易创造效应,主要体现为区内贸易额大幅增长、中国与东盟的贸易结构呈现高级化趋势。

① 区内贸易额大幅增长。由第一节中国－东盟自由贸易区经济与贸易合作的概况中可知,结合东盟对中国、中国对东盟自由贸易 1995—2008 年区内贸易额表中可知,2001 年后中国－东盟区内贸易出口、进口、总额增长很快,幅度较大,如图 5-3 所示。

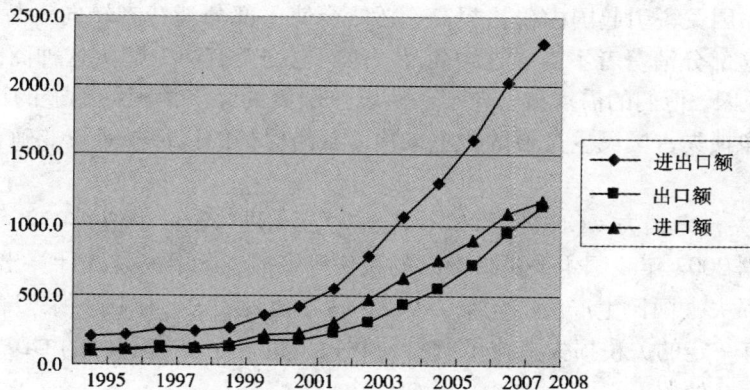

图 5-3 1995—2008 年区内贸易额

② 区内贸易占本国贸易比重上升。2001 年后,中国与东盟的区内贸易总额占各自对外贸易总额的百分比迅速增长,2007 年,占东盟贸易总额首次突破 10%,占中国贸易总额也持续保持在 9% 左右。2008 年的数据表明,东盟已经成为中国的第四大贸易伙伴,中国是东盟的第三大贸易伙伴,且区内贸易占东盟贸易总额的比重增长速度高于占中国的比重,如图 5-4 所示。

③ 中国与东盟的贸易结构呈现高级化趋势。在双边贸易额大幅增长的同时,中国与东盟的贸易结构正呈现高级化发展趋势。统计分析表明,20 世纪 90 年代初,中国从东盟进口的前 5 大主要出口产品是油和燃料、木材、菜油和动物油脂、计算机机械和电子设备,

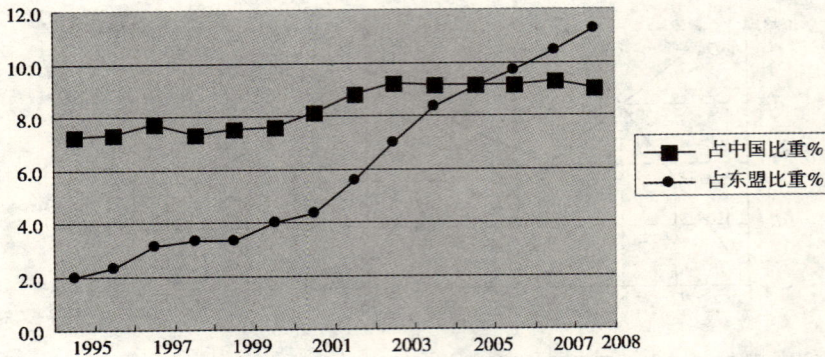

图 5 - 4   区内贸易占本国贸易比重曲线图

这些产品占中国从东盟进口总额的 75.7%。从东盟进口的主要是原料性商品。近年来，中国对东盟出口的电子设备和计算机/机械比重大大提高，前 5 大主要产品占中国从东盟进口总额的比重减小到 60% 左右。

（2）从实证角度考察中国－东盟自由贸易区合作的贸易转移效应。

成立自由贸易区后的贸易转移效应，在一定程度上可以以关税净损失来表示。在实际计算中，对关税净损失的计算是比较困难的。以单位税额乘以进口量减少值这种方法实际上是一种理想化的计算方法，准确性不足。因为这里根据海关统计的进口量减少值是不准确的。某种商品因关税引起国内价格提高，必然会使一部分消费者转向对替代品的消费，但这并不表明这部分消费者不需要这种商品，他们也完全有能力购买这种商品，只是由于政策、宣传等原因，他们的需求被转化了。所以按照美国经济学家约翰逊的计算方法——采用关税造成净损失占国民生产值的比重来检验贸易保护的代价相对较准确和合理。其经验公式为：

$$关税净损失 \div GNP = 1 \div 2 \times （单位税额 \times 进口量减少值）/GNP$$

有学者根据 2002 年我国主要进口商品的税率等资料，运用该公式计算出我国 2002 年的关税造成净损失占国民生产值的比重为 0.21%[1]，由此可知，中国－东盟自由贸易区降低关税后，是有一定的关税损失造成了贸易转移效应的。但其占我国的 GDP/GNP 比重很小，对我国是有好处的。

（三）中国－东盟自由贸易区的贸易创造效应与贸易转移效应的比较

建立自由贸易区是否能提高成员国的福利水平，依贸易创造效应和贸易转移效应两者的大小比较而定。中国－东盟自由贸易区的建立，其贸易创造效应大还是贸易转移效应大，国内外学者曾对此进行过研究，前述的根据关税造成净损失占国民生产值的比重的方法测算出降低关税后，有一定的关税损失，造成了贸易转移效应的，但其占我国的 GDP/GNP 比重很小，可见转移效应较小。而东盟秘书处曾经对废除关税对贸易的影响程度进行了测算，结论是贸易创造效应大于贸易转移效应。测算结果如表 5 - 5 所示，表中说明，建成贸易区后中国从东盟各国进口将增加，产生贸易创造效应，其中从新加坡进口增加最

---

① 刘卓林. 对中国－东盟自由贸易区的经济效应分析. 经济纵横，2004（2）：41

多，说明中国和新加坡之间的贸易创造效应最大。同时东盟从中国进口也将增加，泰国进口增加最多，为31.4亿美元，其次是菲律宾。又由于贸易区内成员国相互减税却仍维持着与区外国家的贸易壁垒，就使进口从区外高生产效率的国家转向了区内高生产成本的伙伴国产生贸易转移。可以看出，除了新加坡以外，中国和东盟国家对美、日的进口额均有下降，并且对日本的贸易转移明显。但是总体上，中国和东盟双方各自的贸易额绝对量是增长的，分析结果显示中国－东盟自由贸易区将带来正的贸易创造效应。

表5－5　中国－东盟自由贸易区废除关税后贸易变动情况表　　　单位：百万美元

	出口变化（出口目的地）			进口变化（进口来源地）		
	中国	美国	日本	中国	美国	日本
印度尼西亚	2656.09	－209.99	－313.66	1371.60	8.29	－16.76
马来西亚	3207.28	－416.56	－246.27	1456.34	11.17	－1.68
菲律宾	330.80	413.49	39.16	3057.17	－152.88	－266.16
新加坡	3639.18	－321.22	－200.07	643.94	208.02	325.30
泰国	2907.76	－252.78	－271.30	3140.16	－75.46	－342.10
中国	－	－813.14	－511.53		－501.03	－823.79

二、其他静态效应

（一）非关税壁垒减少的经济效应

非关税壁垒的减少能使国际经济交易活动变得方便，从而减少交易成本，增加利润。CAFTA的建设过程中，贸易便利化措施，如提高透明度；扩大国有贸易企业的权利；简化海关程序；相互承认标准即肯定性评估程序；提供签证便利；建立区域内电子数据交换系统；协调海关、银行、运输部门的管理和经营等，可以降低出口成本，提高贸易效率，促进出口增长。因此，CAFTA建立以后，如果通关程序协调化且在贸易区内实现标准和认证统一，将使中国与东盟从双边贸易中增加经济收益。以2001年的数据为基数，根据原国家计委的研究，CAFTA建立后，通关程序的协调简化就可以使我国至少增加7.2亿美元的经济利益；与标准和认证相关的技术条例的统一可以使我国对东盟的出口增加6.86亿美元。因此，降低非关税壁垒后我国至少可获得14亿美元的利益。与标准和认证相关的技术条例造成的出口减少值占总出口值的3.75%～6.25%[①]。此外，双方通过建立区域内电子数据交换系统，协调海关、银行、运输部门的管理和经营，将大大提高双边贸易的效率。

（二）有利于提高中国、东盟在国际经济贸易谈判中的集体谈判能力

作为一种地缘经济与政治，通过经济合作推动贸易区中其他领域合作的发展，对内创造一种更好的关系和发展环境，或通过共同努力克服危机、减轻矛盾，提高抵御风险的能力；对外形成比较协调一致的利益与声音，在国际事务中争取本贸易区利益，推动地区经

---

① 江虹.建立中国－东盟自由贸易区的经济效益分析.国际贸易问题，2005(4)：52

济发展，造福本地区人民。尽管还不能和欧盟、北美自由贸易区相抗衡，却也提高了实力，有利于减少在经济上对发达国家的依赖，提高经济地位。双方合起来的经济实力将增强集体讨价还价的能力，提高对国际经济规则的影响力，有利于在今后的经济贸易事务尤其是新一轮的 WTO 贸易谈判中为双方也为发展中国家争取更多的利益。

第四节　中国－东盟自由贸易区合作的动态经济效应

目前，中国与东盟之间的经贸合作正由一般贸易向全面合作快速发展，双方在金融、旅游、投资、农业、人力资源开发、中小企业、产业合作、知识产权、环境保护、林业及其产品、能源以及次区域开发等各个领域的合作全面展开，除了在各个领域保持合作关系之外，还确立了重点合作的领域，随着进程的展开，中国－东盟自由贸易区的合作除了带来静态经济效应外，从长远看还将产生动态效应，有投资效应、规模经济效应、技术进步效应等，其中，随着《投资协议》的签订和贸易合作的趋势，最受关注和最重要的是投资效应。

一、投资效应

中国－东盟自由贸易区合作的投资效主要关注的是 FDI 效应，指的是自由贸易区的形成与发展对该地区及各成员国 FDI 流量与流向的动态效应，这种效应也应该包括投资的创造效应与投资的转移效应，并具体表现为区内成员国对区内成员国的资本流动和区外非成员国对区内成员国的资本流动。

（一）从理论上考察中国－东盟自由贸易区合作的投资效应

从理论上考察中国－东盟自由贸易区合作的投资效应的理论框架如下：

投资 创造	区内成员国对区内成员国的投资创造效应（A）	区外非成员国对区内成员国的投资创造效应（B）
投资 转移	区内成员国对区内成员国的投资转移效应（C）	区外非成员国对区内成员国的投资转移效应 (D)

1. 区内成员国对区内成员国的投资创造效应（A）

中国－东盟自由贸易区建立后，产品和生产要素在区域内实现自由流动，将使同行业间的竞争加剧，为了保持和提高自身的竞争能力，区域内的成员国的厂商除了扩大生产规模、降低竞争成本外，还会增加投资更新设备，提高竞争能力，这些会促进成员国之间相互投资的增加，即产生区内成员国对区内成员国的投资创造效应。此外，中国－东盟自由贸易区的建立将消除投资障碍，相互提供的投资优惠政策也会使得成员国之间的 FDI 的增加，产生区内成员国对区内成员国的投资创造效应。

2. 区外非成员国对区内成员国的投资创造效应（B）

中国－东盟自由贸易区成员国之间进一步取消关税，使得区域外的跨国公司在与区内成员国竞争中处于劣势,而且自由贸易区实施对外统一关税对区外投资者形成了贸易壁垒。贸易壁垒的形成使区外跨国公司被迫在贸易区内建立企业,享受国民待遇,以保持其在自贸区内的原有市场份额,从而在客观上会刺激壁垒规避型 FDI 的流入。同时,自由贸易区的建立,中国与东盟将形成一个拥有 19 亿人口的大市场,将极大地扩展中国－东盟市场的地理空间和容量,从而增强本地区对外资的吸引力,区外跨国公司受统一大市场的吸引,也会加速在区内建立生产基地,进一步扩大市场份额。这些都将使区外对区内的资本增量流动。

3.区内成员国对区内成员国的投资转移效应(C)

中国－东盟自由贸易区的建立会导致区域内的投资布局的重新调整,即某一成员国的 FDI 流入的增加而导致另一成员国的 FDI 流入的减少,这是 FDI 从区位优势小的成员国向区位优势大的成员国转移的结果,因而产生区域内的投资转移效应。同时也指自由贸易区成立以后,由关税优惠和贸易壁垒的逐步消失引起的贸易对投资的替代,导致成员国之间相互投资减少(或停滞不前)的现象。

4.区外非成员国对区内成员国的投资转移效应(D)

区外非成员国对区域内的成员国的投资,会根据各成员国的相对优势不同而选择投资的对象,会对成本较低的成员国增加投资量,这将导致该区外非成员国对区内其他成员国的投资流入量的减少。此外,如果流入中国－东盟自由贸易区的 FDI 是从其他潜在的东道国转移来的,则一体化区域内 FDI 的增加将导致对区域外其他国家 FDI 的减少,产生世界范围内的投资转移效应。

(二)从实证角度考察中国－东盟自由贸易区合作的投资效应

1.投资创造效应

(1)区外对区内的投资的增加。

从东盟－中国吸引 FDI 的实际情况来看,2001 年以后 FDI 流入量开始复苏,总量有较大程度的增长,从 2005 年开始,区外对区内的 FDI 流入总量超过 1 000 亿美元。增长率自 2003 年突破 10% 的增长率后,区域内吸引 FDI 流量均以超过 10% 以上的速度快速增长。

表 5－6　中国－东盟合计 FDI 流入量　　　　单位:百万美元

	中国	东盟	中国东盟合计	增长率%
1995	37 520.53	28 227.047	65 747.6	—
1996	41 725.52	30 541.134	72 266.7	9.9
1997	45 257.04	34 357.909	79 614.9	10.2
1998	45 462.75	22 309.843	67 772.6	−14.9
1999	40 318.71	28 792.554	69 111.3	2.0
2000	40 714.81	23 594.788	64 309.6	−6.9
2001	46 877.59	20 253.369	67 131.0	4.4
2002	52 742.86	17 291.73	70 034.6	4.3
2003	53 504.7	24 711.946	78 216.6	11.7

续表 5－6

	中国	东盟	中国东盟合计	增长率%
2004	60 630	35 467.611	96 097.6	22.9
2005	72 406	39 630.049	11 2036.0	16.6
2006	72 715	54 966.554	127 681.6	14.0
2007	83 521	69 481.421	153 002.4	19.8
2008	108 312	59 922.405	168 234.4	10.0

中国东盟合计

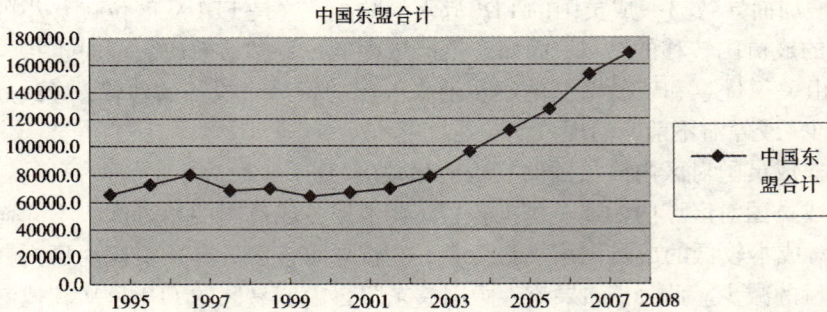

图 5－5　中国－东盟合计 FDI 流入量

（2）区域内双向投资增加。

区域内双向投资于 1999 年时，中国对东盟 0.63 亿美元，2001 年 1.47 亿美元，2008 年达到 24.8 亿美元，从 2006 年起年增长率超过 100%。1999 年东盟对中国的投资为 32.7 亿美元，2001 年减少到 28.1 亿美元，2008 年为 51.06 亿美元，年增长率 20% 左右，区域内双向投资增加迅速。与中国对东盟的投资年增长大起大落的态势相比，东盟对中国的投资年增长率则呈稳步增长态势，但发展速度看，中国对东盟的投资高于东盟对中国的投资（见图 5－6）。

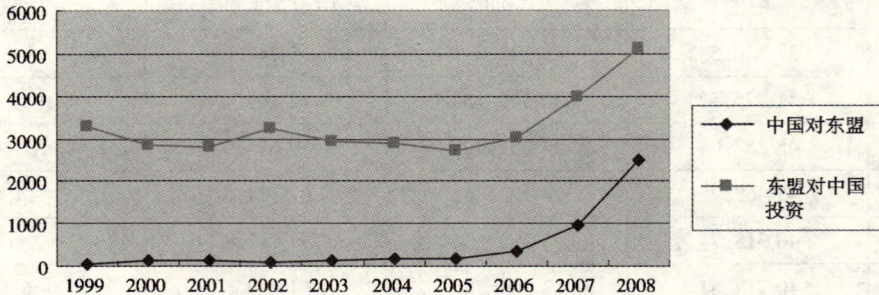

图 5－6　中国与东盟的区域内双边投资额比较图（单位：百万美元）

备注：1999 年的数据没有文莱，所有数据都不包括老挝

资料来源：商务部对外投资司

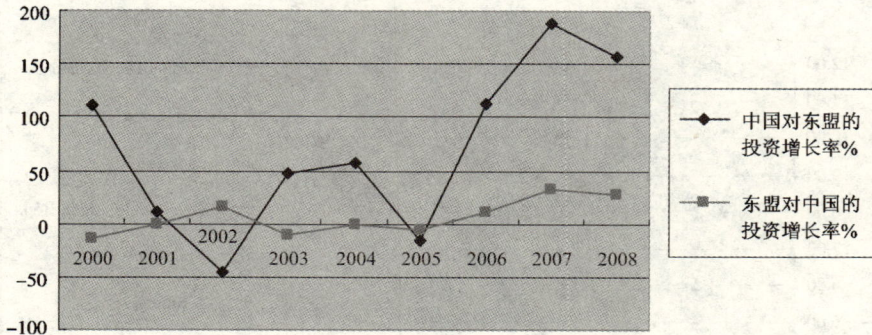

图5－7　中国与东盟的区域内投资年增长率比较图(单位：百分比)

可见，中国与东盟国家随着框架下的货物贸易协议的正式启动降税，服务贸易与投资协定的签订，在贸易、投资等各个领域的合作将进一步加强，将消除双方的投资障碍，实现投资自由化，由此所形成的区域市场会对生产厂商产生巨大的吸引力，他们将扩大生产规模，增加投资，以满足区域市场的需求。另外，相互提供的投资优惠政策将促进双方投资量的增加，进而完善投资结构。同时，自由贸易区建立后，还能够有效地规避区域内各个国家以及生产厂商为争夺投资而进行的无序竞争。区域市场范围的扩大与区域市场的协调也会使区域内的投资环境更为优越，可以有效地避免区域内资金外流。因此，在自由贸易区内，中国出于目前的投资优势会吸引大量来自东盟国家的投资；而经济的迅速增长也会使中国成为一个重要的资本出口国，大幅增加对东盟的投资额，从而使得中国和东盟国家获得较大的投资刺激效益。中国－东盟自由贸易区的建立使得中国与东盟的双边投资也将面临新的契机，具有更大的增长空间与发展潜力。

2.投资转移效应

(1)区外对区内的投资转移。

从实证上看，由于中国和东盟贸易结构相似，货物贸易协议实施后，区外跨国公司为避开贸易壁垒，会选择在比较优势更加明显的成员国投资生产，从而出现区内投资布局的调整。如图5－8所示，中国、东盟各国占世界投资比重变化显示了这一现象。亚洲金融危机之前，东盟曾是日、欧、美等海外投资的重要受资对象，流入新加坡、菲律宾、泰国等的FDI增长很快。金融危机发生后东盟各国吸引外资的能力明显降低，2000年仅相当于1997年的大约1/3，占世界FDI流入量的比重也下降到0.74%。2001年决定组建中国－东盟自由贸易区后，区域外对区域内的投资出现回升势头，且投资的格局发生了变化，区域内诸国中，除了印度尼西亚、马来西亚仍然对区域外FDI呈现上升趋势外，新东盟成员国的越南具有低工资、政局稳定以及基础设施建设较好等优势，成为了区域外跨国公司投资的新贵，而与此同时，促使区域外的跨国公司原本投向新加坡、菲律宾等东盟老成员国的FDI流量减少，占世界FDI流入量的比重下降，如新加坡，2003年占世界比重0.93%，2008年下降到0.59%。

(2)区内对区内的投资转移。

由于中国与东盟诸国具有相似的贸易结构，因此，组建中国－东盟自由贸易区后，区内成员国的双边投资也进行了调整，中国对东盟的投资向老成员国的流量减少，而转向越

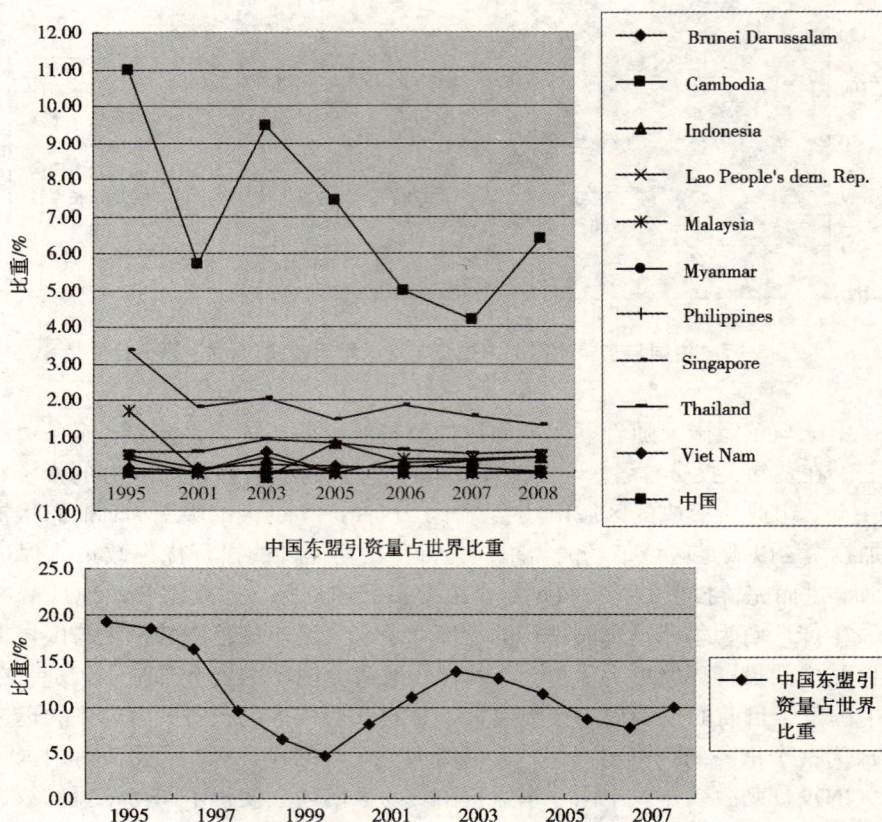

图 5 - 8 中国、东盟各国吸引外资占世界的比重

资料来源：UNCD、东盟秘书处网站，东盟统计年鉴

南、缅甸、老挝和柬埔寨等东盟新成员国，中国在越南的投资 2007 年比 2003 年增长了约
168 倍，在缅甸的投资增长了 300 多倍，在老挝的投资增长了约 30 倍，而对新加坡的投资
由 2006 年 6.2 亿美元降到了 2008 年的 4.8 亿美元。由于中国具有的社会政治稳定，投资
环境不断得到改善，受过高等教育的高素质劳动力资源充足，交通、通信等现代基础设施
比较完备等优势，东盟对中国的投资持续增加，2007 年以来保持着大约 30% 左右的增
长率。

（三）投资创造和转移的比较

中国－东盟自由贸易区协议签署实施后，从整体上看，自由贸易区的建设将使成员国
的投资收益增加，中国、东盟两大经济体吸收的 FDI 大幅增加，中国－东盟自由贸易区的
投资创造效应大于投资转移效应。随着中国－东盟自由贸易区、投资协议等的签订与实
施，投资自由化、便利化措施的开展和投资环境的不断改善，自由贸易区建设的深入将使
来自区外以及区内国家相互之间的投资创造效应都会有所提高。

比2003年增长倍数

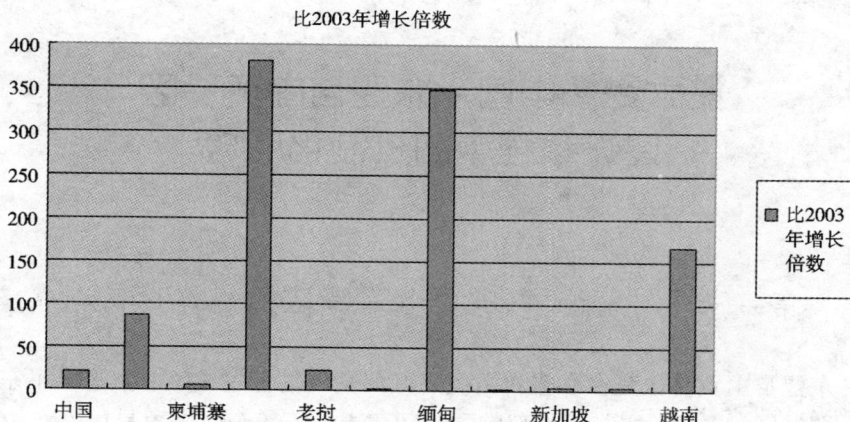

图5-9　中国对东盟国家投资增长情况

二、其他动态效应

(一)规模经济效益

中国与东盟自由贸易区的建立能够将本国与其他成员国的市场结合成为统一的区域市场,而更大的区域市场会增加在经济范围内或产业范围内实现规模经济的机会。市场的扩大不仅可以使生产厂商逐步扩大生产规模,从而实现静态规模经济,而且能够带来累计产量的增加,实现动态规模经济效应。中国－东盟自由贸易区成立之后,区域内的关税税率下降以及非关税壁垒的逐渐减少,使区域内各成员国的生产要素和产品的自由流动性加强,因此形成了成员国之间新的国际分工和生产经营的专业化,有利于发挥各国的比较优势,提高劳动生产率水平,实现规模经济。中国－东盟自由贸易区建立后,各成员国的国内市场向统一的大市场转换,使双方的经济发展空间进一步拓展。在这个统一大市场内,在进行贸易的条件下,每个国家都可以进行专业化生产,各自生产较少的品种,则每一件产品都能扩大生产规模,发挥规模经济效益。规模经济的形成使区内企业对各自产品结构进行调整,实现生产的合理布局,避免了它们在国际市场上的摩擦。

(二)技术进步效益

中国－东盟自由贸易区的建立,以人口计算,是全球最大的贸易区,市场将随之扩大。同时,中国和东盟国家相似的经济资源及相似的出口商品结构加剧了区内外市场的竞争,这种竞争的加剧导致经营风险的增加,尤其是在关税税率下降及非关税壁垒减少的情况下,因此各国的竞争很大程度的表现在技术竞争上。各国企业为了维护自己的经济利益和竞争地位,将会不断地加速科技创新,在更高层次上开发新技术,改善经营管理,提高劳动生产率,促进产业结构的升级,实现技术进步效益。

第六章 中国－东盟自由贸易区
建设过程中的机制化问题

第一节 中国－东盟自由贸易区机制建设概况

中国－东盟自由贸易区是在东盟自由贸易区的基础之上建成的一个超出了东南亚国家之外的自由贸易区，也是东盟与其外部的国家间建立的第一个自由贸易区。自由贸易区本质上决定了它必须以法律化的机制存在和运作，不可能以一种对话平台的方式存在。自由贸易区就是贸易自由化的区域，只有各国承担了国际法下的义务，各国才会必须开放其国内市场和削减及至消除其各种关税壁垒和非关税壁垒。因此，设想任何非法律化的自由贸易区机制都是不现实的，没有任何可操作性。因此，中国－东盟自由贸易区的建设过程就是该自由贸易区机制法律化的过程，也即中国－东盟贸易政策协调机制法律化的过程。

在 20 世纪 90 年代前，中国与东盟国家的经济往来都是在双边基础上进行的。直到 90 年代初，中国才开始与东盟组织建立联系。1990 年和 1991 年中国先后与印度尼西亚、新加坡和文莱建立了外交关系，这为中国与东盟的关系的发展奠定了基础。从 1991 年起中国外长每年参加东盟外长年会的后续会议。1993 年 9 月中国与东盟首次经贸和科技合作磋商会议在北京举行。1994 年之后中国每年均参加东盟地区论坛年会。1996 年中国由过去的东盟磋商伙伴国成为东盟对话伙伴国。1997 年是中国与东盟关系发展较快的一年。这一年中国－东盟联合合作委员会在北京成立。会议发表联合公报，强调双方应逐步扩大在经济、贸易、科技和旅游等领域的合作。中国－东盟联合合作委员会的成立，标志着中国和东盟的经济合作关系进入一个新时期。它与中国－东盟的高官磋商、经贸联委会、科技联委会以及中国－东盟商务理事会会议暨中国－东盟合作论坛等共同构成中国与东盟五大对话合作机制。1997 年 12 月东盟和中国领导人首次举行非正式会议，确定了面向 21 世纪的睦邻互信伙伴关系。此后，中国一直努力以具体行动发展与东盟的关系，如设立双方合作基金，并在 2000 年向合作基金增资 500 万美元等。

建立中国－东盟自由贸易区的构想起源于 2000 年在新加坡举行的东盟与中国"10＋1"会议。当时由朱镕基总理提出了这一构想。2001 年 11 月在文莱举行的东盟与中、日、韩领导人非正式会议上，东盟十国领导人与中国领导人一致同意在十年内建成中国－东盟自由贸易区。时隔一年，2002 年 11 月中国与东盟领导人会议在柬埔寨举行，朱镕基总理与东盟十国领导人签署了《中国与东盟全面经济合作框架协议》，计划在 2010 年建立中国－东盟自由贸易区。中国－东盟自贸区建设自此正式启动。2004 年 1 月，自贸区建设先期成果——"早期收获"计划开始实施。根据该计划，中国与东盟在签订货物贸易协定前，先削减近六百种农副产品关税，以提前享受自由贸易的好处。2004 年 11 月，中国与东盟签订《货物贸易协议》，并于 2005 年 7 月开始相互实施全面降税。2007 年 1 月双方签署《服务贸易协议》，并于当年 7 月开始实施。2009 年 8 月，双方就相互开放投资市场签署《投资协议》。至此，围绕自贸区展开的主要谈判全部完成。2010 年 1 月 1 日，经过十年努力，涵盖 19 亿人口、1400 万平方公里土地的中国－东盟自由贸易区正式建成，中国与东盟各成员国间的经济合作掀开了崭新一页。中国－东盟自贸区是目前世界人口最多的自贸区，也是发展中国家间最大的自贸区。该自由贸易区的建成，意味着中国与东盟双方 90% 的商品将享受零关税待遇，中国 13 亿多人口与东盟地区的近 6 亿人口从此融入同一个区域大市场中。

第二节　中国－东盟自由贸易区的基础机制和上层机制

中国－东盟自由贸易区的基础机制是《中国与东盟全面经济合作框架协议》。中国－东盟自由贸易区就是在该协议所确定的基本法律框架上构建起来的。此后的《货物贸易协议》、《服务贸易协议》和《投资协议》则是为了具体实施该框架协议而建立在该框架基础之上的上层法律机制，它们与《中国与东盟全面经济合作框架协议》共同组合成了中国－东盟自由贸易区的法律机制。

一个完整的国际合作机制的建立一般都是沿着对话—磋商—初步设想—框架协议—具体协议的线路走过来的。中国－东盟自贸区与东盟自贸区走的是基本相同的线路。只不过中国－东盟自由贸易区贸易与投资的具体法律机制在形式上没有经历过东盟二层框架协议的过程，而是在一层框架协议上一步到位。在此有必要对比一下东盟自由贸易区的法律机制的形成过程。

东盟自由贸易区最初的法律机制是 1992 年 1 月 27 日在新加坡召开的东盟第四次会议上，东盟各国签署的《新加坡宣言》、《东盟加强经济合作的框架协定》和《共同有效优惠关税协定》（CEPT Scheme）。这 3 个法律文件的前两个奠定了东盟自由贸易区的基本法律机制，后一个则确立了货物自由贸易的具体法律运作机制。在服务贸易和投资方面，东盟的具体法律运作机制不是在上述基本法律框架上一步到位的，而是存在二层框架协议。1995 年 12 月第五次东盟首脑会议签订了《东盟服务贸易的框架协定》。东盟服务业架构协议主要内容仍以 WTO 服务业贸易总协议（GATS）规范为主。由于发展中国家一般认为，服务贸易利益主要在于发达国家，发达国家应积极协助发展中国家。因此 GATS 在条文中对"增加发展中国家的参与"及"回合谈判中发展中国家的义务减轻"有了具体规定。该规范使得发展中国家依法可拒绝将较大范围的服务部门纳入市场开放承诺，因此相当多数的发展中国家服务贸易承诺表所涵盖的范围极为有限，其开放速度也较为缓慢，所以东盟各国间服务业开放速度显得较商品关税减让速度缓慢得多。1998 年 10 月第三十届东盟经济部长会议签署了《东盟投资区框架协议》（Framework Agreement on the ASEAN Investment Area）。该协议适用范围为直接投资，至于投资的限制及股权规定，仍受各国国内投资相关法令约束。为促进东盟区域内投资的透明化和自由化，协议规定自 2010 年起对区域内所有会员国的投资者适用国民待遇，并对会员国投资者开放所有产业，2020 年起则适用于所有的投资者，并推动资本、熟练工、专家及技术的自由移动。会员国为保护国家安全及公共道德、人类、动物、植物生命或健康以及保障个人隐私权等可提出全面例外清单外，还可提出暂时例外清单、敏感清单等措施。在上述框架协议的基础上，东盟国家又逐步构建起了更为具体的贸易与投资机制。

《中国与东盟全面经济合作框架协议》首先是一个确立建设中国－东盟自由贸易区的宗旨（目标）和基础原则的协议。该协议序言部分确立的宗旨和基础原则在法律上统领着整个中国－东盟自由贸易区的法律机制，是中国－东盟自由贸易区法律机制的基座。这一法律基座从如下几个方面奠定了中国－东盟自由贸易区法律机制的基石：

（1）明确建立中国－东盟自由贸易区的宗旨是：最大限度地降低壁垒，加深各缔约方之间的经济联系；降低成本；增加区域内贸易与投资；提高经济效率；为各缔约方的工商业创造更大规模的市场，该市场将为商业活动提供更多机会和更大规模的经济容量；增强各缔约方对资本和人才的吸引力。

（2）明确建立中国－东盟自由贸易区是为了在各缔约方之间创造一种伙伴关系，并为东亚加强合作和维护经济稳定提供一个重要机制。亚洲金融危机之后，中国与东盟国家都深感在经济全球化时代，任何一个国家都无法仅凭自身力量应对全球性和地区性的金融危机，具有区域经济一体化条件的地区的国家应当首先结成伙伴关系，抱团应对金融危机才能共克时艰，减少金融危机对本国经济带来的损害，尽快从危机的打击中恢复过来。因此，《中国与东盟全面经济合作框架协议》强调自贸区的建立是为了在各缔约国之间创造一种融洽和谐的伙伴关系，大家齐心合力，以维护本地区的经济稳定。

（3）明确各缔约国的工商部门在加强各缔约方之间的贸易和投资方面有着重要的作用，并将有大的贡献。这表明，各缔约国政府都清楚地认识到，中国－东盟自由贸易区的建设不单是各国政府的事，各缔约国商会、企业联合会以及民间工商机构对自由贸易区的贸易和投资也能够发挥极其重要的作用。各缔约国政府在这一共识的基础上应当积极推动和便利它们之间的合作，并使它们充分利用中国－东盟自由贸易区带来的更多的商业机会。

（4）明确东盟各成员国之间经济发展阶段的差异和对灵活性的要求，老的成员国和经济较发达的成员国应当为东盟新的成员国更多地参与中国－东盟经济合作提供便利，并促进它们出口的增长。这主要通过帮助这些新的成员国提高其国内能力、效率和竞争力来实现，也就是应该帮助它们提高自身的造血功能。

（5）重申各缔约方在世界贸易组织和其他多边、区域及双边协议与安排中的权利、义务和承诺。这就是说，中国－东盟自由贸易区的各缔约方在 WTO 和其他多边、区域及双边协议中的权利和义务不会因中国－东盟自由贸易区的建立而受到影响。

（6）明确区域贸易安排在加快区域和全球贸易自由化方面能够起到的促进作用，以及在多边贸易体制框架中起到的建设性作用。这实际上是强调区域贸易自由化是全球贸易自由化的台阶，对 WTO 的目标实现发挥的是促进作用，而不是消极作用。

《中国与东盟全面经济合作框架协议》是对货物贸易自由化措施有较为具体的规定的基础协议。该协议第一部分第三条对"实施的最惠国关税税率"、"正常类和敏感类产品"作了明确定义；对敏感产品提出了数量上限设定要求；对各缔约方之间关于建立涵盖货物贸易的中国－东盟自贸区的谈判内容的范围作了界定。协议第三部分则对货物贸易具体减税或取消关税和原产地规则谈判的完成规定了具体的时间表，使得各成员国的具体减税措施就有了明确的基本约束规则。该协议第一部分第六条则对"早期收获"计划和其实施规则作了明确的规定，从规则上确保了"早期收获"计划目标的如期实现。

　　《中国－东盟全面经济合作框架协议》对于服务贸易和投资自由化虽然只作了原则性的简约规定。但是，这些原则性的规定却是后来的《服务贸易协定》和《投资协定》不可缺少的法律基础。

　　《中国－东盟全面经济合作框架协议》还对缔约各方的争端解决程序与机制的正式建立规定了时间表，使得中国－东盟自由贸易区争端解决机制得以在短时间内完成构建。

第七章　中国与东盟国家的政治经济文化关系

无论从经济关系还是从政治和安全角度讲，中国在东盟的对外关系中占有举足轻重的地位。中国和东盟各国有着相似的历史和比较接近的文化背景，在对世界和地区性问题的看法上有着广泛的共识，发展相互间的关系是中国与东盟各国的共同利益所在。历史上，中国与东盟国家一直有着广泛的联系，既留下了许多友好交往与合作的历史记载，也曾有过一些暂时的困难和曲折，但是随着世界形势的发展和东盟国家及中国内外政策的调整，中国与东盟间政治、经济、文化的交流与合作关系进入了全面发展的时期。

第一节　中国与东盟国家之间的政治关系

一、中国与东盟国家政治关系历史发展概况

(一)中国与东盟国家的政治友好关系源远流长

在中国历史上，自先秦时代就形成了"怀诸侯"、"柔远人"的怀柔政策。此后各朝代大都在外交活动中沿袭了这个政策，使得在中国历史上形成了一整套完全不同于西方的外交路线和政策，就是由始初的"和亲"、"怀柔"、"封赐"发展到后来的郑和下西洋这样大规模的外交活动，这一系列方法构成了中国人民与东南亚各国人民进行友好往来的传统。东南亚国家在历史上曾作为亚洲华夏体系的一部分而与我国有着各方面源远流长的密切联系。中国与某些东南亚国家甚至有过"藩属"关系，但这种"藩属"关系是以中国强大实力做后盾，丰富物质为保证，通过和平方式实现的。中国历代统治者并不要求这些名义上的"藩属"国的一寸土地，对它们的内政也无意干涉，并不对之进行经济掠夺，反而实行"厚往薄来"的政策。

中国同东南亚的越南、老挝、柬埔寨、缅甸、泰国等国山水相连，民族相亲，文化相近。中国同这些国家在政治、经济、文化上的联系有着两千年的悠久历史，在我国文籍中有丰富的记载。自秦汉时期起，中南半岛北部地区先后纳入中国封建王朝的版图，成为中国西南部的边疆地区。宋、元以来，随着海、陆交通事业的发展，中国与东南亚一带的政治、经济、文化交往日益频繁。明代以后，中南半岛北部脱离了中国封建王朝的统治，但安南、缅甸等藩属国仍与中国保持了密切联系。

印度尼西亚、马来西亚、文莱、新加坡、菲律宾、东帝汶四国位于马来群岛，中国历史习惯上称之为南洋群岛，中国与马来群岛国家通过南中国海海域相连，自古以来交往颇多。据《汉书·地理志》记载，早在汉朝，我国已有使臣到达南洋海域。唐朝时，已有不少中国人散布在南洋各地，当地的居民称他们为"唐人"。到了明朝，郑和下西洋更把中国与东南亚各国的友谊推向一个高峰。

郑和及其船队是以和平友好的使者的面目出现在东南亚各国的。他们每到一地即进行"开诏、颁赏"的外交活动，先宣读永乐皇帝的诏书"遍谕诸番"，把船队的来意和希望建立

朝贡关系讲明白,虽然是以天朝大国自居,但对异国却不怀任何野心。第二件事是颁赏,赐予各国国王及臣民诰命银印、冠服礼品以及其他东西,以示友好交往的愿望。这种做法使中国在"西洋"各国的声望大增,纷纷遣使"附随宝舟赴京朝贡"[①]。

郑和下西洋之前,南洋各国之间时常发生冲突,强者霸占一方,不仅恃强凌弱,而且危及商旅。郑和在下西洋的过程中,为调解各国之间的纠纷,建立南海—印度洋国际和平秩序,作出了不懈的努力。他以强大武力为后盾,匡扶正义,告诫诸国"循理安分,勿得违越,不可欺寡,不可凌弱"[②]。为维护和平正义作出了重大贡献。因此,在郑和七下西洋期间,南洋诸国相安无事,"及郑和之战舰,由南洋撤回时,诸小国及散居各处之岛屿,亦皆立即瓦解,而恢复其往昔互相内讧之状态焉"[③]。郑和使团对建立和维护"西洋"各国间之和平所起的作用于此可见。

郑和七次远航的成功,打通了海上通道,保障了南洋的和平局面,也促进了国内人民对东南亚各国的了解,大批华人开始向南洋各国迁徙。15—17 世纪的 200 年中,移居南洋的华侨数量剧增,是历代所不能比拟的。数量众多的华侨世世代代辛勤劳作,为南洋社会历史的发展作出了不可磨灭的贡献。

这种友好关系到清代得到进一步发展。清初由于西方殖民势力侵入东南亚海域,中国同这一地区国家的联系逐渐受到阻隔,但是与国土相连、西方侵略势力尚未到达的印支半岛国家,继续发展着传统的友好关系。直到近代以后,中国国力衰微,在此地的影响逐渐被欧洲列强取代。

(二)1949 年中华人民共和国成立后到 20 世纪 80 年代末,中国与东南亚国家关系一波三折

1949 年中华人民共和国成立以后,中国与东盟国家的政治关系从战后到 20 世纪 80 年代经历了相当曲折的发展过程,其主要原因是冷战时期双方的政治对峙、意识形态差异、华人华侨问题以及政策方面的种种变化。

中华人民共和国成立后,中国与印度、缅甸等国倡导和平共处五项原则,使中国与周边国家关系有了良好开端。但在冷战的背景下,中国与东南亚各国的共产党保持密切联系,号召各国华侨回国从事建设,一些东南亚国家对中国政府一度不太信任、心里产生担心和恐慌,对本国的华侨对本国的忠诚产生忧虑。期间,中国通过支持越南抗法、抗美战争卷入了中南半岛事务,20 世纪 70 年代末中国与越南之间还爆发了边境战争。总之,这一阶段的初期,东盟国家对中国是不太信任的。

随着 20 世纪 70 年代初中美、中日关系正常化及 1975 年越战结束,中国与东盟的关系逐渐发生了变化。1978 年以后,中国与东盟开始进行相当密切的外交合作。80 年代,中国与东盟共同促成柬埔寨问题的政治解决,从而使东盟与中国开始逐步建立起相互信任的政治合作关系。双方在各种场合就共同关心的国际问题进行磋商,也较前频繁。中国同东盟在一系列涉及地区安全的国际政治问题上加强了合作。

在东盟国家中,对中国态度转变最为明显的是马来西亚、泰国和菲律宾。

---

① 巩珍.西洋番国志[M].北京:中华书局,2000
② 《郑和家谱·赦海外诸番条》,转引自郑鹤声,郑一钧,郑和下西洋资料汇编.北京:商务印书馆,1983
③ 奚尔恩.远东史.转引自刘东,海外中国研究丛书.南京:江苏人民出版社,2000

　　马来西亚、泰国和菲律宾在 20 世纪 70 年代中期以前对中国的社会主义制度抱有恐惧心理，对中国采取不信任、疏远与隔绝的态度，而且在越美战争期间发展为相互敌视与对抗。

　　1974 年 5 月中马建交，马来西亚成为印度尼西亚与中国断交之后第一个同中国建交的东盟国家。在中马建交的带动下，泰国和菲律宾也于 1975 年同中国建立了外交关系。[①] 20 世纪 80 年代中期以后，三国与中国的关系开始全面发展。马来西亚于 1985 年放宽对本国公民赴华经商的限制，随后又废除了"中国商品进口许可证"制度，1989 年在吉隆坡与广州之间开通航班。泰国在 1985 年与中国签署《关于促进和保护投资的协定》并建立经济合作委员会，双边关系被邓小平高度评价为"不同社会制度国家之间友好合作的典范"。1988 年，菲律宾总统阿基诺夫人以亲戚加元首的双重身份访华寻根，将菲中关系推进到新的发展阶段。

　　中国是最早承认越南新政权的国家，早在 1950 年 1 月 18 日就与胡志明领导的越南民主共和国建立外交关系。在 20 世纪 70 年代中期以前，对于越南驱逐殖民势力的抗法战争和实现祖国统一的抗美战争，中国都从物质和道义两个方面给予无私的援助，中越关系发展为"同志加兄弟"的亲密关系。但在越南抗美救国战争胜利以后，随着前苏联开始向东南亚扩张，越南改变对外政策，中越关系逐步恶化，70 年代末至 80 年代，中越关系曾一度处于极不正常的状态。1978 年越共四届四中全会确立中国是越南"最直接、最危险的敌人"，并在中越边境制造一系列武装挑衅事件。中国于 1979 年 2 月进行了自卫还击战，中越关系彻底恶化，直到 80 年代末才开始缓和。

　　中国与老挝 1961 年 4 月正式建立外交关系后原来相当密切，70 年代中期以后中老关系由热转冷，直到 1989 年中老关系才恢复正常。

　　中国与柬埔寨在 1958 年 7 月建交后一直保持着良好的关系。

　　中国与缅甸在 1950 年 6 月建交后关系基本正常，但在 60 年代中期曾一度中断。

　　中国与文莱和新加坡在 90 年代之前没有建立外交关系，但在 1975 年新加坡总理李光耀首次访华以后，中新两国在政治、经济、科技和文化等方面的合作关系开始发展起来。

　　中国与印度尼西亚早在 1950 年 6 月就正式建立了外交关系，1955 年 4 月周恩来总理赴万隆参加亚非会议，1956 年 6 月苏加诺总统再次访问北京，以及 1964 年 4 月刘少奇主席访问印度尼西亚，都曾使两国关系不断升温。但是，50 年代中后期两国关系出现波折，特别是 1965 年"9·30 事件"[②]后两国关系严重倒退。1967 年 10 月，印度尼西亚政府关闭中国驻印度尼西亚大使馆，以后的二十多年里，两国断绝一切关系。

---

　　① 中泰建交的时间为 1975 年 7 月；中菲建交的时间 1975 年 6 月。
　　② "9·30 事件"是发生于 1965 年印度尼西亚的军事政变。时任印度尼西亚总统的苏加诺（苏卡诺）由于政治立场倾向于共产主义阵营，当时的美国政府策动印度尼西亚军人推翻苏加诺政权，但为苏加诺的手下翁东（Letkol Untung）所知获。所有政变军方领袖，除了苏哈托以外都被处决。而苏哈托为反抗，组织了反对派军人在全国策动反共大清洗。"9·30"事件除了导致大量共产党员被杀以外，大量华人也被当作共产党员处决。事件使大量华人被迫离开印度尼西亚，到海外生活。

（三）20 世纪 90 年代，中国与东盟国家双方政治互信关系进一步发展，政治合作从传统领域发展到非传统领域

1992 年 7 月 21 日，中国外长钱其琛在马尼拉举行的东盟外长会议上，就经济合作和地区安全问题阐述了中国的立场：中国支持东盟关于建立东南亚和平自由中立区和无核区的主张；在南沙问题上，"搁置争议，共同开发"，表示中国愿同东盟在维护和平与稳定方面进行广泛密切的合作。中国的上述立场受到了东盟各国的赞赏，有助于双边互信合作政治关系的建立。

冷战后，中国奉行睦邻友好的周边政策，积极发展与东盟国家关系，同时，随着全球冷战的结束、东南亚地区两极对抗的消失，东盟与西方的矛盾有所激化，开始面临美国等西方大国的重重压力。为集中精力发展经济并保持国内稳定，确保自身在冷战后亚太新格局中的"支点"地位，东盟对中国的政治认同感日益强烈。1990 年 8 月 8 日，中国与印度尼西亚恢复外交关系。1990 年 10 月 3 日，中国与新加坡正式建立外交关系。1991 年 9 月 30 日，中国与文莱建立外交关系。1991 年 11 月，中越两国发表《联合公报》，双方同意在和平共处五项原则的基础上发展两国之间的睦邻友好关系，包括促进经济、贸易、科技、文化等领域的合作与交流；同意在党际关系四项原则，即独立自主、完全平等、互相尊重、互不干涉内部事务的基础上，恢复中国共产党和越南共产党之间的正常关系，实现中越关系正常化。至此，中国与东南亚 10 个国家全都建立或恢复了正常的外交关系，双方的误解逐步化解，理解和信任逐渐加深。双方间建立了外交定期磋商制度，对话关系全面启动，中国与东盟的关系进入到全面、健康发展的新时期。

1. 中国与东盟国家之间高级互访相当频繁，双边关系因此而大大加强

1991 年以后，泰国总理差猜、阿南、川·立派，马来西亚首相马哈蒂尔、副首相安瓦尔，新加坡总理李光耀、吴作栋和总统黄金辉、王鼎昌，印度尼西亚总统苏哈托，菲律宾总统拉莫斯，文莱苏丹哈桑纳尔博尔基亚，越南共产党总书记杜梅和总理武文杰，以及国家主席黎德英，老挝总理坎代，柬埔寨国王西哈努克、第一首相拉那烈、第二首相洪森，以及缅甸"恢复法律与秩序委员会"主席苏貌、丹瑞，都曾访问过中国。中国国家主要领导人江泽民、李鹏、李瑞环、朱镕基也曾先后访问过许多东南亚国家。高层领导之间的频繁互访增进了相互间的了解，将双方关系带进了历史上的最好时期。

2. 中国与东盟国家建立了政治对话与政治互信关系，"10 + 3"和"10 + 1"机制成为中国与东盟政治对话的重要渠道之一

中国与东盟在 20 世纪 90 年代的政治对话与合作，集中体现在一年一次的"东盟外长后续会议"和"东盟地区论坛"会议上。1991 年，中国以贵宾的身份首次出席了"东盟外长后续会议"。1991 年，中国开始以东盟的"磋商伙伴"的身份参加"东盟外长后续会议"（另一"磋商伙伴"是俄罗斯。"对话伙伴"则包括美国、加拿大、日本、韩国、澳大利亚、新西兰以及欧洲联盟）。

在 1996 年 7 月的第 29 届东盟外长会议上，中国又被提升为东盟的对话伙伴，东盟与中国的政治关系更加密切。

1997 年 12 月，在东盟成立 30 周年之际，中国参加首次东盟 - 中日韩（10 + 3）和首次东盟 - 中国（10 + 1）领导人非正式会议，会议就 21 世纪东亚地区的前景、发展和合作问题坦诚、深入地交换了意见，取得了广泛共识。江泽民主席在会上分别发表了题为《携手合

作，共创未来》和《建立面向 21 世纪的睦邻互信伙伴关系》的重要讲话，并多次强调中国永远是东南亚的好邻居、好朋友、好伙伴。会后，中国与东盟领导人发表《中国－东盟首脑会议联合声明》，一致同意将《联合国宪章》、《东南亚友好合作条约》、和平共处五项原则和公认的国际法作为处理相互关系的基本准则，为双方关系全面和深入发展指明了方向，构筑了框架，双方迅速从建立全面对话关系发展到确立睦邻互信伙伴关系，政治互信不断增强，经济交融日益紧密，合作越来越富有成效，标志着双方关系进入了一个新阶段。

3. 在维护地区和平与稳定的非传统安全领域方面进行广泛密切的合作

20 世纪 90 年代以来，贩毒、偷运非法移民包括贩卖妇女儿童、海盗、恐怖主义、武器走私、洗钱、国际经济犯罪和网络犯罪等非传统安全问题日益突出，已成为影响国际和地区安全的重要不确定因素，对国际和地区和平与稳定构成新的挑战。这些问题不是个别国家面临的问题，解决非传统安全问题需要国际合作。中国－东盟自由贸易区的建立使双方在应对非传统安全问题方面有了合作的广阔空间。

早在 1990 年 8 月，中国公安部组成禁毒代表团首次访问缅甸和泰国，各国达成开展禁毒合作的意向，从此，围绕东南亚"金三角"地区的区域性国际合作禁毒拉开了序幕。

1993 年 10 月，中国、缅甸、泰国、老挝和联合国禁毒署代表在联合国纽约总部正式签署了次区域合作的《东亚次区域禁毒谅解备忘录》，确定在东亚次区域禁毒国际合作中，各方保持高级别接触，每年举行一次高级别例会，商讨禁毒合作事宜。

2000 年 10 月，中国国务委员罗干率团参加"东盟＋中国"国际禁毒会议，签署了《东盟和中国禁毒行动计划》，中国和泰国签署了《关于禁毒合作的谅解备忘录》。2001 年 8 月，中国、老挝、缅甸、泰国四国禁毒合作部长会议在北京举行，会议通过《北京宣言》，确立了四国间的禁毒合作伙伴关系和通过高层会晤磋商解决禁毒等国际和地区重大问题的方式，同时加强工作层面的业务交流。

（四）2001 年中国－东盟自由贸易区的建立，促进中国与东盟在传统与非传统的政治领域进行了广泛的合作

中国与东盟通过自由贸易区这一机制将建立较密切的战略合作，加强双方在传统安全和非传统安全方面的对话沟通，提升双方在政治是互利互信，"有利于双方在国际事务中赢得更多的支持，使区域安全更有保障，改善双方的地缘政治环境"。[①]

对于中国而言，一方面有助于中国继续保持自身持续、健康的经济增长。另一方面也可化解东盟国家对中国崛起的担心，形成良好的周边环境，缓解冷战后因战略力量失衡给中国造成的安全上的压力，将历史性地改变中国在国际社会中的生存环境，提升中国的国际地位。

对于东盟国家而言，中国－东盟自由贸易区的建立，既可以减少东盟政治安全上对欧美日的过分依赖，提高对日本、美国及其他国家在贸易、经济、安全问题上的谈判能力。

（1）中国与东盟在传统安全领域积极磋商，倡导新安全观，中国威胁论不攻自破。在 2002 年 7 月举行的第九届论坛外长会议上，中国提交了《中国关于新安全观的立场文件》，强调应共同培育一种新型的安全观念，通过对话增进信任，通过合作促进安全。

2002 年 11 月，中国与东盟还签署了《南海各方行为宣言》，宣言规定，在南海问题争

议解决之前，通过友好协商和谈判，以和平方式解决南海有关争议，各方承诺保持克制，不采取使争议复杂化和扩大化的行动，并本着合作与谅解的精神，寻求建立相互信任的途径，包括开展海洋环保、搜寻与救助、打击跨国犯罪等合作。这一宣言是中国与东盟签署的第一份有关南海问题的政治文件，对维护中国主权权益、保持南海地区的和平与稳定、增进中国与东盟的互信有着重要的积极意义。这一宣言将中国与东盟的政治信任提升到一个崭新的水平。2003 年 6 月中国在东盟地区论坛第十届外长会议上首次提出在论坛内适时举办"安全政策会议"的建议受到普遍欢迎。

2003 年 10 月 8 日，中国出席了在印度尼西亚巴厘岛举行的第七次东盟与中日韩领导人会议，正式加入了《东南亚友好合作条约》，成为首个加入该条约的非东盟国家。《东南亚友好合作条约》是东南亚地区各国维持和平与稳定、开展合作的法律基础。随着中国加入《东南亚友好合作条约》，中国与东盟各国关系得到进一步的全面发展，中国与东盟之间的政治互信加深，合作水平进一步提高，有利于中国与东盟关系的长期稳定发展，有利于巩固中国良好的周边环境，有利于共同维护中国与东盟地区的和平与稳定。和平与稳定的周边关系将得以进一步巩固，中国威胁论不攻自破。

同一天，中国与东盟还签署了《中国－东盟战略伙伴关系联合宣言》，双方宣布建立面向和平与繁荣的战略伙伴关系。宣言指出，"面向和平与繁荣的战略伙伴关系"的目的，是通过在 21 世纪全面深化和拓展中国与东盟的合作关系，培育睦邻友好，加强互利合作，为本地区的长期和平、发展与合作作出更大贡献。它是非结盟性、非军事性和非排他性的，不影响各自全方位地发展对外友好合作。这是中国首次与一个国家集团签署战略伙伴关系的文件。宣言标志着中国与东盟关系进入了一个新的阶段，是双方关系史上的重要里程碑。

（2）非传统安全领域对话与合作取得积极成果。"9·11"事件以后，恐怖主义等非传统安全问题更加突出，对地区和国际安全构成现实威胁。2002 年 11 月，第六次中国与东盟领导人会议发表了《中国与东盟关于非传统安全领域合作联合宣言》，启动了中国与东盟在非传统安全领域的全面合作，中国提议召开"10＋3"打击跨国犯罪部长会议，得到与会各国认可，这预示着"10＋3"合作增加了新的内容，迈出了政治安全对话与合作的第一步。

（3）在民主与人权问题上，中国与东盟在维护亚洲价值观和发展中国家主权方面有着共同利益，双方本着尊重独立主权和不干涉内政原则，互相支持和沟通。

二、中国与东盟发展友好政治关系的意义

（一）维护亚太和平，集中精力发展经济，是中国与东盟国家最重要的共同利益

不断完善东亚区域的社会经济发展模式，是中国与东盟的共同愿望。伴随着经济的高速发展，东盟国家与中国都在探索符合自身规律的发展模式。东盟国家将儒家文化与伊斯兰教结合起来，实现了社会的稳定。中国也在进一步完善具有中国特色的社会主义市场经济发展模式。二者的共同点在于，强调社会与个人的责任，维护东亚的传统价值观，将社会稳定视为经济发展的必要基础。

（二）中国是东盟实行"大国平衡"战略的重要借重对象和发挥区域合作主导作用的重要合作伙伴

冷战后，东南亚国家认为在经济全球化、安全形势复杂化、大国关系未定化的情况下，

为了更好地谋求生存和发展，在地区事务中发挥更大作用，可行和现实的战略不是摆脱和驱赶大国在该地区的影响力，而是利用大国的矛盾和不同诉求周旋于大国之间，认清自己在大国争夺中的价值和分量，进而维护自己的根本利益。这就是东盟的所谓"大国平衡"战略。中国是唯一与东南亚国家直接为邻的大国，是发展中国家中唯一的联合国安理会常任理事国，随着中国战略力量的增长，其影响力尤其是地区影响力不断增加，在区域合作中发挥着举足轻重的作用。中国的发展状态和周边政策直接影响到东南亚国家的利益。东南亚各国无论实行怎样的"大国平衡"战略，建立多元的国际联系，都不得不认真面对一个日益强大的中国。东盟能在地区事务中发挥重要作用，是同中国的积极配合和支持分不开的。

（三）东南亚地区对中国维护主权权益、发挥国际作用具有重大意义

中国要成为一个真正的世界大国，必须首先从自己所在地区事务中逐渐占主导地位，而东南亚恰恰是中国发挥大国作用的地缘依托。东南亚国家与中国处于同一地域，具有相似的历史和文化背景，都是发展中国家，在国际问题和地域问题方面有诸多共同利益和相同或相近的立场，并在推动世界多极化进程中发挥重要作用。很多东盟国家长期奉行对华友好政策，在国际舞台上一直与中国相互支持、相互配合。冷战结束后，东南亚国家独立自主的政治立场更加明确，在许多问题上反对霸权主义国家的主张，可以说，东南亚国家是中国牵制西方列强和推动世界多极化进程的重要依托力量，如果中国与东南亚国家关系处理得好，东南亚国家完全可以发展成为中国的战略伙伴。

（四）东盟国家是中国维护国家安全的直接外部屏障

东盟国家大都是中小国家，就经济和军事实力而言，对中国最不具有地缘安全方面的威胁。但由于这些国家力量相对分散，容易被外部势力介入。中国与部分东南亚国家在南海问题上有领土争端，与中国有争端的国家正通过各种途径促使该问题国际化，力图把美国等外部势力引入其中，增大解决这一问题的难度。冷战后，美国等西方国家也乘机散布"中国威胁论"，加强与东南亚国家的军事安全合作以牵制中国。这些都增加了中国东南部安全环境的复杂性。中国东南部安全关系到中国海洋运输线是否畅通，关系到中国香港、中国澳门的繁荣和稳定，关系到祖国统一大业的最终完成，关系到改革开放以来中国东南部沿海省份的繁荣和发展，关系到西南少数民族地区的团结和安定，所有这些对中国国内形势以及发展战略有直接牵动作用，维护东南部安全是周边外交工作的重要内容。

三、中国与东盟政治关系中的主要问题

（一）南海争端

南中国海，我国习惯称之为南海，是一个半封闭的海域。北濒中国大陆，东临菲律宾群岛，西以马来半岛为界，南北长约3 400公里（1 800海里），东西宽约1 200公里（650海里），面积350万平方公里。南海不仅蕴藏着丰富的资源，而且具有重要的战略地位，是沟通中国与世界各地的一条重要通道，是联结太平洋与印度洋的海上走廊，是周边国家进入南太平洋和印度洋的海上咽喉。

自古以来，中国对南海拥有无可争议的主权。但20世纪70年代以来，由于在中国南海发现了大量的石油、天然气资源，相关国家展开了主权问题上的中国南海争端。争端涉及六国七方，中国、越南、菲律宾、马来西亚、印度尼西亚、文莱、中国台湾省均声称拥有

南沙群岛的主权。越南、菲律宾等周边国家先后侵占属于中国的岛屿约50个，有的还在南海海域大举开采石油和天然气。20世纪90年代后，美国逐步调整"不介入"南海争端的政策，加大了在南海地区军事渗透的力度，使南中国海争端日益复杂化。中国和越南及菲律宾因南海问题发生过军事冲突。中国南海问题涉及面广，问题复杂，其彻底解决还需要很长一段时间。南海诸岛问题不但事关国家尊严和利益，而且成为中国与东南亚关系中最棘手的问题。

中国政府处理南海问题的一贯政策是"主权属我，搁置争议，共同开发"，即在坚持南海主权立场的前提下，希望与有关国家通过双边谈判和平解决南沙争端；在南海争端未能解决之前，可以搁置争议，共同开发。1995年8月，在东盟地区论坛第二次会议上，中国外长钱其琛提出，中国将根据世界公认的国际法与现代海洋法，包括《海洋法公约》所确立的基本原则和法律制度，与有关国家通过和平谈判妥善解决南海争端。2002年11月4日，中国与东盟各国在金边签署了《南海各方行为宣言》，规定在南海问题争议解决之前各方承诺保持克制，不采取使争议复杂化和扩大化的行动。

（二）中国台湾问题

东盟国家都奉行"一个中国"的原则，本来不存在中国台湾问题。但是1993年开始，中国台湾对东盟国家推行"南进政策"，不仅放弃了不与大陆建交国家来往的"一个中国"政策，而且以经济实力为后盾，开始追求"务实外交"，推行"双重承认"，即与大陆建立外交关系的国家，只要对方愿意，也可以与之交往，并追求与之建交，以达到"扩展中国台湾生存空间"的目的，企图以经济关系推动政治关系和军事关系的发展。

中国台湾当局在"一个中国"立场上的后退，不仅给两岸关系罩上了阴影，而且使得东南亚许多国家"一个中国"的政策发生了急剧的逆转。1994年春节期间，菲律宾、印度尼西亚和泰国接受中国台湾"总统"李登辉以"务实外交"为目的的"度假访问"。中国台湾在东南亚多数国家（缅甸、老挝和文莱除外）设有半官方性质的"台北经济文化办事处"，并为新加坡提供空军训练与储备基地。2000年陈水扁上台后，继续加强在东南亚活动，兜售"台独"主张，加紧向一些东南亚国家渗透。东盟一些国家在经济利益和平衡战略的作用下，提升与中国台湾交往的层次，与中国台湾发展有"限度"的实质关系，违背国际公认的"一个中国"原则，甚至在台海政策上出现摇摆，这在一定程度上影响了中国与东盟国家政治关系的健康发展。

（三）华人问题

东南亚地区的华人总数3 000多万，占海外华人总数的85%左右。中国早在20世纪50年代就放弃了血统主义的国籍原则，宣布不承认双重国籍，并鼓励海外华人加入当地国籍。这一原则有利于东南亚国家解除对其国内华人的不信任心理，也有利于中国与东南亚国家发展关系。目前，华人在东盟多数国家中的地位相当微妙，在东盟许多国家，对华人、华侨的社会隔阂还没有完全消除。改革开放之后，中国吸引一部分华人、华侨进行投资，引起一些东南亚国家的担心，在民族矛盾尖锐的东南亚，迫害华人的事件时有发生。印度尼西亚少数人的排华情绪曾多次发展为排华骚乱；菲律宾华裔富商经常成为抢劫、绑架的目标；文莱华人要取得当地国籍仍极其困难；泰国华人已充分融入当地政治、经济和文化的各个方面，成为社会的有机组成部分；马来西亚华人在保持经济实力的同时，政治地位也有很大提高。

（四）中国威胁论

"中国威胁论"的存在是影响中国与东盟间政治、经济关系良好发展的又一障碍。从冷战结束后出现的"中国填补真空论"，到20世纪90年代中期出现的"中国军事威胁论"，再到世纪之交出现的"中国经济威胁论"等，在东南亚地区曾经出现过多种版本的"中国威胁论"。这一发展和演变过程表明，中国与东盟双边关系中的中心正在从传统的军事与安全问题向经济问题转移。部分东盟成员担心，由于双方在贸易及投资结构等方面存在一定的相似性，因此，中国经济的飞速发展将会与东盟形成一定的竞争关系。近年来，中国采取了一系列主动措施化解和消除东盟各国的疑虑，东盟国家对华信任度日益提高，"中国威胁论"越来越失去市场，特别是亚洲金融危机后，中国对稳定地区经济的积极作用得到了充分的体现。但是，由于受到部分政治经济势力的支持，"中国威胁论"不可能在短期内完全消失，一些国家对中国仍然有疑虑和担心，使东盟国家在发展对华关系时混杂着矛盾心态，仍将会对双方之间的合作关系产生一定干扰。

目前，中国与东盟的政治安全合作层次虽然只是对话和沟通，没有达到体制性安排的程度。但考虑到历史情况，中国与东盟的政治安全合作的进展还是非常迅速的。中国与东盟的共同利益很多，通过合作实现共同安全，加强反恐和非传统安全领域的合作，共同维护地区乃至世界的和平与稳定，合作前景十分广阔。

中国和东盟需要牢牢把握双方利益的共同点，把互利合作提高到一个新的水平。中国和东盟开展互利合作，不是权宜之计，而是面向21世纪的长远大计；不是仅仅着眼于本地区，而是面向世界的；不仅对双方的经济发展有利，而且有利于亚太地区乃至全世界的和平与稳定，也是世界政治多元化的基础。

第二节　中国与东盟国家之间的经济关系

一、中国与东盟双边经贸关系回顾

中国和东盟国家的经贸关系发展可以追溯到二千多年前的西汉时代。当时出现了一条从我国东南沿海的合浦郡始发，通往印度、斯里兰卡等印度洋沿岸国家的最早的国际贸易航线，即"海上丝绸之路"。东南亚的泰国、菲律宾、印度尼西亚、马来西亚和越南的许多沿海城市和港口就在这条路上，通过商贸往来彼此间进行了绵延不断的经济和文化交流。当然，那时中国与东南亚各国的交往更多的是一种"朝贡式"的贸易，这种"朝贡贸易"随着中国的改朝换代而出现几度兴衰，最终演绎出郑和"七下西洋"的历史壮举。16世纪后，中国国内的灾荒、战争等，掀起了一次又一次中国人向东南亚国家的移民浪潮，使得华人的足迹遍布东南亚各国，大大促进了中国与东南亚各国的贸易发展。

二战结束和中华人民共和国成立之初，由于受到当时冷战的影响，社会制度和意识形态形成对抗，中国与东南亚国家大体分属于东、西方两个阵营，相互戒备和防范，这种关系到1955年的"万隆会议"①之后才有所缓解。因此直到20世纪50年代，新中国成立之后比较长的一段时间里，由于社会意识形态、朝鲜战争、越南战争、美国对中国实施贸易禁运、东西方大国冷战等原因，中国和东南亚国家之间的经贸关系曾一度出现中断。

不过，东南亚国家与新中国的双边贸易关系起步还是较早，可以追溯到20世纪50年代初期。早在1950年，马来西亚就与中国建立了商品贸易关系，双边贸易总额从1950—1975年由0.83亿美元增加到1.73亿美元；1958年，新加坡、印度尼西亚又与中国建立了贸易关系，但贸易额不大，发展缓慢。新加坡与中国的贸易总额从1958—1975年，从0.71亿美元增加到2.73亿美元。印度尼西亚与中国的贸易关系曾一度令人瞩目，在1958—1959年，仅印度尼西亚一国就占中国与东南亚贸易总额的34.2%和44.9%。但是自从1965年"9·30事件"以后，两国关系出现重大变化，进而发展到断交，双边贸易额从1965年的1.09亿美元一下子跌落到1966年的0.17亿美元②，1967年以后两国的经济关系完全中断。与此同时，中国与泰国和菲律宾之间本来就十分脆弱的贸易关系也由于政治原因而分别于1963年和1965年中断。

1967年东盟在曼谷正式宣告成立，东盟大多数国家加入到西方阵营，与中国开始疏远甚至处于敌对的状态。这样的关系直到70年代初才随着中美、中日关系的改善而改善，中国重返国际社会后，与东盟国家的关系才有所缓和。进入90年代，中国与东盟国家的经贸关系开始得到了迅速发展。

自东盟成立以来，中国和东盟的经济贸易关系的发展历史可以大致划分为以下几个阶段。

（一）初期阶段：1967—1978年

1967年8月8日，菲律宾、泰国、马来西亚、印度尼西亚、新加坡5国在泰国曼谷举行会议，在以美国为首的西方阵营操纵下，会议发表了《曼谷宣言》，正式宣告东南亚国家联盟（ASEAN）成立。东盟的成立在很大程度是基于反对外来干涉，即反对共产主义势力在东南亚地区的威胁渗透。而当时美国正在遏制所谓的全球共产主义的发展，共同的目标便使双方走到一起，美国立即宣布支持东盟，并迅速驻军印度支那半岛，试图从军事和政治上控制东南亚地区，使其作为其全球战略的重要组成部分。因此东盟从成立开始，作为一个整体与中国的政治关系一直处于敌视和对抗状态。加上东南亚各国当时经济发展水平很低，国内资本缺乏，技术落后，双边经贸关系发展极为缓慢。

进入20世纪70年代后，受到越战的沉重打击，美国被迫撤出印度支那半岛，在东南亚的影响力急剧下降，东盟国家这时不得不对其发展政策进行调整。在这个阶段，随着中

---

① 万隆会议（Bandung Conference）是1955年4月18—24日在印度尼西亚万隆召开的反对殖民主义、推动亚非各国民族独立的会议。又称第一次亚非会议。由缅甸、锡兰（今斯里兰卡）、印度、印度尼西亚和巴基斯坦5国发起，邀请阿富汗、中国、柬埔寨、老挝、泰国、埃及、菲律宾、尼泊尔、伊朗、约旦、伊拉克、黎巴嫩、土耳其、也门、沙特阿拉伯、越南民主共和国、埃塞俄比亚、苏丹、利比亚、利比里亚、黄金海岸（今加纳）、叙利亚、日本、南越等国家和地区参加。中国总理周恩来率代表团参加。会议广泛讨论了民族主权和反对殖民主义、保卫世界和平及与各国经济文化合作等问题。在中国和大多数与会国努力下，会议一致通过了包括经济合作、文化合作、人权和自决、附属地人民问题和关于促进世界和平和合作宣言等部分的《亚非会议最后公报》，确定了指导国际关系的10项原则。这10项原则是和平共处五项原则的引申和发展。会议号召亚非各国团结一致、和平相处、友好合作，共同反对帝国主义与殖民主义，被称为万隆精神。

② 王士录，王国平著．从东盟到大东盟－东盟30年发展研究．北京：世界知识出版社，1998：359

国在联合国合法权利的恢复和各国同中国建交热潮的出现，中国与东盟国家的关系也逐渐缓和。随着 20 世纪 70 年代初期中美、中日关系的松动和逐渐正常化，东盟各国开始调整对华政策，纷纷同中国修好，使东盟与中国的关系逐渐得到改善。但当时中国国内由于全国范围的"文化大革命"运动致使国民生产和正常的经济活动几乎陷入瘫痪，因此直到 70 年代中期，中国只与东盟国家中的新加坡保持着贸易往来。1972 年，中国与新加坡的双边贸易总额为 1.65 亿美元，1975 年中国与东盟各国的贸易总额为 5.23 亿美元，在中国的对外贸易中所占比重不大①。而且在 70 年代，中国与东盟国家的经济关系只是以较低层次的商品贸易为主。70 年代中期，随着马来西亚、菲律宾和泰国相继与我国建立外交关系，以及东盟 5 国国内经济发展战略由进口替代为主转向出口导向为主，使得东盟国家同中国的贸易关系有所发展，但从整体看来，由于各种原因，在这一阶段中国和东盟的经贸关系主要集中于双边贸易往来，且仅仅限于商品贸易，双方交换的商品主要是资源密集型的工业原料，如橡胶、木材等，在投资和技术合作等方面则项目很少，同时，中国和东盟在对方的对外经济贸易中也处于次要地位。

20 世纪 70 年代末期以后，一方面由于中国确立了以经济建设为中心和把对外开放作为基本国策，开创了中国对外经济关系的新局面。另一方面，由于中国与东盟国家政治关系的不断改善，双方间的经济贸易出现了较大发展。

1950—1978 年，中国的外贸总额从 11.35 亿美元增加到 206.38 亿美元，年均增长率为 10.5%。而同期与东盟的贸易总额从 0.77 亿美元增加到 10.42 亿美元，年均增长率仅为 9.4%。在中国的外贸总额中，东盟的比重从 1950 年的 6.8% 下降为 1978 年的 5.0%，在这个时期，中国对东盟的出口从 353 万美元上升到 6.63 亿美元，年均增长率为 19.8%；进口从 0.73 亿美元上升到 3.79 亿美元，年均增长率为 5.8%。

（二）稳步发展阶段：1979—1989 年

1978 年十一届三中全会后，中国迅速摆脱了"极左"思想的束缚，实行了对内改革和对外开放的改革开放政策。这以后，中国经济以举世瞩目的速度向前腾飞，中国对外开放的脚步越来越欢快、越来越稳健。同一时期，东盟国家大力发展出口导向战略，国家综合实力得到大幅提升，各国需要有更大的市场和更多的资金与技术来源。这些国家中的大型财团和跨国公司蓬勃发展，已具有相当的对外投资能力。随着世界经济的发展和国际经济竞争的加强，经济因素成为影响国际关系的重要因素。几乎各国都把内外政策的重点放在发展经济和提高综合国力上来。中国自改革开放以来，经济迅速发展，综合国力明显提高，独立自主的和平外交政策深得人心，在亚太乃至世界的作用和影响大为增强，这一形势有利于中国和东盟国家经济的发展和合作的加强。这些都促使中国和东盟国家间的经贸往来得以稳步发展。这一时期中国同东盟国家经济关系的格局有两大变化：

1. 商品贸易额大幅增长

1980 年，东盟与中国的双边贸易额达到 20.64 亿美元，1984 年增加到 29.47 亿美元，1987 年双边贸易额又出现了更大幅度的增长，达到 43.81 亿美元，其中，中国向东盟国家出口 23.25 亿美元，从东盟国家进口 20.56 亿美元。这一时期东盟与中国的贸易有一个明显的特点，就是双边贸易额虽然有了较大增长，但在各自对外贸易总额中所占份额增长却

---

① 王士录，王国平著. 从东盟到大东盟－东盟 30 年发展研究. 世界知识出版社，1998：362

不大。

　　1975—1984 年间，东盟从中国进口占其进口总额的约 2.6%，各个年份的变化不大。自从 1984 年以后，情况稍有改善，1984—1989 年的 5 年间，平均比重增加到 3.8%，增加了 1.2%。1975 年，东盟 6 国的进口商品总额为 234.94 亿美元，其中从中国的进口仅占 3%。10 年后的 1985 年，东盟 6 国的进口额增加到 641.53 亿美元，从中国的进口只占 5.1%。到 1989 年，东盟 6 国的进口总额突破千亿美元，达到 1 263.86 亿美元，但从中国的进口比重却从 5.1% 下降到 3.1%，主要进口市场是日本（占 23.7%）、欧洲国家（占 16.1%）、美国（占 15.5%）[①]。期间，东盟 6 国的商品出口也与进口情况大体相同。1975 年，其出口总额为 208.1 亿美元，其中，对中国的出口仅占 0.6%。10 年后的 1985 年，东盟的出口总额增加到 715.05 亿美元，其中对中国的出口虽有所增加，但只占到 1.3%。到 1989 年，东盟的出口总额已突破千亿美元，达到 1 214.07 亿美元，但对中国的出口比重却仅仅从 1.3% 增加到 2.3%。主要出口市场同样是在美国、日本和欧洲国家。造成以上状况的主要原因，是由于双方的经济关系的互补性不是很强，进出口商品结构大体相似。双方所需要的主要是包括化学制品、基础工业品、机械和运输设备在内的工业制成品，而出口产品则主要是资源产品。

　　对于中国而言，1989 年中国与东盟的进出口贸易总额达 66.5 亿美元，是 1979 年 13 亿美元的 5.12 倍，年均增长率为 15%（而同一时期中国的对外贸易总额从 1979 年的 293 亿美元增长到 1989 年的 1 108 亿美元，年均增长 13%）。中国与东盟的双边贸易额增长幅度超过中国的外贸总额的增长幅度。东盟在中国的对外贸易中的比重也从 1979 年的 4.4% 上升到了 1989 年的 6.0%。

　　2. 东盟对中国的直接投资增长迅速

　　进入 20 世纪 80 年代以后，直接投资形成了中国－东盟双向流向的新格局，双方经济关系跃上了一个新台阶。这个时期，新加坡是对中国投资最多的国家。从 1979—1989 年，新加坡在华投资项目共 279 个，按投资总额计算，1989 年新加坡是中国的第四大直接投资国。另外泰国、马来西亚、印度尼西亚、菲律宾也分别于 80 年代初期开始在中国直接投资。80 年代中期以后，中国对东盟的直接投资也开始发展起来。投资对象主要是泰国、新加坡和马来西亚。例如，到 1989 年，经泰国政府批准的中国投资项目有 15 个，投资额约 0.41 亿美元。

　　（三）迅速发展阶段：1990—1997 年

　　1. 双边贸易进一步发展

　　20 世纪 80 年代末期以后，随着东盟国家工业化进程的加快，东盟与中国的经济关系的互补性逐渐增强，双方间贸易额及其在各自对外贸易总额中的比重开始突破长期徘徊局面，出现较大发展。

　　进入 90 年代，双方都希望全面推进中国和东盟在经济等领域的合作，东盟与中国的贸易关系保持了较高的增长率。中国与东盟经济的高速增长被认为是推动该地区经济增长的新动力源，而二者在经济上多方面的合作有利于双边经济的发展，而此时中国与东盟的双边关系也进入了"蜜月期"。

---

　　①　霍伟东. 中国－东盟自由贸易区研究. 成都：西南财经大学出版社，2005

　　1991 年，在第 24 届东盟外长会议上，中国方面表示："中国和东盟今后可以在经济、贸易和科技领域加强合作。中国政府愿和东盟各国政府一起采取一切可能的积极措施，建立协调磋商机制，扩大贸易范围，增加交换品种，进一步发展双边贸易。中国愿意在高科技领域同东盟密切合作，以促进各自国家的经济发展。"1992 年，中国进一步建议："中国与东盟可以仿效中国与欧共体合作方式，共同签订经贸合作协定，也可以先签订经济联合委员会协定，从而建立磋商制度。"1993 年 9 月，东盟秘书长阿吉特·辛格率团首次访问中国，并在北京举行了第一次中国－东盟的经贸和科技合作磋商。在此期间，中国与东盟双方之间的高层互访不断，这一年中几乎所有的东盟政要和首脑都曾来华访问，这无疑增进了相互间的了解，将双方的关系带入了历史上的最好时期，外交界称 1993 年为中国"东盟年"，政治关系的融洽进一步加强了双方的经贸合作往来。

　　在贸易关系发展的基础上，中国与东盟还注重开拓新的合作领域，而地区合作开发是重要的步骤。中国与东盟部分成员国启动了湄公河流域开发的全面合作，中国认为开展区域合作需要采取务实的态度，拓展合作领域，完善合作机制，以确保大湄公河次区域合作沿着健康的轨道前进。为此，中国政府提出合作的三原则：坚持平等协商，互惠互利；坚持以项目为主导，注重实效；坚持突出重点，循序渐进。目前，以交通、能源、电信等基础设施建设为重点的合作，符合本地区经济发展水平和实际情况。同时，要在推进贸易便利化、改善投资环境、开发人力资源和旅游、农业、禁毒、环境等更广泛的领域进行合作。1994 年，双方成立了中国－东盟经济贸易合作联合委员会。1995 年 12 月，在第五届东盟首脑会议上，东盟 7 国首脑并同老挝、柬埔寨、缅甸 3 国领导人一致同意东盟与大湄公河流域国家（中、缅、老、泰、柬、越）进行合作开发，并邀请日本、韩国参加。1996 年 6 月，东南亚 10 国和中国代表在马来西亚吉隆坡召开"东盟湄公河流域合作开发"部长级会议，讨论东南亚与中国在澜沧江－湄公河流域的合作开发框架，会议通过了《澜沧江－湄公河流域开发合作基本框架》文件，并研究了开发计划、步骤和筹款方式等具体问题。同年 8 月底，次区域合作第六次部长会议在中国云南昆明举行，此后澜沧江－湄公河次区域合作开始进入实质性发展阶段。这次合作是东盟国家联合中国进行的一个跨世纪的大规模、多方面的合作计划，它的全面展开突破了中国和东盟经济合作的已有框架，极大促进了中国与东南亚国家的友好关系和经济领域的多方面的合作，有力地推动了中国大西南的经济发展，推动了中国全方位的对外开放和合作。

　　1996 年 7 月，在第 29 届东盟常设委员会第六次会议上，东盟一致同意将中国由过去的磋商伙伴国升格为全面对话伙伴国，随即在印度尼西亚雅加达举行的东盟外长会议期间，中国正式成为东盟的全面对话伙伴国，这意味着双方关系进入一个新的阶段。

　　自 1990 年以来，中国－东盟贸易额以年均约 20% 的速度递增①。1991 年双边贸易额已达 79.59 亿美元，其中中国向东盟出口 41.35 亿美元，从东盟进口 38.24 亿美元。1993 年，双边贸易额首次突破百亿美元大关，达到 106.8 亿美元，比 1992 年增长 26.1%，其中，中国向东盟出口 46.8 亿美元，从东盟进口 59 亿美元。中国与东盟的贸易占中国对外贸易总额的 5.4%，位居中国大陆与中国香港、日本、美国、欧共体的贸易之后。而时至

---

① 商务部：中国与东盟自贸区谈判已举行 10 次，进展顺利. 中国网，2003 － 12 － 17

1996 年年底，中国与东盟双边贸易总额已突破 180 亿美元。[①]

　　2. 双边经济合作的加强

　　由于直接投资市场形成了双向流动的格局，故对东盟与中国经济关系形成了持久、广泛的影响。这个新领域的开辟是双方经济关系跃上新台阶的主要标志之一。在 20 世纪七八十年代期间，无论是东盟对中国的投资，还是中国对东盟的投资都十分有限。自 1979 年以来，陆续有一些东盟国家到中国投资。经过十多年的运作，东盟国家加快了向中国投资的步伐和力度，投资金额和项目都有较大增加。中国 – 东盟相互投资从 90 年代初起呈上升趋势，东盟成为中国吸引外资的重要地区之一。东盟对中国的累计投资从 1990 年起平均每年增长 57%。根据原中国对外经济贸易部的统计，截至 1991 年年底，经中国政府批准的东盟国家在华直接投资协议已达 1 042 项，金额为 14.12 亿美元。仅 1991 年，东盟各国在中国签约的投资项目就达 250 项，投资金额达 2 亿多美元。原东盟 6 国中，除文莱外其余国家在中国都有投资项目，其中新加坡是起步最早、投资最多的国家。1992 年达到 2.89 亿美元，1994 年再上台阶，达到 58.7 亿美元，比 1992 年增长 20 多倍。中国与东盟的双向投资持续增长，尤其是新、马、泰成为了中国重要的外资来源；中国对于东盟的投资也逐渐增加，方式趋于多样化，而且双向投资向更高层次发展，投资领域由原来的一般产业扩大到水电、石油化工、交通、电信、航天、航空等基础产业和基础设施。例如，中国和新加坡在苏州工业园区建设上的合作，就是大规模、高水平的投资项目。1994 年 2 月，中国政府与新加坡政府达成了关于合作开发建设苏州工业园区的协议，这是一项双边合作运行的新探索方式的大项目。同时双方在工程承包的劳务合作方面发展也很快，东南亚成为中国承包工程和劳务合作的主要市场。

　　由此可见，进入 20 世纪 90 年代之后，中国作为一个经济合作伙伴，在东南亚受到普遍的欢迎，中国同东南亚各国贸易往来的发展，扩大了双方各自的市场。中国与东盟经贸合作关系的巨大进展，得益于面对区域经济一体化和全球化的浪潮，中国与东盟各国领导人做出的明智选择，即加强合作，促进共同繁荣，这为东盟和中国创作了一个双赢的局面和成果。20 世纪 90 年代东盟与中国之间的关系是讲求实效和经济挂帅的一种新型关系，在这种新型关系中，政治让位于经济，社会意识形态和政治制度的差异被放到一边，双方都努力求同存异，双方之间最大的"同"就是为加快本国的工业化和现代化而加强经济合作，努力提升经济合作的水平与层次，双边贸易与投资是东盟与中国迅速增长的经济关系中的重要一环。但同时应该看到，1996 年前的中国 – 东盟经济合作，如果与各方巨大的市场和对外经济合作规模相比，还处于较小的规模和较低的水平上，未能与彼此的发展需要和潜力相适应。1996 年之前仅就双边的贸易额来说，中国与东盟的贸易额仅占中国外贸总额的 7%，占东盟贸易额的 3%，双方的经贸合作关系确实还有着广阔的发展空间和更多更深入的合作层次。进一步加强和扩大经济合作，既是双方的共同利益所在，也有利于本地区的稳定和发展。

---

① 曹云华，唐种.新中国 – 东盟关系论.北京：世界知识出版社，2005

表 7－1　中国与东盟进出口贸易的变化（单位：亿美元）

年份	进出口		出口		进口	
	金额	增减（%）	金额	增减（%）	金额	增减（%）
1991	79.6	*	41.2	*	38.4	*
1992	85	*	43	*	42	*
1993	107	*	47	*	60	*
1994	132.1	23.5	63.8	36.2	68.3	13.6
1995	184.4	39.4	90.4	41.6	94	37.4
1996	203.9	4.6	96.9	－0.5	107	9.8
1997	243.6	19.4	120.3	24	123.3	15.2
1998	234.8	－6.2	109.2	－13.6	125.6	1.2
1999	270.4	14.3	121.7	11.4	148.7	18.2
2000	359.2	45.3	173.4	41.3	221.8	48.6

资料来源：根据商务部统计，东盟秘书处数据整理得出

（四）1997 年金融危机至今

1. 东南亚金融危机之后的变化

1997 年，亚洲金融危机突然在泰国爆发，并迅速蔓延至东南亚甚至整个东亚。中国顶着巨大的压力并且付出极大的代价，坚持人民币不贬值，帮助东盟各国尽快摆脱金融危机，更加使东盟认识到自身发展壮大的前途在于同中国的合作。中国在金融危机期间从亚太稳定的大局出发，不惜牺牲本国的利益，采取了一些切实有效的措施防止危机进一步恶化和蔓延，并对受灾严重的泰国、印度尼西亚等东南亚国家及时提供了力所能及的援助，同时采取积极财政政策，努力扩大中国国内市场的需求，这在一定程度上减缓了东盟国家的经济压力。中国在金融危机期间的积极和善意的帮助在东盟国家中树立了负责任的大国形象，危机过后，东盟各国在政治上加深了同中国的互信，经济上也普遍对中国期望值增强，双方的经贸合作关系在危机过后更加巩固和密切。

1998 年受亚洲金融危机的影响，中国与东盟国家的贸易额为 234.8 亿美元，比 1997年下降了 6.2%，其中中方出口 109.2 亿美元，进口 125.6 亿美元。1999 年，中国与东盟贸易额达到 272 亿美元，比 1998 年增长了 15%，超过了亚洲金融危机前的水平。

2000 年，在克服金融危机影响的基础上，中国与东盟贸易额达到创纪录的 395.2 亿美元，比 1996 年中国成为东盟全面对话伙伴国时翻了一番。尽管 2001 年受世界经济不景气及"9·11"事件的影响，中国与东盟的贸易仍呈增长势头。2001 年双方贸易额达到 416 亿美元，比 2000 年增长 5.3%。东盟成为中国第五大贸易伙伴，而中国则成为东盟的第六大贸易伙伴。2002 年双方的进出口贸易总额就突破了 500 亿美元，达到 548 亿美元，同比增长 31.7%，远远高于中日贸易增长的 16.2%、中韩的 22.8%、中美的 20.8%。2003 年进出口额达到 782.5 亿美元，同比增长了 42.8%，也高于中国与日本、美国等主要贸易伙伴的增长速度。双方贸易额以年均 20% 以上的速度增长，2004 年双边贸易额达到 1 059 亿美

元，提前一年实现了突破 1 000 亿美元的目标。2005 年贸易额达 1 303.7 亿美元，同比增长 23.1%，中国贸易逆差约 200 亿美元。2006 年中国和东盟的贸易额高达 1 608 亿美元，中国对东盟国家出口总额为 713 亿美元，进口总额为 895 亿美元，增幅分别为 23.4% 和 19.4%。① 目前，中国已成为东盟第四大贸易伙伴，东盟成为中国第五大贸易伙伴。2007 年双边贸易额达到 2 025 亿美元，2008 年增加到 2 311 亿美元。双方互为第四大贸易伙伴。现在，泰国的大米和榴莲、越南的火龙果等商品已经进入中国的千家万户。此外，中国还是东盟国家出口电子产品、棕榈油、天然橡胶的主要市场和进口各种机械设备、工业半成品的重要来源地。

表 7 – 2　中国与东盟进出口贸易的变化（单位：亿美元）

年份	进出口		出口		进口	
	金额	增减（%）	金额	增减（%）	金额	增减（%）
2001	416.1	5.3	190.5	6.0	232.3	4.7
2002	547.6	31.7	235.7	28.3	312.0	34.3
2003	782.5	42.8	309.3	31.1	473.3	51.7
2004	1058.8	35.3	429	38.7	629.8	33.1
2005	1303.7	23.1	553.7	29.1	750.0	19.1
2006	1608.4	23.4	713.1	28.8	895.3	19.4

资料来源：根据商务部统计资料和东盟秘书处数据整理得出

2. 双边贸易结构的优化

20 世纪 90 年代以前，中国对东盟的出口主要是农副产品和轻纺产品，从东盟进口的主要是原材料等初级产品。目前，双边的贸易以工业制成品为主导，初级产品的比重不断下降，尤其是近年来，中国与东盟贸易的机电类产品不断扩大。2000 年中国对东盟国家出口的机电产品达 89.34 亿美元，占对东盟出口总额的 51.5%；对东盟出口的高新技术产品达 37.71 亿美元，占对东盟出口总额的 21.7%。2001 年该比重有所增加，该年中国对东盟出口的这两项产品金额共计 150 亿美元，占对东盟出口贸易总额的 80.5%；同时中国从东盟进口的机电产品也迅速增长，2001 年，中国从东盟进口的机电产品达 193.16 亿美元，占从东盟进口贸易总额的 83.2%。2001 年中国对东盟出口的机电产品达到 100.7 亿美元，占对东盟出口的 54.8%。而根据 2009 年最新统计，东盟出口到中国的主要是晶体管、半导体、真空管、数据自动处理器、数据自动处理器的零配件、石油及石油制品、天然橡胶、通信设备及零配件等；而从中国进口的主要是机械设备的零配件、通信设备及其零配件、晶体管、半导体、真空管、数据自动处理器、电路交换器、石油及石油制品等。可见，中国与东盟之间的贸易更多的突出在产业内的贸易。

---

① 中国与东盟：四十年后看未来. 文汇报，2007 – 05 – 11

3. 相互投资发展迅速

除了双边贸易外，中国与东盟之间的相互投资也出现了新局面。1992 年起，东盟国家掀起了来华投资的高潮，金融危机期间有所下降。2000 年，东盟来华投资扭转了下降的状况，东盟 5 国（新、马、泰、印度尼西亚、菲）全年新增来华投资 1 047 项，同比增长 15.6%，合同外资金额为 30.5 亿美元，增长 3.1%。东盟成为我国当年第六大投资来源地区（按实际投入金额计算）。2001 年，东盟国家共来华投资 17 972 项，协议外资金额 534.68 亿美元，占中国吸引外资总额的 7.2%；实际投入 261.75 亿美元，占中国实际利用外资总额的 6.6%。2002 年，东盟国家来华直接投资项目共 19 281 项，合同外资金额 577.66 亿美元，实际利用外资 286.82 亿美元。2003 年，东盟国家累计在华投资项目 20 713 个，协议投资金额 609.06 亿美元。而商务部的统计资料显示，截至 2009 年 11 月，东盟国家来华投资已达 36 659 项，实际投入 682.2 亿美元。特别是 2005 年来，东盟国家来华投资的实际投入金额每年在 30 亿美元左右，投资主要来自新加坡、马来西亚、泰国和菲律宾。如：2009 年上半年，上述东盟 5 国来华实际投资达 21.2 亿美元，同比增长 20.04%。东盟对华投资的项目从早期的农产品加工、纺织、服装、玩具、建筑材料、房地产开发、饭店，延伸到近年来的基础设施、医药卫生、机械制造、金融、电力和海运等行业。

与此同时，中国企业到东盟国家的投资也在增长。总体上看，中国在东盟的投资呈现三大特点。

（1）前期投资规模小，但近年来增长快。1995—2004 年，中国对外直接投资总额 250.09 亿美元，其中投向东盟的只有 10.18 亿美元，占中国对外投资总额的 4.1%。虽然 2002 年中国企业在东盟投资达到了谷底（主要是因为受新加坡经济形式变化，中国资本从新加坡大量撤资），但 2003 年又开始恢复了增长。2003 年，中国累计在东盟国家投资项目 822 个，协议投资金额 13.72 亿美元。

（2）投资国别分布不均衡。中国企业在东盟各国均有投资，但 1995—2003 年间中国投资总额在 1 亿美元以上的只有菲律宾、马来西亚和越南 3 个国家。其中主要集中在菲律宾，1995—2003 年中国在菲律宾共投资 3.04 亿美元，占中国对东盟投资的 48.16%；马来西亚是中国企业在东盟的第二个主要投资地，1995—2003 年共投资 1.20 亿美元，占比 19.12%；再次是越南，1995—2003 年中国共投资 1.03 亿美元，占比 16.32%。由于中国企业在新加坡的赢利效果不佳，在印度尼西亚又受到排华情绪和政局不稳定等风险因素影响，所以中国企业在这些国家撤资较多，尤其是印度尼西亚，自 1997 年金融危机后，中国在印度尼西亚一直处于撤资状态，总体上并未出现直接投资的恢复性增长。与此同时，中国在东盟新成员国的投资也不多。

（3）投资领域日趋广泛。20 世纪 80 年代中国对外投资的起步阶段，中国在东盟国家的投资主要是加工、装配和生产性的小型项目。进入 90 年代后，中国企业到东盟国家的投资已涉及能源开发、金融、建筑、化工、纺织、电气、医药和运输等行业。投资领域非常广泛。到 2009 年，中国在新加坡设立的企业约 400 家，业务涉及金融、保险、航空、海运、贸易、建筑等领域。在这些中资企业中，既有大型国有企业，各省、市政府所属的窗口公司、小型贸易公司，也有部分民营企业，其中有 53 家中资或含中资的企业在新加坡证券交易所上市。中国企业在泰国的投资原来只限于贸易和承包劳务类企业，近年来投资机械制造和生产型的企业有所增加。所以，截至 2009 上半年，中国与东盟双方累计互相投资额就已经超过 600 亿美元。东盟已成为中国重要的外资来源地和海外投资目的地之一。

随着世界金融风暴的进一步恶化，更随着中国经济实力的不断加强以及中国政府所实施的大规模财政支持政策，越来越多的中国企业积极开展对外投资。尽管中国到东盟国家的投资绝对金额较小，但潜力较大，增速较快。据不完全统计，截至 2008 年 11 月，经商务部批准和备案，中国企业在东盟十国的投资达到 101.4 亿美元。

4. 其他领域的合作

深入发展在中国与东盟全面经济合作进程中，除了贸易和投资领域外，其他领域的合作也不断扩大。在对外承包劳务方面，东盟作为一个整体是中国最大的海外承包劳务市场，截至 2008 年 11 月，中国企业与东盟国家签订承包劳务合同总金额 541 亿美元，完成营业额 327 亿美元。新加坡、马来西亚、缅甸、泰国和越南是中国在东盟国家开展承包劳务合作的主要国家。其中，新加坡已成为中国对外承包工程第四大目的地和对外劳务合作第二大市场。在农业合作方面，中国与东盟于 2002 年 11 月签署了《农业合作谅解备忘录》，根据这一协定，双方在农业领域的合作全面展开，中国在水稻、渔业、水产养殖等领域向东盟国家提供培训。除此之外，中国与东盟还在科技、金融、货币互换等领域进行了交流与合作，成为双方经济关系良性发展的重要组成部分。

科技合作也是中国与东盟合作的重要领域，科技发展是经济发展的重要推动力量。中国有较全面的科研体系，东盟国家在一些领域的科研与应用水平比较高。双方应取长补短，加强科技交流与合作，进一步充实中国与东盟合作的内涵。中方愿充分发挥中国－东盟科技高官会和科技合作联委会的作用，与东盟积极开展电子信息、生物技术、遥感技术运用、地震学、海洋科学和热带生物资源研究等领域的合作，大力提升双方科技合作水平。

此外，根据双边经济合作的特殊性，中国与各个东盟成员国进行了双边谈判，加强与经济相对落后的东盟成员在经贸领域的互利合作，中国政府决定免除柬埔寨、老挝、缅甸和越南等国对华的所有到期债务，中国将向东盟一些国家提供不附带任何条件的、真诚的援助。比如，中国和老挝就援助老挝建设昆曼公路老挝境内部分路段和经济技术合作等问题，签署了中国向老挝提供援助的《经济技术合作协定》和《中华人民共和国政府和老挝人民民主共和国政府关于建设昆曼公路老挝境内部分路段项目的议定书》。

近年来，中国向东盟有关国家提供了多种形式的融资支持，建设了一批大型基础设施合作项目，促进了中国与东盟国家的共同发展。2009 年 4 月，中方已经宣布在今后 3～5 年内将向东盟国家提供 150 亿美元信贷，设立总规模为 100 亿美元的"中国－东盟投资合作基金"，专门支持区域基础设施建设。

中国和东盟的关系发展不仅将会为双方经济的发展提供动力，而且还会有助于双方由于经济结构雷同所产生的矛盾和摩擦，促进整个东亚地区经济的一体化，符合双方的根本和长远利益。温家宝总理对此作了精辟的论述，"中国与东盟都是亚太地区的重要力量。中国的发展，将给东盟带来机遇；东盟的强大，符合中国的利益。我们的合作符合双方的共同利益，将为地区和平与发展作出更大的贡献"。

二、中国－东盟自由易区的建设

进入 21 世纪以来，中国与东盟经贸合作的重点战略就是中国－东盟自由贸易区的建设，这是双方一项确保中国与东盟实现双赢的重大战略决策，对于双方经济、政治及其他方面的合作发展都具有划时代的历史意义，是中国与东盟关系史上的里程碑。建立中国－东盟自由贸易区是双边经贸关系发展的必然结果，符合当今世界经济一体化的发展潮流，开辟了中国周边外交的新局面，也标志着东亚区域经济合作发展到了一个更高的阶段，对中国未来的经济发展乃至世界的经济发展都具有重大意义。

中国－东盟国家的目标是到 2010 年建成中国－东盟自由贸易区，通过降低关税和刺激投资来为各经济体提供帮助，并且将推动服务贸易自由化同时开放跨国投资。双方设想在 2010 年在中国与东盟 6 个最发达的国家，即文莱、印度尼西亚、马来西亚、菲律宾、新加坡、泰国之间建立一个自由贸易区。而东盟 4 个新成员，同时也是发展中国家的柬埔寨、老挝、缅甸和越南可以推迟到 2015 年加入。按人口算，中国－东盟自由贸易区将是世界上最大的自由贸易区，从经济规模上看，中国－东盟自由贸易区是发展中国家间的最大的自由贸易区，绝对规模仅次于"北美自由贸易区"和欧盟，为世界第三大自由贸易区。

东盟和中国在 10 年内建立自由贸易区的决定令全球瞩目，为它不仅是一个经济决策，而且是一个政治决策。21 世纪头十年，它可能成为改变整个区域经济、社会、文化与政治的创世纪分水岭。这是一个有 19 亿人和国民生产总值 6 万亿美元以上的市场整合。建立中国－东盟自由贸易区与双方的长远战略利益相吻合，有利于促进中国与东盟的关系的全面发展，符合双方的根本利益，正是这些根本利益，为建立中国－东盟自由贸易区提供了内部动力。

三、促进中国与东盟经贸关系的策略

中国与东盟关系目前正处于历史上的最好时期，双方均致力于发展面向 21 世纪的睦邻互信伙伴关系，这为双边经贸关系的进一步发展奠定了坚实的基础，提供了有力的保证。但正如前面所述，中国与东盟经贸合作还面临着各种层次的障碍。因此，双方需要积极探讨和确定加强双边互利合作的新思路和新途径，特别是以负责任大国形象示人的中国，更需要从政治和经济两方面着手，努力化解与东盟以及其他大国在该区域的矛盾。

如果说"老问题"是对中国与东盟经济关系现状中不利因素的客观描述，那么从某种意义上讲，中国与东盟之间经济关系中的不利因素是认识和方法问题。

所谓认识问题就是综合、动态地分析中国与东盟经济关系；从传统、静态地对待中国与东盟的经济关系的变化，这就容易忽视富有活力的各种过程及其引起的各种变化。实际上，中国与东盟在 20 世纪 80 年代以来都处在经济迅速发展时期，动态性强，其特点是：发展速度快；产业升级快；经济规模扩张快；外向程度高。由于变化迅速而巨大，变化过程中所释放出来的经济贸易机会相对就多，如果有了新的思维，就能拓宽视野，及时抓住各种机会。所谓方法问题就是要全面、系统地把握中国与东盟的经济关系。以往是将双方当作不变的整体，中国与东盟的经济合作基本上还属于双边的机能性合作，因此，合作的规模不大，层次也不高，忽视了探索不同层次的、多边的、机制性的合作。

（一）正确认识和处理中国与东盟经贸竞争与互补的关系

我们要建立新型的面向 21 世纪中国与东盟经贸关系，实施建设中国－东盟自由贸易区的发展战略，必须首先从思想上正确认识和处理中国和东盟国家间竞争和互补的关系。

我们首先需要说明，竞争并不可怕，中国和东盟国家不应该笼统地反对竞争，回避竞争，绝大多数时候经济的发展正是得益于竞争，因为竞争有着优化资源配置、提高资源利

用效率、在生产者之间优胜劣汰、提高生产效率等功效。例如，欧盟中德、法、意、英等国经济结构相似，成员国的雷同产品之间存在着激烈的竞争，如汽车等行业，而欧盟的发展正是得益于这种竞争，因为他们有着健全的市场体系，通过公平竞争实现了合理分工和企业的规模经营，共同分享了统一经济空间、资源优化配置的好处。因此，中国和东盟国家应该是加快体制改革，完善市场体系，规范市场竞争，反对不公平的竞争和恶性竞争，而防止不公平竞争和恶性竞争的关键是完善市场法规。

中国和东盟中的许多国家已经初步实现了工业化，双方贸易额现在超过了1 600亿美元，完全有条件借鉴欧盟、北美自由贸易区的经验，通过自由贸易区合作实现共同繁荣，建立起完善的市场法规和正常的市场秩序贸易与投资自由化，可以使我们内部的资源得到优化配置，也可使来自发达国家的投资在中国－东盟的共同经济空间得到优化配置，所有企业都因为拥有了19亿人口的市场而有条件达到规模经济的要求。

今天WTO合作已使全球的关税水平大大降低，自由贸易区和共同市场的贸易转向效果已不很明显，而取消了贸易壁垒，实现了公平竞争的市场对资源优化配置的作用日益明显。因此，中国和东盟应重视这种公平竞争市场对资源优化配置的积极作用，应从共同经济空间来考虑问题。同时，我们应该认识到某一产业集中到东盟生产并不构成对中国的威胁，尽管该产业在中国有可能衰落，但中国可以发展别的产业，新产业的产品可以无关税地出口到东盟，使我国企业能够利用规模经济的好处得到更大的发展机会。同样，某一产业集中到中国也不构成对东盟的威胁。

（二）积极推动产业结构调整，以形成中国和东盟协同发展的互补合作格局

我们在建立自由贸易区的过程中，应积极主动地调整我国的产业政策，以尽量减少自贸区建立过程中因结构不合理和市场调整而带来的经济损失，结合中国和东盟国家的产业结构特点，我国的产业结构调整需注意以下方面的内容：

（1）在对我国产业结构进行调整的过程中，首先要坚持结构调整与贸易投资、产业合作相结合的原则。应该加大对某些传统产业、国民经济发展的瓶颈部门的改造和对现有高新技术产业的科技投入，要注重制度创新和技术创新，实现出口产品的多样化和差异化。在中国与东盟日益发展的水平分工中，通过技术创新和新产品开发，拉开产品的差异程度来建立各自的比较优势和竞争优势；加大企业制度创新力度，提高创新能力，实现技术创新和新产品的开发；从产品多样化和差异化上避免与东盟国家产品的正面冲突。注意扶持本国的主导产业，发挥我国作为发展中大国产业结构多层次和多样化的特点，利用经济持续的高速发展、巨大的国内市场、丰富的劳动力资源，以及某些高技术领域的领先优势，对东盟国家某些有产品而无市场或有市场而无能力生产的领域开展重点突破（主要指泰国、马来西亚、菲律宾和印度尼西亚4国），包括各类机械产品、成套设备、汽车及配件等，在产业结构的调整中进一步增强服务业在国际市场上的竞争力。

（2）我们应该以加入世界贸易组织为契机，在对外开放我国服务业市场的同时，采用多种合作方式学习国外公司先进的管理和服务经验，提高我们的服务水平，促进国内各产业的协调发展。我国产业结构的调整不应仅仅局限于东亚地区，而应该立足于世界的国际分工来开展，在大力发展区域经济的同时积极融入到世界经济全球化的浪潮之中。在产业结构调整中，中国与东盟双方也可以进行协调，以形成双方协同发展的产业格局，如新、马、泰等国可以通过投资向中国转移已丧失比较优势的劳动密集型产业和某些资本密集型

产业，而中国可以把我国已经丧失比较优势的产业转向缅甸、老挝、柬埔寨等较落后国家。同时中国也可以在东盟国家进一步增加投资，开发中国急需的资源，或利用当地资源生产面向出口的加工产品。

（三）进一步实施市场多元化和产品差异化战略，以减少中国与东盟在出口市场上的竞争

中国和东盟国家的出口产品所具有的比较优势大体相似，且都对发达国家市场具有较高的依赖性，双方在第三国市场上存在一定程度的竞争，这是不可争辩的事实。我们在发展中国与东盟经贸关系时，要努力实施市场多元化和产品差异化战略，以避免或尽可能地减少双方在出口结构上的雷同和出口市场上的竞争。

实施市场多元化战略，就是要鼓励各类有能力的企业以多种有效方式努力开拓全球市场，积极参与国际竞争，有步骤、有选择地积极开拓最具前景的新兴市场，并不失时机地开拓一切有机会的市场，使我国出口市场在全球形成合理的、有层次的、多元化的格局，改变我国出口集中度较高的现状，降低中国与东盟在国际市场上的争夺。在发展中国与东盟经贸关系中实施市场多元化战略，主要表现在对东盟各国市场的积极开拓。中国和东盟国家经贸关系虽然日益密切，但双方互为出口市场的程度较低，中国对东盟市场的开发程度也较低，东盟市场潜力巨大，应该成为我们今后特别关注并加大开拓力度的市场。

通过对东盟市场的积极开拓，增加区内贸易的同时，降低我国出口对日、美、欧国家的依赖，减少双方在这些市场上的竞争。在实施产品差异化战略的过程中，我们要善于发现与东盟国家出口的同类产品的差异性和独特性，提倡对目标市场进行细分，以差异化的产品去满足不同的消费群，以降低我国与东盟国家在出口市场上的产品替代性。因此，企业要加强对产品市场的调查研究，要加大新产品开发与创新的力度，针对不同消费群体、不同消费场合、不同消费水平、不同消费习惯等，开发与东盟国家存在差异的产品。

（四）充分发挥西南省区以及华南地区在中国东盟经贸关系发展中的桥头堡作用

中国－东盟自由贸易区的构想，为西部地区更好地利用西南国际大通道，发展与东盟国家的经贸关系提供了一次难得的历史性机遇。因此我们在发展中国与东盟经贸关系中要积极地调查研究，探讨中国西南省区参与自由贸易区建设的可行方法与措施，国家政府也应在政策和财政上给予扶持，以促进中国和东盟西南接合部经济区的建设。在与东盟国家陆地边境接壤最长的云南省和陆海相连的广西壮族自治区，我们可以尝试建立具有试验示范性质的零关税自由贸易区，充分发挥云南、广西等西南省区在发展中国和东盟经贸关系中的区位优势、资源优势和政策优势这三大优势。积极采取各项措施，加速边境贸易区的建立与发展，将其建成中国－东盟自由贸易区的桥头堡。

同时，我国在发展与东盟国家的经贸关系时，不可忽略华南地区这一与东盟国家隔海相望的经济区域，要注意充分发挥华南地区在发展中国与东盟经贸合作方面的重要地位和作用。华南沿海地区是我国最早和最大的对外开放地带，西起广西的北海东至福建的福州，含4个开放城市、5个经济特区和2个经济开放地带，这一地区正步入面向国际市场，积极参与国际交换和竞争的外向型经济格局，我国与东盟国家间的绝大多数贸易额和合作项目，就发生在这一区域和东盟国家之间。因此我们发展与东盟经贸合作就必须充分发挥这一区域的带头作用。

（五）积极探索富有创意的经贸合作方式

目前，中国和东盟国家所进行的经贸合作，以双边的机能性合作为主，合作的规模有

限，层次也不高，而制度性的多边合作体制已处于探索之中。

除了继续发展完善这两种合作方式外，我们还应努力探索富有创意的经贸合作方式。例如，研究和推广新加坡和中国共同设立苏州工业园区式的合作方式，这是一项大规模高层次的合作，是国际经济合作的新探索，我们也可以和东盟其他较发达国家，在我国特别是在西部地区设立类似的工业园区，也可以考虑和缅甸、老挝、柬埔寨和越南合作，在对方国家建立类似的工业园区，以促进双边经贸的发展。东盟各国的经济发展水平差异很大，资源和物产条件不同，经济技术水平各异，对经贸合作的需求和目标也不一样。

表 7 – 3　中国与东盟近 20 年经贸往来进程一览表

时间	中国与东盟经贸合作关系历程
1991.7	外交部长钱其琛应邀首次参加东盟外长会议，中国开始与东盟对话
1992.7	中国成为东盟的"磋商伙伴"
1996.7	中国和东盟的关系升格为"全面对话伙伴关系"
1999—2000	中国与所有东盟成员国分别签署或发表了面向 21 世纪的双边关系框架文件
2000	第四次中国 – 东盟领导人会议，中国提出组建中国 – 东盟自由贸易区的建议
2001	中国与东盟成立新的合作机制，即中国 – 东盟商务事会
2001.11	第五次中国 – 东盟领导人会议，双方达成组建自贸区（FTA）的共识——10 年之内建成中国 – 东盟自由贸易区
2002.11	第六次中国 – 东盟领导人会议，双方签署组建自贸区的基本文件《中国与东盟全面经济合作框架协议》，会后启动了建立中国 – 东盟自由贸易区的谈判
2003.1	双方就有关中国 – 东盟自由贸易区的具体问题开始进行谈判
2003.10	第七次中国 – 东盟领导人会议，双方签署《面向和平与繁荣的战略伙伴关系联合宣言》以及《东南亚友好合作条约》、《全面经济合作框架协议》的补充议定书等，双方建立战略伙伴关系
2003.10	"早期收获"（Early Harvest Program）计划开始实施
2004.1	"早期收获"计划广泛实施，双方相互开放 500 种农产品市场，削减 570 种农副产品和另外 30 种特定产品的关税
2004.11	第八次中国 – 东盟领导人会议，双方签署《中国与东盟全面经济合作框架协议货物贸易协议》和《中国与东盟全面经济合作框架协议争端解决机制协议》这两份自贸区重要文件
2005.7	《货物贸易协议》开始实施，进入实质降税阶段：首批 7 445 种商品的关税降至 20% 左右，中国对东盟 6 个老成员国平均关税降到了 8.1%，甚至比最惠国平均税率还低 1.8%
2006	签署《中国 – 东盟纪念峰会联合声明》，庆祝中国 – 东盟建立对话关系 15 周年
2007.1	双方领导人共同签署中国 – 东盟自由贸易区《服务贸易协议》
2007.7	在各国完成各自法律审批程序后，《服务贸易协议》将正式生效
2010.1.1	中国与东盟 6 个老成员国间绝大多数产品关税为零
2015	计划：中国与东盟 4 个新成员国间绝大多数产品关税为零

资料来源：根据中国东盟咨询网报道整理

因此，应根据各国的具体情况、经济发展水平、资源物产状况，因地制宜地开展与东盟各国的经贸合作。比如，对经济发展水平较高、资金充盈但缺乏资源的新加坡，就应扩大中国的初级产品出口，如土特产品和高档次的轻纺产品，注意吸引新加坡企业到中国投资，加强双方在高新技术产业方面以及旅游业方面的合作。对产业结构较为单一、国民经济主要依靠石油产业的文莱，我们要注意加强石油及其相关产业的生产设备、技术和熟练劳动力的输出，积极在文莱开拓初级产品、特色产品和高档消费品市场，同时与其加强石油开发等方面的工程承包和劳务合作等。对经济发展水平与我国基本相当的泰国、马来西亚、印度尼西亚和菲律宾，则要注意发展两者之间的产业内贸易，注意开拓对方的细分市场，找到对方国家对我国产品的需求层次，有针对性地进行贸易。而对经济发展水平较低的缅甸、老挝、柬埔寨和越南，因其本身资源丰富且正在加速发展农业、原产品加工业，所以宜重点向这些国家出口各种农业机械运输设备、小发电机、电动机等，加强对他们的技术设备出口，力争与他们在资源开发、技术改造、基础设施建设方面的合作有较大的进展，把促进国内的一般工业品向这些国家的出口和扩大这些国家资源性产品的进口结合起来，增加对这些国家的投资，兴办一些小型合资企业或独资企业，搞好与这些国家的边境贸易，促进边境贸易向深层次发展。

四、中国与东盟经济关系的前景展望

目前，中国与东盟之间保持着全面经济合作的良性发展，未来这一趋势将会持续下去，双方继续为"面向和平与繁荣的战略伙伴关系"而共同努力。但从现实主义角度看，中国与东盟经济之间的互补与竞争仍是决定和制约双边经贸关系发展的基础。

从宏观层面来看，中国与东盟经济关系的发展面临了两大机遇。一是中国入世所带动的经济增长和市场开放，将极大推动双边贸易、相互投资以及其他经济技术领域的合作，中国与东盟新的产业分工格局将得以发展和深化。据 WTO 秘书处估计，入世后中国对外贸易每年将有 6% ~26% 的增长，从而拉动国内生产总值增长 2.9%。东盟国家作为中国的近邻，将最能享受中国经济增长和市场开放所带来的巨大商机。自 20 世纪 90 年代以来，中国从东盟的进口平均增长达 21%，高于从世界进口平均增长 15% 的水平。二是中国－东盟自由区建设所带来的机遇，除了"早期收获"计划的成功实施，中国与东盟之间还正式签署了《货物贸易协定》和《争端解决机制协议》，全面启动降税进程，成功举办中国－东盟博览会。今后，双方还将在服务贸易和投资领域达成更优惠的协定。作为一项互惠双赢的经贸安排，中国－东盟自由区的建立深化和密切了中国与东盟全面合作关系。

（一）促进中国东盟经贸合作领域的进一步拓展和深化

21 世纪的中国和东盟经贸合作，要在现有的基础上更上一层楼，这就需要充分挖掘潜力，开拓更多的合作渠道，扩大合作的领域，不断提高合作的水平和层次。

发展中国与东盟国家的双边贸易可以分两个层次，对缅甸、老挝、柬埔寨和越南这几个国家，合作的重点是着眼于长远利益，给予特别的优惠待遇，帮助其发展国内经济以挖掘双方的贸易潜力，以促进未来双边贸易的发展。而对于东盟其他国家，今后扩大经贸合作的途径主要是增加中国有比较优势的产品，如机电、电信产品、电脑、生物资源产品和电力等，虽然中国和东盟双方经济实力较弱，相互投资能力有限，但随着双方经济的不断发展，相互投资扩大将是一种必然趋势。

随着我国经济快速稳定发展,加入 WTO 后政策的逐步调整以及西部大开发战略的实施,我国的投资环境日益得到改善,预计新加坡、马来西亚和泰国等东盟国家将会增加对中国的投资。而随着中国企业投资能力的提高和"走出去"战略的推动,将会有更多的中国企业走向东盟市场寻求发展机会,向东盟国家增加投资。目前在工程承包和劳务合作方面双方已具有一定的基础,与其他地区相比,东盟国家的基建项目更多,加之中国基建队伍实力雄厚、经验丰富,因此中国与东盟在发展承包工程和劳务合作方面具有良好的前景。

(二)继续加强中国与东盟国家间的农业合作

中国与东盟在农业领域有着广阔的合作前景。早在朱镕基总理提出建立中国－东盟自由贸易区之初,就已经把农业合作作为中国与东盟五大合作领域之一。

中国长期以来存在着人多地少的矛盾,而且随着人口的增加,城市化进程的加快,水资源的短缺和退耕还林、还草等改善生态举措的实施,农业用地不足的矛盾会更加突出。未来中国的粮食需求会大幅提高,粮食短缺问题会变得突出,而泰国、越南、老挝、柬埔寨、缅甸都有很大的粮食生产能力和出口潜力,这几个国家未来的粮食出口潜力每年在2 000万吨以上,可成为中国今后粮食进口的一个重要来源;同时,越南、老挝、缅甸等国的农机化程度都很低,对拖拉机、谷物烘干机、水泵收割机、脱粒机等农机有很大的需求,因此中国可通过与东盟国家的农业合作为国内厂家的农机出口提供一个重要渠道。

独特的区位优势、各具不同的需求和比较优势,显示了双方在农业领域合作的巨大潜力。双方依托当地市场,扩大投资规模,建设农业园区,开展农业相互投资的合作新模式已日渐形成。同时,由于中国加入 WTO,不少新加坡等东南亚国家的商家正把农业作为在华投资的重点,开始在中国开发高科技农业园。同时,我国面向东南亚的农产品加工业也雨后春笋般地发展起来。中国与东盟加强农业领域的合作必须遵循《中国－东盟全面经济合作框架协议》和《农业合作谅解备忘录》所涵盖的内容,使中国和东盟的农业合作走上制度化轨道。

(三)加强中国与东盟国家在科技上的合作

中国与东盟在科技领域的互补性比较突出,在此领域进行合作有着巨大的潜力。总体来看,东盟国家科技水平偏低、科技力量严重不足、科技人才特别是研究开发人才匮乏,已经成为制约东盟国家科技发展的主要因素。而中国所具备的研究及开发力量能弥补东盟国家科技发展中的不足。中国已建立起一支从基础理论到应用科学较为完备的科研队伍,整体科技实力雄厚,中国和东盟的科技合作包括双方在信息通信方面的合作,而信息通信领域作为新世纪中国－东盟五大合作领域之一,已得到了中国与东盟各国政府及相关部门的密切关注与大力推动,各国相关部门应该继续加强合作,扩大交流,实现中国和东盟各国信息通信产业的共同发展,促进本地区经济的繁荣。

(四)进一步加强中国与东盟国家间的次区域经济合作

中国与东盟国家在区域合作方面的一个重要领域,是澜沧江－湄公河流域的开发和经济四角地区的经贸合作,今后我们要进一步加强中国与东盟国家的次区域经济合作,以带动其他地区、其他领域的合作。

在澜沧江－湄公河流域的开发上,要继续深化中国与次区域国家在交通、能源、投资与贸易、科技、环保、人力资源开发、旅游、毒品替代种植等领域的合作。经济四角区域合作范围涉及航运资源开发、水电资源开发、旅游资源开发、交通道路建设、生态环境保护贸易、替代种植等多个方面，它的全面展开将突破中国与东盟经贸合作的现有框架，极大地促进中国与东盟国家经济领域内多方面的合作，因此我们要采取更为主动和灵活的态度来推动这项工作。要建立区域内四国地方政府之间的双边和多边对话机制，通过长期稳定和制度化的接触，推动该地区贸易投资重点和难点问题的解决。

要以澜沧江－湄公河水运为重点，扩大四国的运输合作，要及时解决运输过程中出现的各种问题，要多方推进区域内的贸易发展，要进行各种便利贸易和投资的试验。要实现旨在以澜沧江－湄公河为纽带，由中国云南、老挝、缅甸、泰国北部毗邻地区参与的经济合作区、边境贸易区的对接。

（五）旅游合作

亚洲是全球入境旅游最具活力的目的地和出境旅游最具潜力的客源地区。作为亚洲一部分的中国和东盟国家则在其中占据着重要地位。中国与东盟国家旅游资源丰富，各有优势，双方发展旅游业合作的潜力巨大，因而中国和东盟历来将旅游业作为双方合作的一个重要领域。在今后的工作中，我们要继续鼓励中国和东盟各国之间发展区域内旅游和双向旅游，消除影响旅游者流动的障碍，简化旅游相关手续，并根据平等协商、互惠互利、注重实效、循序渐进的原则，首先抓好旅游信息交流与共享、旅游从业人员特别是管理人员的培训、区域内旅游便利化，以及对世界旅游业发展趋势方向及对本地区影响的研究等，容易起步的合作项目争取率先见效，并在此基础上不断深化发展合作的内容。

通过以上分析，鉴于中国和东盟双方开展经贸合作的有利条件远远多于限制因素，展望未来，中国和东盟发展经贸合作的潜力是巨大的，前景是广阔的，因此我们应该抓住经济全球化和区域化发展的大好时机，及时制定中国与东盟经贸发展战略，扬长避短，采取适当的对策，以促进21世纪中国与东盟双边经贸的大发展。

总之，抓住机遇，迎接挑战，谋求共赢，加强合作，将是中国与东盟之间的主旋律。2005年4月，胡锦涛主席访问东盟国家时明确提出。2010年中国－东盟双边贸易额将达到2 000亿美元。随着中国与东盟经贸关系的持续发展以及中国－东盟自由贸易区的建立，双方将在互惠互赢基础上的全面经贸合作前景更加广阔。

第三节　中国与东盟国家之间的文化关系

广义的文化，包括了人类的政治经济制度、宗教信仰、审美信念、风俗礼仪等全面的社会生活方式。狭义的文化是指人类与环境（包括自然环境和社会环境）相互作用、相互影响的产物。人类正是凭借着一定的文化与其所处的环境相互协调、相互共存，从而达到相互统一。

一、文化的概念及特征

具体而言，文化是学习的行为模式的整合系统。这种行为模式具有社会的特征，它不是生物遗传的结果；在人类的意识中是行为的规定性，其中有些是社会全体成员共有的，有些却是部分和个体成员所有的。

关于文化的定义长期以来一直存在不同的观点。被称为"人类学之父"的英国学者爱德华·B.泰勒1971年在其巨著《原始文化》中"关于文化的科学"一章里指出："文化或文明，就其广泛的民族学意义来讲，是一个复合整体，包括知识、信仰、艺术、道德、法律、习俗以及作为一个社会成员的人所习得的其他一切能力和习惯。"这个定义影响巨大，虽然不断有人在此之后从不同的角度给文化下过100多个定义，但都不敢忽视它的经典意义，凡是研究与文化有关的学者几乎都要引用这一定义。

尽管不同的研究学者对文化的定义不同，但普遍认为文化具有以下几个主要特征：

（1）文化是通过学习而得来的，是后天形成的，并且，人在早期形成的文化属性对人的行为影响最大，也是最难以改变的。

（2）文化是由若干部分或因素组成的，如语言、教育、社会组织、价值观念、风俗习惯等，更重要的是，所有这些部分或因素又彼此相互关联、相互影响、相互依存，构成一个复杂的完整体系。

（3）文化是某个社会、社区或某个族群、群体成员所共同拥有的。事实上，不仅不同的社会的文化存在差异性问题，甚至在同一个社会中的不同群体的文化也有差异性，也就是文化研究学者所关注的主流文化里的亚文化研究。

（4）文化是永远发展变化的。任何一种文化都处于恒常的变迁之中。古人云"时运交移，质文代变"，就是这一理论的生动说明。

二、社会文化的同源性是中国与东盟国家经济互动发展的重要基础

从宏观上看，中国－东盟区域经济一体化组织中，各成员国经济发展水平及阶段的差异性、经济结构的相似性及对外部力量的依赖性，使区域经济一体化组织经济互动的交易成本较高、规模经济较小、竞争较为激烈，导致经济互动的内在动力被削弱。但是从历史的逻辑看，小到华人社会，大到汉字文化圈，都证明中国与东盟国家有着极其深厚的共同文化根基，社会历史文化的同源性特征非常明显，这是中国与东盟国家经济互动的重要基础。当今世界，微观经济组织的企业之间的互动带有明显的网络化趋势，共同的文化基础成为企业网络形成的重要纽带。中国企业要挤入东盟市场，不能忽视与对方企业共同形成企业网络，在这一过程中，华人企业可能成为重要的切入点。

（一）文化的基础性作用

有学者认为：建立中国－东盟区域经济一体化的政治意义远远大于它的经济意义。因为中国－东盟各成员国经济发展水平及阶段的差异性、经济结构的相似性及对外部力量的依赖性，使双方经济合作和经济互动的交易成本较高、规模经济较小、竞争较为激烈，导致经济互动的内在动力被削弱。但是这并不表明中国与东盟国家经济互动的障碍是不可克服的。

事实上，经济互动有一个往往被人们所忽略的重要基础，那就是文化因素。在市场经济条件下，国家之间的经济互动是以不同微观经济组织（如企业）之间的互动为基础的。从社会文化学的角度看，微观经济组织之间的互动并不是随机的，在不同经济组织的长期交往中会形成一个社会关系网络。所有经济组织的经济行为就像其他社会行为一样，渗透于社会关系网络，社会和非社会因素都会影响经济行为。但是经济组织所依赖的社会关系网络并非出现或存在于真空，它们根植于自身的文化和由此产生的制度当中。

根据有关经济人类学和制度经济学的解释，制度被定义为社会中个人所遵循的行为规则，它除了包括各种正式的法律规章制度以外，还包括许多诸如价值观、伦理观、道德观、

风俗习惯等。而且与正式制度相比，非正式制度更接近于特定的文化内核，对经济行为起着潜在的作用。由此看来，不同经济组织之间的互动行为并不单纯地考虑经济利益，它们深深渗透于共同的社会文化背景之中，形成社会网络的根植性，并受到社会文化整合力的约束。因此，越来越多的经济学家认识到，不同的社会文化决定了人的经济行为，人的"理性"从根本上而言，由人类的不同文化所决定。

在经济合作的过程中，地理距离、经济距离和社会文化距离是决定一体化交易成本机制形成的三大要素。在经济组织的交往过程中，文化因素起着越来越大的作用。不同的研究指出，全球经济的发展特征正出现在各个不同的文化—民族脉络之中，信息化经济的出现及其演变过程的文化脉络多样性，并不否定在生产、消费和流通过程中具有组织形式上的共同母体，缺少这种组织安排，经济发展的许多因素，如科技变革、金融建设、国家政策等都无法汇集于新的经济系统之中，这种共同的母体实质上就是社会文化。社会文化是通过对组织的渗透来显示自身的，也就是说，从古典到现代，经济学家精心构建的"市场逻辑"无不深受组织、文化和制度的深度介入，经济组织的各种形式都明显地显示出其特定的社会文化特征，并且遵循特定的社会历史文化的脉络，这样我们就可以比较容易地找到中国与东盟国家之间经济互动的重要根基——中国与东盟国家具有清晰的社会文化同源性特征。

（二）东盟国家是华人的主要移居地

前面的内容已经说明，华人移居东南亚的历史可以追溯到 1 000 多年以前。据统计，目前全球各国的华人有 2 600 万，其中 90% 集中在东盟十国，人口总数约为 2 412 万人，分别为印度尼西亚 505 万、马来西亚 616 万、菲律宾 76 万、新加坡 236 万、泰国 658 万、文莱6 万、缅甸 70 万、越南 192 万、柬埔寨 48 万、老挝 5 万。实事求是地看，华人在这些国家有着巨大的影响力，他们不仅是华人文化的传播者，而且在诸如泰国、马来西亚、印度尼西亚等国，华人资本控制着这些国家的经济命脉。统计数据显示，泰国最大的 10 家企业中有 9 家是华人的，印度尼西亚最大的 10 家企业全部是华人的。

（三）东盟国家大多同处于"儒学文化圈"

在新加坡，儒学传统一直是其国家价值观的主流，在泰国、印度尼西亚和马来西亚的华人社会中也一直保留着儒学传统。越南也是一个深受儒学传统影响的国家。从深层次看，包含东盟诸国在内的东亚经济圈就是一个文化圈，这些国家和地区的文化在不同程度上都有中华儒学文化的遗传基因。关于东亚经济发展在多大程度上受这种"儒学文化"的影响，理论界意见并不一致。有学者认为，儒学传统作为一种精神力量，对东亚各国和东南亚一些国家的经济腾飞起到了促进作用；更有人认为，正是儒家文化传统创造了这些经济奇迹；许多日本、韩国、东南亚地区的学者也认为，这些地方的经济发展有着深厚的文化推动力。其中，儒学文化在东南亚地区以华侨和华人为媒介广泛传播，为这一地区的经济发展注入了活力，甚至有人将深受儒家文化影响的东亚文化圈资本主义称为"儒家资本主义"。因此在包括东盟诸国的东亚地区，儒家文化显现出了深厚的根基，这足以表明中国与东盟国家之间有着共同的社会文化背景，即对儒学文化的尊敬、认同并深受其影响。

（四）东盟国家是"汉字文化圈"影响所及的地区

尽管儒学文化在东盟诸国中有着深厚的根基，但毕竟不是唯一的正统教义。比如伊斯兰教是马来西亚和文莱的国教，而印度尼西亚则是穆斯林人口最多的国家，泰国则是更多的人信奉佛教。不过一个不能忽视的事实就是，东盟诸国是同属于"汉字文化圈"影响的地区。所谓"汉字文化圈"，是指使用汉字或曾经使用汉字并承袭汉字文化的国家或地区。这一区域的共同文化根基是源自于中国而通用于四邻的汉字。尽管东盟成员国中大多数国家都有自己的文字和语言，但却曾经或现在还在使用汉字或汉字型文字，并且长期以汉文、儒学、华化佛教、中国式律令等汉字文化要素作为自己传统价值观和制度建设的重要组成部分，并以此为基础进行思想文化交流。事实上，共同的文化根基还为东盟诸国的不同宗教的融合提供了基础，因此东南亚地区的儒教文化并非是中国传统儒教的复活，而是在融合了佛教、基督教等的基础上形成的一种复合的儒教文化。历史地看，共同的汉字文化根基是促成宗教之间融合的根本原因。

综上所述，小到华人社会，大到汉字文化圈，都证明中国与东盟国家有着极其深厚的共同文化根基，社会历史文化的同源性特征非常明显。这种社会历史文化的同源性特征是中国与东盟国家之间经济组织互动的重要基础。

三、经济网络是中国与东盟国家经济互动的组织形式选择

(一)经济网络的重要性

众所周知，经济网络的嵌入是企业竞争优势获取的重要渠道。中国与东盟国家的经济、贸易结构具有相似性，使其经济互动的竞争性大于互补性。在这种情况下，对于大多数微观经济组织，也就是企业而言，依靠单个企业已经很难在激烈的竞争中获得良好的经营绩效。中国企业要想获取持续的竞争力，一条重要的路径就是设法加强与对方企业的沟通，与对方企业一起构建完善的企业网络组织。在这种企业网络组织中，特别要强调企业间非贸易的相互依赖，并通过非正式的制度安排来促进创新、提升竞争力。之所以如此，是因为依靠企业网络可以超越企业的边界，使企业的社会互动在某种程度上强于其内部。这主要表现在三个方面：一是以信赖为基础的社会经济网络中的企业，有强烈的合作愿望以共同承担风险，减少机会主义行为的产生；二是企业间的关系相对稳定，不容易出现报复行为；三是企业间有着共同的利益，容易采取一致行动达到共同的目标。目前，构建经济网络是东南亚经济发展的一种共同趋势。

(二)社会历史文化同源性是经济网络稳定性的重要保证

经济网络的构建，必须考虑文化的历史特殊性、制度的历史轨迹、信息范式的结构等因素。因为这些因素直接影响到经济网络的稳定性，而经济网络的稳定性又是企业间经济互动连续性的基本要求。中国与东盟国家社会历史文化同源性特征，在很大程度上为这种稳定的经济网络构建提供了保证。

东南亚国家是华人的主要移居地，而且华人在东南亚各国的聚居特点是并不与当地居民相互隔离，而是在与当地居民杂居的情况下相对集中。这样，移居在东南亚的华人在各国形成了"小社会"，但始终没有脱离当地"大社会"，因此华人能够真正融入当地社会，华人文化不仅能够在华人之间得到传承，而且能够在当地不同族群和社区之间互相传播与扩散，经过长期的历史演进而成为不同国家的主要文化观念之一，加上东南亚国家在历史上多受共同的"汉字文化"的影响和中国儒家文化的熏陶，形成了对华人文化的尊敬、认同，而这种认同必然会逐步演变成一种共有文化价值观念。从今天的情况看，尽管东南亚国家有着不同的语言，甚至一些移居这些国家的华人也不再使用华文，但历史上形成的文化价

值观念却一直保存了下来，这种文化价值观就是儒家的世界观和价值观。从经济网络的角度看，共同的文化价值观和生活习惯作为一种非正式的制度安排，极大地强化了经济网络组织的稳定性。

从理论上讲，经济网络的形成是由于具有参与活动能力的各个具体企业在主动或被动参与活动过程中，通过资源的流动，形成企业之间的正式或非正式的关系。那么相近的文化、相同的习俗、相通的价值观念就是企业之间关系的黏合剂，如果没有这种黏合剂，企业间很难实现知识共享，经济网络也就难以形成。从另一个层面来说，社会历史文化的同源性也为企业之间的信息传递提供了便利，信息越是充分，博弈双方越是容易作出对双方利益最佳的战略选择。换言之，共同的文化价值观加速了经济之间的信息传递，强化了企业之间的信任，从而保证了经济网络的稳定性。

（三）华人企业是中国与东盟国家经济互动的重要切入点

从社会学的观点看，社会关系网络的变化与资源配置的制度有关。社会结构是一个网络系统，社会成员是按照联系点有差别地占有稀缺资源和结构性地分配这些资源。网络内成员间联系的属性，既限制了资源的流动方式，也决定着社会主体从社会关系网络中获取资源可能性的大小。

在具体的经济的网络中，每个企业都对网络具有一种依赖性，因为这一网络在很大程度上是企业获取稀缺资源的重要途径。所以在目前经济发展具有网络化趋势的背景下，企业发展的重要战略就是如何融入对方的网络之中，这一点对于中国与东盟国家的经济互动路径选择有着重要的意义。而作为微观经济组织的中国与东盟各国的企业挤入对方的企业网络之中一个重要的切入点就是东盟国家的华人企业。根据著名社会学家费孝通先生的"差序格局"理论，社会关系模式的显著特征是，交往的密切程度就像把一块石头丢在水面所产生的一圈圈推出去的波纹，越推越远，波纹所及将会发生关系，并由圈内向圈外渐次递减，其核心是血缘和婚姻关系，典型的结构层次为"家庭—亲属—非正式团体—其他"。显然，华人企业是中国与东盟经济互动网络中社会关系的核心。由于有着儒家文化的共同影响，在东盟国家中，经济价值观多以群体为特征，提倡"内和外争"，其主要表现形式就是儒家文化哺育出来的"家族主义"。在这里，企业像是无数个小的家庭组成的网，家族（家庭）或者以家族（家庭）为基础的企业形式，有着强有力的激励机制和长期合作的、稳固的人际关系，保证着企业经济网络的稳定性。

从社会关系的密切程度看，这些国家中的华人企业无疑处于中国与东盟经济互动的核心层次，因为在东盟的华人企业中，遵循家族的脉络，可以在母国找到种种联系，而这种联系有可能成为母国企业挤入东盟国家经济网络的纽带，通过这种网络关系可以实现企业之间的互动。

另外，从企业与消费者关系的角度来说，由于消费本身在很大程度上也具有文化特征，所以，在企业提供的产品中如果缺乏文化的内涵，也不容易被消费者接受。所以，中国企业要融入东盟，在产品上也要注入文化的因素，这是最有可能形成产品差异化的方面，因此可能是企业竞争优势的重要来源。从这个角度说，东盟国家的华人有可能成为中国产品的最佳的消费者和宣传者。

第八章 中国－东盟自由贸易区与东亚及欧美经济发展的互动关系

第一节 CAFTA 与日韩等经济体的互动关系

在当前东亚国际关系格局中，东盟自由贸易区、中国、日本是三大主要的力量中心，三者之间复杂的战略互动关系影响和决定着东亚国际关系的基本走向。1997 年以来，中国、日本、东盟三方渐趋形成一种互动关系，这使得东亚地区的国际关系呈现出新的特征；2010 年 1 月 1 日，中国－东盟自由贸易区（以下简称"CAFTA"）如期的建立使中国、日本与东盟三者之间在东亚的国际关系转变为 CAFTA、日本、韩国三者之间的互动关系。

一、CAFTA 与日、韩双边关系发展的历史沿革

（一）CAFTA 与日本

从 20 世纪 50 年代末开始，日本就是东南亚地区最主要的援助国，一直是多数东盟国家最主要的商品出口国。对日本来说，东南亚又是战后中国和朝鲜的重要替代市场，是重要的原料产地、商品出口地和资本投资场所。到 1967 年东盟成立时，东南亚与日本已建立起相当密切的经济关系。但多数东盟国家一直对日本在二战期间的侵略行为心有余悸，将此种经济关系看成是经济上的殖民主义。70 年代初在雅加达和曼谷等地曾出现抵制日货等反日示威活动，这迫使日本扩大与东盟国家的政治、文化交流，以此缓和与东盟国家在经济上的紧张关系。与此同时，随着美国势力在东南亚的撤退，东盟需要寻找新的国际伙伴，开始重新评价与日本的政治经济关系。1977 年日本提出了"福田主义"（Fucuda Doctrine），提出日本将始终不渝坚持和平，不谋求军事大国，愿意同东南亚各国在广阔领域建立心心相印的相互依赖关系，并通过积极合作促进东南亚整个地区的和平与繁荣。由于"福田主义"符合日本和东盟的经济和政治战略需要，受到东盟各国政府的欢迎，从而成为推动东盟与日本经济关系发展的重要转折点。

20 世纪 80 年代末 90 年代初，随着冷战的结束，在东南亚地区出现相对安全的国际政治环境。但由于前苏联的解体使美前苏联争霸失去了平衡点，东盟国家担心美国势力在东南亚过分扩张，需要将日本作为平衡美国势力的重要力量。东盟认为，同属于亚洲国家的日本，在地区事务、安全问题和经济合作方面会与它们持有不少相同观点，具有更多的共同利益。同时，随着多数东盟国家经济的持续发展，它们的政府和企业增强了与日本等外国企业公平合作的信心。在此背景下，东盟与日本的经济合作关系进入一个新的发展阶段。

1993 年 1 月，日本宫泽首相在曼谷发表《亚洲太平洋新时代及日本与东盟的合作》的演说，提出日本对亚洲的四项基本政策：第一，积极参与在亚太地区建立"安全对话机制"；第二，促进亚太经济扩大对外开放；第三，致力于民主、人权和环境问题；第四，强

调建立与东盟、印支之间的共存共荣、互利互惠的关系。1993 年 7 月，日本东盟设立双方政府间加强对话的东盟经济论坛，标志着双方政治经济合作的进一步加强。1997 年的亚洲金融危机和随后的欧元启动，日本的大国地位相对下降。日本一方面加强与美国的战略伙伴合作关系，另一方面也加强了与东盟的联系。日本急欲在未来的经济恢复和发展中，在亚太地区，尤其是在东南亚形成以自己为核心的国际经济合作新机制，而东盟则是其最为理想的"经济后院"。因此东盟与日本的经济关系达到前所未有的密切地步。

从 20 世纪 80 年代末开始，日本积极倡导"东亚经济圈"，试图在东亚组建一个以日本为中心的经济圈，以维系"雁行发展模式"，但是应者寥寥。于是日本在发展多边贸易的同时积极探索双边合作。在东南亚，日本先与新加坡签署双边自由贸易协定，以新加坡为桥梁，欲进一步把东盟其他成员国纳入其中，建立自由贸易区；①在东北亚，积极倡议成立日韩自由贸易区，以韩国为跳板，扩展到相邻的国家和地区，建立东北亚经济圈。这样南北开工、全面合拢，最后在日本主导下实现亚洲经济的一体化。2001 年 10 月 12 日，日本和新加坡就成立自由贸易区达成协议，2002 年 1 月 13 日小泉在东盟 5 国之行的最后一站新加坡，与吴作栋总统签署了双边自由贸易协定，这是日本第一次对外缔结自由贸易协定。从 1998 年开始，日本和韩国已经就成立日韩自由贸易区举行了多次讨论和磋商，只是近来由于韩国担心对日贸易赤字增加，而致使谈判暂时搁浅。在中国－东盟自由贸易区的建设目标确立后，日本将更加积极地推行其上述经济合作战略，因此，日韩双方达成协议只是时间的问题。

20 世纪 90 年代以来，日本与东盟之间的经济合作关系主要是建立在官方援助(ODA)以及海外直接投资(FDI)两个支柱上。在官方援助方面，日本对东盟的官方援助开始于 20 世纪 60 年代，当时主要是以赔偿的形式进行的，日本真正有计划的官方援助则是在大平正方任内。② 因此从 1980 年至今可以划分为 3 个时期，1980 年大平正方至 1992 年宫泽喜一为第一个时期，在此期间日本政府并未正式确立援助政策方针，而只是在美国的压力下单纯利用日本经济实力援助东盟国家，以达到对抗共产主义势力入侵的目的。在国内方面则主要是为了确保东南亚航线的安全。因此在这个时期日本政府主要是考虑其政治目的，经济目的仍属于次要地位；1992—1999 年为第二个阶段。1992 年，日本政府为了应对冷战结束后新的国际形势，拟定了新的政府开发援助大纲，在这个援助纲领下，日本政府开始以东盟各国为国内经济转型及产业转移的主要国家，因此官方援助带有稳固东南亚市场的经济考虑，呈现出援助、投资、贸易三位一体的特征。1999 年至今为第三个时期，1999 年日本提出新的 5 年 ODA 计划，在这一框架下，日本政府鉴于国内经济的持续衰退，逐渐减少政府的支出援助，改为加强民间非官方组织的参与，同时在范围上从过去只是量的投入转变为质的提升。

2002 年 1 月，小泉首相出访东盟 5 国，他积极兜售"一揽子经济合作构想"，建议将 2003 年定为日本－东盟交流年，举行日本－东盟国家首脑会议等，表示愿与东盟国家进一步加强经济合作，建立日本与东盟的全面经济伙伴关系，试图拉拢东盟国家，抗衡中国。

---

① ［日］朝仓弘教，松村敦子. 关于建立日本新加坡自由贸易区的思考. 贸易和关税，2000(4)
② Nishigaki Akira, and Ahimomura Yasutami. The Economics of Development Assistance：Japan's ODA in a symbiotic World. LTCB International Library Foundation，1997：141～142

此外,日本向东盟国家积极倡议东亚地区的多边合作,即所谓的"同行共进的东亚共同体",其根本用意是在东亚地区多边合作中争取主动,以"10＋3"或"10＋5"(拉入澳大利亚、新西兰)的多边合作抑制或取代中国－东盟自由贸易区。2002年1月13日小泉在东盟5国之行的最后一站新加坡,与吴作栋总统签署了双边自由贸易协定,这是日本第一次对外缔结自由贸易协定。2004年,日本和泰国、菲律宾、马来西亚就缔结自由贸易协定举行谈判。"行动计划"中列出了120个援助项目,日本在3年内分别出资15亿美元。但是,日本对于开放农产品市场及护士、按摩师等劳务市场还存在着疑虑和障碍。东盟国家对于《东京宣言》抱欢迎态度,但是对于日本日后的实际行动抱拭目以待的态度,观其实效。

（二）CAFTA与韩国

韩国与东盟1989年11月首次建立了部门之间的对话,并成立了韩国－东盟联合部门合作委员会(JSCC),作为促进政府间合作的重要渠道,最初合作的领域局限于贸易、投资、旅游。1990年,又成立了韩国－东盟特殊合作委员会(SCF),由韩国－东盟联合管理委员会负责管理。

1991年,韩国－东盟进入全面对话阶段,韩国积极参与东盟事务,包括东盟区域论坛(ARF)、韩国－东盟对话等。1997年金融危机后,韩国与东盟合作积极起来,1998年在河内"10＋3"峰会上,韩国总统金大中提出建立东亚工作小组(Asia Vision Group, AVG),考虑东亚合作的未来。2000年在新加坡"10＋3"峰会上,针对该工作组,建立了东亚研究小组,负责评估东亚工作小组的报告,提出新的建议。近年来,韩国－东盟合作领域已扩展到科技、人力资源、环境等领域。为推动双边合作,韩国与东盟之间建立了两项基金:韩国－东盟特殊合作基金(Special Cooperation Fund, SCF)、韩国－东盟面向未来合作计划基金(Future Oriented Cooperation Program Fund, FOCP)。在这些基金中,韩国占较大比重,早在2001年11月,韩国就向特殊合作基金提供了1 676万美元,向面向未来合作计划基金提供了500万美元。

2003年10月韩国－东盟领导人峰会同意加强对双方经济关系进行研究,韩国提出了建立自由贸易区。2004年3月,双方在雅加达就建立自由贸易区进行了首次专家会谈,4月份进行了第二轮会谈,对自由贸易区谈判的领域、程序等进行商议。到8月份,双方进行了五次会谈。并于11月份提交研究报告。在韩国－东盟自由贸易区的商议过程中,东盟显示出较大的积极性。2004年9月,在印度尼西亚召开的"10＋3"经济部长会议上,东盟建议从2005年开始与韩国进行自由贸易区谈判,争取2007年达成一致,2009年对非敏感商品完全取消关税。

二、CAFTA与日、韩的经贸关系

（一）CAFTA与日本

1. CAFTA与日本的贸易关系

20世纪50年代,日本的制造商们自认为产品无法在发达国家市场竞争,于是将主要目标放在发展中国家,尤其是东南亚国家,并采取了各种产品推销手段,如不断向东盟国家派出贸易代表团,将经济援助与出口贸易相结合。从20世纪60年代末开始,日本即取代美国成为东盟最大的贸易伙伴。20世纪80年代以后,东盟对美国市场依存度有所增强,而对日本的依赖关系有所减弱,但日本始终是东盟第一大出口市场。

表 8 - 1　1995—2009 年日本对东盟进出口贸易情况　（单位：亿美元）

年份	进口	出口	贸易差额	年份	进口	出口	贸易差额
1991	268	253	- 15	2000	505.599	656.308	150.709
1992	271	276	5	2001	482.50	532.585	50.085
1993	290	327	37	2002	445.034	530.837	85.803
1994	320	406	86	2003	531.98	602.026	70.046
1995	384	536	152	2004	672.276	760.354	88.078
1996	418	512	94	2005	727.564	810.78	83.216
1997	408	482	76	2006	812.849	804.956	- 7.893
1998	320	301	- 19	2007	851.381	879.239	27.858
1999	376	360	- 16	2008	1 048.718	1071.164	22.446
				2009	775.9	804.5	28.6

注：1991—1999 年为东盟 4 国数据，即泰国、马来西亚、印度尼西亚和菲律宾；2000—2009 年为东盟十国数据

资料来源：①1991—1999 年数据来自于日本《贸易振兴会白皮书：贸易篇》，1994，1999，2000 年版。②2000—2008 年数据来自于 ASEAN Statistical Yearbook，2008：82

　　表 8 - 1 显示，东盟 4 国对日本的进出口在 1997 年金融危机之前呈不断上升趋势。1991 年对日出口总额为 268 亿美元，1996 年增至 418.4 亿美元，增幅达 56.1%。1998 年降至 319.7 亿美元，比上年下降 21.6%。从 1999 年上半年开始，东盟 4 国对日本的出口又出现增长势头。从东盟 4 国对日本的进口来看，情况大致相同。1991—1995 年东盟 4 国对日进口总额从 253 亿美元上升至 535.79 亿美元，年均增长率达 19.5%；2000 年后日本从东盟十国进出口均呈现出先下降后上升的趋势，其中进口由 2002 年的 445.034 亿美元增至 2008 年的 1 048.718 亿美元，年均增长 11.31%；而由 2002 年的 530.837 亿美元增至 2008 年的 1 071.164 亿美元，年均增长 9.17%；2009 年受全球金融危机的影响，进出口均有所下降。

　　从东盟与日本双边贸易结构来看，20 世纪 80 年代以前主要以东盟向日本出口自然资源和初级产品为主。80 年代以后，随着东盟地区制造业领域投资的不断增多，东盟国家在制成品，尤其是劳动密集型产业方面竞争力的提高，东盟国家对日本的出口商品构成发生了变化，制成品在其出口中所占比重不断上升，原料和初级产品则不断下降。如 1980—1990 年，马来西亚和菲律宾对日出口的制成品所占比重分别从 25% 和 13% 上升到 38% 和 23%，印度尼西亚也从 4% 上升到 26%。同期东盟 4 国对日本出口的石油和其他原料初级产品，则分别从 62% 和 2% 下降到 41% 和 15%。20 世纪 90 年代以后，东盟国家对日制成品出口继续不断增多，到金融危机之前的 1996 年，东盟 4 国对日制成品出口额达 217.6 亿美元，占全部出口（418.4 亿美元）的 52%；1999 年上半年，东盟 4 国对日本出口的商品中，制成品金额达到 104.5 亿美元，占同期对日出口（170.8 亿美元）的 61.2%。[①]

　　2. CAFTA 与日本的投资和援助关系

　　20 世纪 80 年代以前，关国一直是东盟最大的投资国。20 世纪 80 年代以后，尤其是

---

　　① 日本.贸易振兴会白皮书：贸易篇.1999：66

1985 年以后，随着日本经济实力的增强和日元对美元的大幅贬值，日本迅速超过美国，成为东盟最大的投资国。如 1986—1989 年日本对东盟的投资总额从 150 亿美元增长到 250 亿美元，而同期美国则停留在 100 亿美元。20 世纪 90 年代初，日本为扩大和维持在美国和欧洲的市场份额，加大了对这些地区的直接投资，对东盟地区的投资相应受到影响。20 世纪 90 年代中期以后，随着北美自由贸易区和欧盟经济一体化步伐的加快，日本重新重视对亚洲的投资，对东盟的投资也相应出现上升趋势（如表 8 – 2 所示）。

表 8 – 2　1992—2008 年度日本对亚洲及东盟国家的直接投资　（单位：百万美元）

年份	亚洲	ASEAN	年份	亚洲	ASEAN
1992	6 425	3 197	2001	–	2 204.0
1993	6 637	2 398	2002	–	3 026.4
1994	9 699	3 387	2003	–	3 908.4
1995	12 464	3 387	2004	–	5 667.4
1996	11 614	4 949	2005	–	6 655.0
1997	12 181	5 696	2006	–	10 222.8
1998	6 528	3 340	2007	–	8 382.0
1999(1—6)	4 246	2 053	2008	–	7 653.6
2000	–	502.8	2009	–	

注：1992—1999 年数据为东盟 4 国数据，即泰国、马来西亚、印度尼西亚和菲律宾；2000—2008 年为东盟十国数据
资料来源：①1991—1999 年数据来自于日本《贸易振兴会白皮书：投资篇》，1999 年版；②2000—2008 年数据来自于 ASEAN Statistical Yearbook，2008. 142～143

　　从日本对东盟的直接投资来看，有以下一些特点，一是投资相对集中。从投资地分布来看，印度尼西亚是接受日本投资最多国家，1996 年度日本对印度尼西亚投资额为 24.14 亿美元，占对东盟 4 国投资总额的 48.8%，1999 年上半年度为 6.22 亿美元，占同期日本对东盟 4 国投资总额的 30.29%，在东盟国家中投资最少的是菲律宾，1996 投资额为 5.59 亿美元，占同期日本对东盟 4 国投资总额的 11.3%，1999 年上半年度为 4.57 亿美元，占日本对东盟 4 国投资总额的 22.2%。① 从投资的产业分布来看，主要是集中在制造业部门。如 1992 年日本对东盟 4 国的投资总额中，制造业吸引的投资额为 8.08 亿美元，占 56.6%，1998 年为 32.96 亿美元，占 58%，1998 年为 20.1 亿美元，占 60%；同期对非制造业部门的投资为 13.82 亿美元、22.94 亿美元和 12.4 亿美元，分别占当年日本对东盟 4 国投资总额的 43%、40% 和 36%。② 不过近年来对制造业的投资出现下降的趋势，而对非制造业，尤其是金融服务行业的投资出现增长的趋势。二是由于日本跨国公司技术创新能力较弱，技术主要依靠进口，不存在技术控制的问题。因此，它们多倾向于采取与当地企业合资、合作的投资方式，以降低生产成本，拓展当地市场。

　　从 20 世纪 50 年代起，东盟成为日本政府开发援助的重点地区。1977 年后为进一步改

① 日本. 贸易振兴会白皮书：投资篇. 2000：50，1997：25
② 日本. 贸易振兴会白皮书：投资篇. 2000：50，1997：25

善与东盟的关系，日本大幅扩大对东盟的官方援助。1976—1986 年日本对东盟的援助金额扩大了 5 倍，东盟平均每年得到的金额占日本对外援助总额的 1/3。在日本的援助国中，印度尼西亚、菲律宾、泰国和马来西亚是重要对象。1982—1986 年，日本平均每年对印度尼西亚、菲律宾、泰国和马来西亚援助额达到 10 亿美元。1987 年日本对东盟 4 国的援助金额上升至 17 亿美元，1992 年时进一步上升至 32.5 亿美元，占日本对外开发援助的 65%，日元贷款的 70% 仍然集中在东盟。日本政府开发援助之所以集中于东盟等东南亚国家，其原因一方面是由于历史、地理和政治经济因素。战后日本的对外开发援助主要是从战争赔偿开始的，而二战期间日本侵略的直接受害国主要是东盟和其他亚洲国家。另一方面日本对东盟经济援助有很明显的商业目的，主要是为了占领东南亚投资与贸易市场，援助方式多为进口贷款、兴建出口加工区以及修建交通设施，目的不仅仅是帮助受援国家发展基础设施，更主要的是有利于日本商品的输入，推动对当地的投资活动。

（二）CAFTA 与韩国

韩国 2003 年 GDP 总值为 5 209 亿美元，排在全球第 12 位，人口 4 860 万，早在 1967 年就加入关贸总协定（GATT），1996 年 12 月成为经合组织（DECD）成员国。在东亚金融危机影响下，韩国经济一度陷入困境，随着经济的恢复，开始加强了同东盟的对话合作。近年来，东盟经济已从危机的阴影中走出来，从 1999 年起，GDP 增长率超过 3%，东盟 5 个新成员国达到 6% 以上。

1. 韩国与东盟是重要的贸易伙伴

据韩国海关统计，韩国与东盟之间的贸易额在 1988—1996 年期间，年平均增长率为 22%，1996 年突破 300 亿美元。受东亚金融危机影响，1998 年、1999 年下滑到 300 亿美元以下，2003 年达到 386 亿美元，2008 年，韩国对东盟出口 493 亿美元，进口 209 亿美元。韩国对东盟虽一直保持着贸易顺差，但呈缩减趋势。截至 2004 年 9 月，东盟国家中，韩国对新加坡出口额最大，其次为马来西亚、印度尼西亚、菲律宾、泰国等；韩国从印度尼西亚进口最多，其次为马来西亚、新加坡、泰国、菲律宾等。东盟是韩国的第五大货物贸易伙伴；2001 年，韩国 10 大出口市场中包括新加坡、印度尼西亚、马来西亚，十大进口来源地包括印度尼西亚、马来西亚。①

东盟秘书处的数据显示，20 世纪 90 年代中期以来，韩国是东盟的第六大出口市场，东盟对韩国出口额占其出口总额的 3% ~4%；韩国也是东盟第六大进口来源国，进口额占东盟进口总额的 3% ~4.5%。1993—2000 年期间，东盟对韩国一直保持贸易赤字，2001 年、2002 年转为顺差。②

2. 韩国与东盟贸易的竞争性和互补性

按东盟秘书处统计，2002 年，在 22 大类商品中，东盟对韩国出口产品主要有机械和电器设备、矿产品、化工产品、木制品，比重分别为 39.8%、34.4%、5.7%、2.8%，东盟从韩国进口产品主要有机械和电器设备、金属制品、矿产品，比重分别为 55.5%、9.3%、8.6%。机械和电器设备中，东盟进口大于出口，双方出口的机械及其零件相当，韩国电器设备出口则略占上风；矿产品中，东盟出口是进口的四倍多，矿物原料基本上由东盟向韩

---

① 韩国海关网站（http；//www.customs go.kr）.1995—2004 年贸易统计数据
② 东盟秘书处网站（http；//www.aseansec.org.）.1993—2002 年贸易统计数据

国出口，东盟从韩国进口的主要是矿物燃料、油料及其制品。

　　3. 韩国与东盟之间的投资关系

　　韩国是东盟的主要投资者之一，从 20 世纪 80 年代到 90 年代前半期更为明显。因为一方面韩国劳动力、租金成本较高，经常账户较多余额，促使韩国积极对海外投资；另一方面东盟具有低成本优势、良好的投资环境、地理临近，吸引了不少韩国资本。20 世纪 90 年代中期以来，韩国资本占东盟外资的比重并不高。1995—2001 年，投资额约为 23 亿美元，占东盟吸引外资总额的 1.6%，远低于日本、中国香港特区和中国台湾；2002—2008 年，投资额约为 77.193 亿美元，年均增长 86.54%。韩国资本流入东盟的地区结构不平衡，对越南投资最多，为 12 亿美元，超过投资总额的半数，占越南吸引外资总额的 10%，是越南的第四大投资来源地。韩国对老挝投资虽略超过 1 亿美元，但占了老挝吸引外资总额的 23%。① 韩国对东盟投资的领域主要集中于制造业，利用东盟低廉的成本价格和有利的投资环境。

第二节　CAFTA 与欧盟的互动关系

一、CAFTA 与欧盟双边关系发展的历史沿革

　　（一）第一阶段：对话伙伴阶段（1972—1979 年）

　　东盟与欧盟②（当时为欧共体）的关系始于 20 世纪 70 年代初期，但是东南亚国家与欧洲国家的联系可以追溯到十七八世纪欧洲国家在东南亚的殖民扩张时代。早期欧洲国家与大多数东南亚国家间是宗主国与殖民地的关系，这种关系一直持续到二战日本入侵时为止。此后，东南亚与欧洲国家的关系中断，成为"彼此忽略"的两个区域。

　　20 世纪 70 年代初期，国际形势的变化促使刚成立的东盟与当时的欧共体都意识到需要彼此联系，于是双方展开了区域间联系。双方接触的第一步是由东盟迈出的，当时东盟主要出于经济利益上的考虑而主动寻求与欧共体合作。1971 年东盟与欧共体有了最初的接触之后，东盟组建了东盟国家特别协调委员会（SSCAN），以改善东盟在对欧共体优惠等级中的地位；1972 年，印度尼西亚领导的由各成员国驻欧共体大使组成的东盟－布鲁塞尔委员会（ABC）成立，以便在与欧共体接触时能保护东盟成员国的利益；1975 年由东盟与欧共体官员组成的更为正式的混合工作小组成立，双方开始探索合作途径；1978 年第一次东盟与欧共体部长会议在布鲁塞尔召开，双方对话有了一个正式的平台；1980 年双方在第二次部长会议上签署的《东盟－欧共体合作协定》奠定了两个组织间政治对话的基石，也意味着两个组织开始了较为正式的合作关系。③

　　（二）第二阶段：制度化合作阶段（1980—1994 年）

　　1980 年 3 月 7 日，双方在吉隆坡签订了《欧共体与东盟合作协议》（EC－ASEAN Cooperation Agreement），同时成立了联合合作委员会（Joint Cooperation Committee，JCC）作为监

---

① 东盟秘书处. 东盟 2003 年统计年鉴：54
② 欧盟是在《马斯特里赫条约》于 1993 年 11 月 1 日生效时产生的，此前该欧洲国家组织称为"欧洲共同体"
③ Hans Chiristoph Rieger，ASEAN－EC Economic Cooperation，in：ASEAN Abstract：57

督机制。此次会议是东盟与欧共体经济合作机制化的标志,《欧共体与东盟合作协议》成为双方经济合作的一个里程碑,有力地推动了此后双边经济合作的发展进程。1980 年东盟和欧共体在吉隆坡签署的合作协定标志着两个组织在合作进程上进入了一个重要的阶段。尤其重要的是双方在协议里规定"这种合作是建立在双方平等的伙伴关系上",未经许可不得放弃,它将充分考虑到东盟成员国的发展水平。成长中的东盟作为一个可行的、具有凝聚力的集团有助于东南亚的稳定与和平,这个新成就的一个特别的动力,是通过在国际关系层面的联合工作来处理主要的经济问题。

　　1994 年欧盟通过了《面向亚洲新战略》,确定要发展深化与亚洲国家的政治经济联系,并指出东盟是欧盟与亚洲国家实现对话的基石。同年 9 月,在德国卡尔斯鲁厄举行的东盟与欧盟部长级会议上,欧盟与东盟的政治对话态度更加软化。对于一直存在分歧的缅甸问题,欧盟则采取了更加温和的立场。此外,在会上双方还同意成立特别名人小组(EPG),以便开展东盟与欧盟在政治、安全、经济以及文化关系方面的理解性对话。1996 年 7 月,欧盟发表了《创造欧盟－东盟关系新动力》的报告,重申了欧盟的新亚洲战略,并指明"加强与东盟联系"是其亚洲战略的关键要素之一,应该把东盟看成欧盟重要的政治对话伙伴以及新的亚欧对话的引擎。[①]

　　(三) 第三阶段:全面伙伴关系阶段(1995 年至今)

　　东盟－欧盟部长卡尔斯鲁会议之后,东盟与欧盟开始进入发展全面伙伴关系阶段。随后东盟和欧盟之间进行了一系列的对话与磋商,加强了合作机制的密度,如先后举行了第一届高官会议 (1995 年新加坡)、第 12 届东盟－欧盟联合合作委员会(1995 年比利时布鲁塞尔)、第二届东盟和欧盟高官会议(1995 年爱尔兰都柏林)等双边会议,在这些会议中双方在更广泛的领域里展开了讨论,包括一些敏感话题。通过这些会议,东盟看到欧盟已经认识到其在亚太地区政治经济生活中的重要性。1996 年 7 月,欧盟委员会发表题为《建立具有新活力的欧盟－东盟关系》的报告,重申欧盟新亚洲战略,把东盟作为推行其亚洲政策的关键。1997 年东亚金融危机严重打击了东盟各国的经济,双方的经济关系有所削弱,1997 年缅甸加入东盟对双方的政治关系产生了负面影响,双方关系曾一度冷淡。2000 年 6 月双方僵局被打破,欧盟终于允许缅甸和东盟其他新成员老挝、柬埔寨加入到对话进程中来,而缅甸仍然被排除在合作伙伴框架之外。不过,欧盟也做了适当的让步,允许缅甸参加 2000 年 12 月在老挝首都万象举行的东盟－欧盟第 13 届部长会议,然而双方分歧并未完全消除,欧盟坚持把缅甸的人权状况列入会议议程之中。2001 年以后,东盟与欧盟的双边关系渐渐开始正常化,中断了 3 年之久的欧盟－东盟部长级会议在老挝万象召开,这次会议通过了《万象宣言》,双方在促进政治、经济合作以及讨论包括缅甸在内的一些敏感问题方面,都取得了富有意义的成果。

　　2003 年第 14 次欧盟－东盟部长会议上,双方在共同发表的《联合主席声明》中指出,要把东盟－欧盟对话作为欧亚战略性伙伴的基石,并将经济开发合作和政治对话合作视为东盟－欧盟关系的根本所在。声明还确定,双方要促进贸易和投资、可持续和公平发展、文化和民间交流、反对跨国犯罪与恐怖主义以及民主、好政府、人权、法规等方面的合

---

　　① ASEAN－EUROPEAN UNION DIALOGUE, http://www.aseansec.org/

作。① 这些领域为欧盟与东盟合作提供了一个平台，且"战略性伙伴"的提出对于双方关系而言是个积极的指向，不过，双方对如何实践才能建立实质的"战略性伙伴"仍然没有一个明确的长远目标，比如所列的那些合作领域，未加区别地囊括了几乎所有的内容。不过，2007 年东盟 – 欧盟部长会议上双方以理解与互利的方式提出了一个中期（2007—2012 年）行动计划，并计划了头两年在政治安全、经济、社会文化、发展等领域内的具体合作行动，②从而使得双方合作的目标更加清晰。

2008 年东盟与欧盟关系的重大发展是欧盟计划在 2009 年金边部长会议上签署《东南亚友好合作条约》，这将是世界上第一个地区性组织签署该条约，③为东盟与欧盟关系进一步发展奠定了基础。此外，2008 年在北京举行的第七届亚欧峰会上东盟赢得亚欧会议各成员国领导人的广泛支持，在《亚欧首脑会议主席声明》中，领导人支持东亚、东盟和南亚一体化进程取得的进展，欢迎《东盟宪章》的签署，包括倡议成立东盟人权机构以及《东盟经济共同体蓝图》的构想。④

二、CAFTA 与欧盟的经贸关系

（一）欧盟与东盟贸易的发展

从贸易量方面看，欧盟与东盟近年来相互之间的贸易比重有所下降，但仍不平衡。2000 年以前，东盟在欧盟对外贸易中的比重一直没有超过 5%。1997 年，欧盟对东盟的贸易只占其全部贸易总额的 2.7%。但是对于东盟来说，欧盟却是其第三大贸易伙伴（仅次于日本和美国），1997 年，东盟对欧盟的贸易占其全部对外贸易总额的 16%。⑤ 2001 年以来，尽管东盟对欧盟进出口在前期有所减少，但在 2004 年重新恢复了增长，进口和出口分别比上年增长 16.6% 和 11.2%，2006 年进口增长也超过了 10%，同时贸易顺差有所扩大。但从 2001—2006 年，东盟对欧盟的进出口占东盟总进出口额的比重一直呈下降趋势，进口额比重从 12.73% 下降到 10.1%，出口额比重从 15.68% 下降到 12.6%（如表 8 – 3 所示）。

从欧盟方面看，2001—2006 年欧盟对东盟的出口额从约 43 亿欧元增加到约 49 亿欧元，进口额从约 70 亿欧元增加到约 79 亿欧元。这个时期欧盟对东盟的进出口占东盟总进出口额的比重也一直呈下降趋势，进口额比重从 7.2% 下降到 6%，出口额比重从 4.91% 下降到 4%（如表 8 – 4 所示）。欧盟与东盟近年来的贸易量呈增长趋势，相互之间的贸易比重却有所下降。总的来说双方的贸易仍是不均衡的：2006 年，欧盟已经是东盟第二大贸易伙伴，占东盟贸易总额的 11.7%；而东盟占欧盟贸易总额的比重仅为 5%。⑥

从贸易的国别构成方面看，德国和英国是东盟最主要的贸易伙伴，而新加坡、马来西亚、泰国和印度尼西亚是欧盟最主要的贸易伙伴。目前在欧盟 27 个国家中，德国和英国是东盟最主要的贸易伙伴。进口方面，2006 年荷兰从东盟进口额为 16.2 亿欧元，占欧盟从

---

① Joint Co-Chairmen's Statement：http：//www. aseansec. org/.
② http：//ec. europa. eu/external_relations/asean/docs/action_plan07. pdf
③ Petchanet Pratruangkrai. EU to sign ASEAN amity, cooperation treaty http：//www. bilaterals. org/article. php3? id_article = 13179.
④ 第七届亚欧首脑会议主席声明, http：//www. fmprc. gov. cn/chn/linshiwj/P020081025667。
⑤ ASEAN Secretariat：ASEAN Statistical Yearbook 2001：69
⑥ Eurostat（the Statistical Office of the European Communities）：http：//epp. eurostat. ec. europa. eu/portal/page

东盟总出口的 20%，列第一位；①然后是英国(19.1%)和德国(19%)。出口方面，2006 年德国对东盟出口额为 14.5 亿欧元，占欧盟从东盟总出口的 29%，列第一位，然后是法国(14%)和英国(13%)。只有 6 个欧盟国家在与东盟的贸易中有少许顺差，最大的逆差国是荷兰(12.2 亿欧元)，然后是英国(8.8 亿欧元)和西班牙(3.1 亿欧元)。②

表8-3　东盟对欧盟(25 国)的贸易　(单位：百万欧元，%)

年份	进口额	占总进口比重	出口额	占总出口比重	贸易平衡	进出口总额
2001	45 575	12.73			111 044	
2002	42 305	11.91	61 320	-6.3	19 015	103 625
2003	39 054	11.70	57 496	-6.2	18 442	96 550
2004	45 545	11.91	63 921	11.2	18 376	109 466
2005	47 526	10.58	69 478	8.7	21 952	117 004
2006	52 475	10.1	74 977	7.9	22 502	127 452

资料来源：作者根据 Report of The ASEAN - EU Vision Group：Transregional Partnership for Shared and Sustainable Prosperity，2006 和 http：//www. Aseanesc. Org/ 13100. htm 计算并编制

表8-4　欧盟(25 国)对东盟的贸易　(单位：百万欧元，%)

年份	进口额	占总进口比重	出口额	占总出口比重	贸易平衡	进出口总额
2001	70 791	7.20	43 842	4.91	-26 949	114 633
2002	67 731	7.19	40 513	4.50	-27 218	108 244
2003	65 770	6.99	39 247	4.47	-26 523	105 017
2004	69 084	6.69	42 880	4.45	-26 204	111 964
2005	70 809	6.02	44 966	4.23	-25 842	115 775
2006	78 887	6.00	49 395	4.00	-29 491	128 282

资料来源：作者根据 Report of The ASEAN - EU Vision Group：Transregional Partnership for Shared and Sustainable Prosperity，2006 和 http：//www. Aseanesc. Org/ 13100. htm 计算并编制

　　在东盟成员国中，新加坡、马来西亚、泰国和印度尼西亚是欧盟最主要的贸易伙伴。2006 年，新加坡和马来西亚占东盟对欧盟出口的约 60%，进口接近 50%。新加坡对欧盟出口额为 19.3 亿欧元，占东盟对欧盟总出口的 25%，列第一位；然后是马来西亚(23%)、泰国(19%)和印度尼西亚(15.6%)，这 4 国占到东盟对欧盟出口的 82.6%。进口方面，新加坡、马来西亚、泰国和印度尼西亚同样列前四位，占东盟从欧盟总进口的 86.2%。③

　　从贸易的产品结构方面看，制成品贸易占支配地位，机械、电子设备与交通工具占总

①　荷兰的进口额和贸易逆差由于"鹿特丹效应"而被高估，相当数量的商品从荷兰鹿特丹进口后再流向其他欧盟国家。
②　数据来源于 Eurostat：Eurostat News Releases on the Internet. http：//ec. europa. eu/eurostat
③　数据来源于 Eurostat：Eurostat News Releases on the Internet. http：//ec. europa. eu/eurosta

贸易量的50%。随着东盟国家工业化的发展,制成品贸易已经在欧盟与东盟的贸易中占支配地位,其贸易额已经占到了85%的比重。制成品贸易又集中在机械、电子设备与交通工具上。1993—2003年,欧盟出口到东盟最主要的4类产品是机械和电子设备、化工产品、汽车类产品和金属及其制品,其中机械和电子设备占50%,其他三类产品占30%。东盟对欧盟出口方面,最主要的产品也是机械和电子设备,1993—2003年占其出口总额的55%,其次是纺织品和服装,占比接近10%。

2006年,东盟对欧盟的出口中,机械、电子产品与交通工具产品占46.8%,其他制成品占26.9%,化工产品占9.2%。值得注意的是东盟对欧盟的化工产品出口增长迅速,2006年比2000年增长了185%。欧盟对东盟的出口中,机械、电子产品与交通工具产品[1]占54.9%,化工产品占13.4%。

(二)欧盟对东盟直接投资的发展

从FDI的数量方面看,欧盟仍然是东盟最大的FDI来源地,但近几年所占比重略有下降;欧盟从东盟吸收的FDI流入量也有所下降。

2000年,欧盟对东盟的FDI占东盟外资的比重达28.3%,2001年增加到32.6%,近年来逐步回落,2006年降到25.5%。但1999年以来基本维持在25%以上。2002—2006年,欧盟对东盟的FDI稳步增长,总计超过300亿欧元,占流入东盟FDI总量的26.3%,排在首位,之后是日本(占18%)、东盟成员国区域内(占11.3%)和美国(占8%)。[2]

东盟作为发展中地区,对欧盟的直接投资一直处于较低水平。从FDI流量看,东盟地区对欧盟的FDI流入量波动很大,1999—2001年迅速增长,主要是新加坡带来的,2001年以后则呈迅速下降趋势。新加坡在其中起到非常重要的作用,平均占流入总量的70%。从流入总量看,东盟对欧盟的FDI流入量占其总流入量的比重一直处于较低水平,平均大约只占2%。

从FDI的国别分布方面看,欧盟对东盟的FDI仍主要集中在新加坡和马来西亚;英、荷、法、德4国仍然是最大的投资来源国。

1994年,英国对东盟的投资占欧盟对东盟投资总额的48%;同年荷兰、法国和德国对东盟的投资各占15%左右。以上4国对东盟国家的投资占当年欧盟对东盟国家投资总额的90%以上。2004年英、德、荷、法仍然是对东盟的主要投资国,但这4国所占比重有所下降,为57%(其中英国占23%)。

从欧盟对东盟FDI的产业分布看,主要集中在制造业、金融中介与服务(包括保险)和矿业采掘业。1993年,欧盟对新加坡的投资的86%集中在资本密集型的化工和石油行业;对马来西亚的直接投资30%集中在石油化工产业。1995年,欧盟对菲律宾的投资主要集中在旅游服务业;同年对泰国的投资中26.1%集中在制造业领域。1999—2004年,欧盟对东盟FDI流入量累计中,制造业占比重最大,为34.7%,其次是金融中介与服务(包括保险),占24.16%,矿业采掘业占13.63%。

---

[1] 包括发动机、工业机械、计算机、电气与电子设备及配件、公路车辆及配件和飞机、船舶、铁路设施。

[2] ASEAN Secretariat. http://www.aseansec.org/18144.htm

第三节　CAFTA 与美国的互动关系

一、CAFTA 与美国双边关系发展的历史沿革

20 世纪 70 年代中期以前，美国与菲律宾、泰国、印度尼西亚和新加坡等国已有着密切的双边政治经济联系。1977 年，东盟与美国建立正式的对话伙伴关系，东盟作为一个整体与美国开展经济、政治交往的历史自此开始。这个阶段东盟与美国的经济交往中，双方优先关注的是商品贸易、市场和资本准入、跨国企业运作、技术转移、能源开发、航运和粮食安全等方面。美国对东盟提供了地区性的农作物和林业资源保护、农业发展规划和非传统能源开发等方面的援助。

20 世纪 80 年代中期以后，东盟和美国经济合作关系有所改变，美国对东盟发展的官方援助有所减少，更加重视与东盟在人力资源开发方面的合作。这一特点在 1988 年的东盟－美国第八次对话会议上得以体现。1989 年 1 月 1 日，美国以"提前毕业"为名，正式取消对包括新加坡在内的亚洲"四小龙"的普惠制待遇，而对泰国的普惠制待遇也被部分取消。这一方面体现了东盟国家的经济进步，另一方面也说明，在全球战略缓和的态势之下，美国处理与东盟的关系时，更多地将经济利益与政治安全分开对待。

20 世纪 90 年代后，随着冷战的结束，美国战略重心向亚太地区转移，对于包括东南亚在内的东亚及亚太地区，美国有着更多的安全和经济利益。在这种背景下，东盟与美国的经济往来更加密切，贸易和投资、技术转移以及人力资源开发成为双边对话中最重要的三项内容。1990 年，美国和东盟签署谅解备忘录，设立了"贸易与投资合作委员会"和"共同增长联合会"。前者主要涉及贸易和投资领域，后者则主要涉及人力资源开发、基础设施、标准化、技术和贸易促进等方面。

从 1991 年开始，东盟与美国贸易谈判代表经常举行会谈。1993 年 5 月在文莱召开的第 11 次东盟－美国对话会议上，美国宣布其对东盟的所有援助都将通过"私人投资和贸易机会项目"（PITO）或"环境改善项目"（EIP）来执行。PITO 和 EIP 分别于 1989 年和 1990 年开始实施，前者终止于 1995 年，后者在 1995 年后合并到"美国－亚洲环境伙伴项目"（AEP）中，成为美国与东盟之间目前尚在运作的唯一的发展援助项目。

"东亚经济集团"（EAEG）是 20 世纪 90 年代初东盟和美国经济交往中的一个插曲。1990 年，马来西亚总理马哈蒂尔提出了建立 EAEG 的建议，旨在成立一个由东盟、日本、中国和韩国共同组成的地区经济组织。出于降低"集团"这个名称所具有的排他色彩的考虑，1991 年 10 月，EAEG 被更名为"东亚经济核心论坛"（EAEC）。马哈蒂尔此举被认为有着明显排挤美国在该地区作用的意图。这样的安排自然会受到美国的抵制，于是包括日本以及其他东盟国家在内的各方对此也持保留态度，最终 EAEC 计划无果而终。

1997—1998 年的东南亚金融危机对东盟与美国经济关系产生了重大影响，其主要表现在三个方面：

（1）双方贸易、投资大幅下挫。

（2）危机之后痛定思痛的东盟开始加速东盟自由贸易区（AFTA）的建设，使得之前主要以双边主义处理与东盟国家关系的美国有些措手不及，同时也给美国主导的范围更大的

亚太经合组织(APEC)的贸易和投资议程以一定冲击。东盟更热衷于首先推进内部的一体化进程，而非寄希望于更具不确定性的 APEC，在这一点上东盟与美国的差异一直保留至今。

(3)被指责应对危机负部分责任的美国，[①]在危机期间处理措施不当，对危机后东亚的金融合作也持冷淡态度。充分体现美国意图的国际货币基金组织(IMF)，对危机开出的"猛药"[②]走的也是"华盛顿共识"的路子，实际证明其效果并不理想。危机后期及危机过后，东亚的金融地区主义开始抬头，但由日本提出来的"亚洲货币基金"(AMF)构想也遭到美国的反对。

2003 年 5 月，新加坡与美国正式签署双边自由贸易协议，并于 2004 年 1 月开始生效。该协议是自北美自由贸易区(NAFTA)后美国签署的最大的自由贸易协议，也是美国与亚洲国家签订的第一个自由贸易协议。新加坡脱离东盟自行与美国签订自由贸易协议的做法在东盟内部引起了不少质疑和批评，马来西亚和印度尼西亚等国认为新加坡此举将危害东盟本身的团结以及一体化的进程。但这却阻挡不了美国继续发展与东盟成员国的双边关系。目前，泰国与美国的特惠贸易协定的谈判正在进行之中，马来西亚与美国已签署一个贸易与投资框架协议，印度尼西亚和菲律宾也有和美国签订贸易协定的想法。2006 年 7 月，柬埔寨与美国签署了《贸易与投资框架协议》。2007 年 6 月，越南和美国签署了《贸易与投资框架协议》。

此外，美国与东盟整体的关系也在进行之中。在 2002 年 11 月召开的东盟经济部长和美国贸易谈判代表会议上，东盟正式向美国提出成立"东盟－美国贸易和投资框架协议"(ASEAN－US Trade and Investment Framework Agreement)的倡议，以作为部分东盟成员国和美国达成双边自由贸易协定之外的补充。2005 年 7 月，在老挝举行的东盟－美国的扩大会议上，双方提出了"东盟－美国增进伙伴关系"(ASEAN－US Enhanced Partnership)的新合作计划。2006 年 8 月，美国与东盟方面签订了《美国－东盟贸易投资框架协定》(TIFA)，为双方未来签署自由贸易协议奠定了基础。2006 年 11 月，在出席 APEC 河内峰会期间，美国总统布什提出了"亚太自由贸易区"(FTAAP)的设想，但却没有得到东盟成员国(新加坡除外)的积极响应，该设想最后停留在"宏伟蓝图"的阶段。美国的主要想法是将 APEC 演变为一个自由贸易区，同时借此激活陷入停滞状态的 WTO 多哈回合谈判。而东盟大部分国家则担心此设想过于超前，甚至会产生"稀释作用"，使东盟失去对地区一体化的主导权。

在合作机制方面，现阶段东盟和美国之间已建立起如下对话和合作机制：东盟地区论坛(ARF)；部长会议后续会议(PMC)；东盟经济部长－美国贸易谈判代表会议(AEM－US-TR)；东盟－美国对话会议；联合计划委员会(JPC)会议；东盟－美国商业理事会(ASEAN

---

① 巴格瓦蒂和罗伯特·韦德认为，华盛顿应该为东亚金融危机承担主要责任。他们认为，疯狂逐利的"热钱"(hot money)泛滥，相关国家监管的无力，导致短期贷款的大量流入和投资过度。东亚过早实行的金融市场自由化和资本项目自由化直接导致了危机的发生，而这些则是"华尔街－财政部联合体"强加给东亚国家的。马哈蒂尔更是极端地认为，危机是西方的"阴谋"，是"新型帝国主义"的直接表现。

② 具体内容包括：银行合并、会计和信息制度改革、提高银行透明度和责任心、切断银行家和当地政客的联系、开放本地银行系统、维持强势货币、削减食品补贴、削减政府开支等。

－US Business Council)等。① 双方已签署的经济合作协议主要以谅解备忘录的形式出现，其内容主要包括人力资源开发、环境保护、与贸易相关的标准化等。

二、CAFTA 与美国的经贸关系

（一）东盟与美国的贸易关系

表 8 –5 显示，1993 年以来，东盟对美国的出口存在两个明显的拐点，这两个拐点分别出现于 1998 年和 2001 年。1998 年之前，东盟和美国之间的贸易持续增长，年均增长率超过 10% 以上(最高的 1997 年为 17.7%，最低为 1996 年的 8%)，其间对美出口占东盟全部出口的比重略低于 1/5，1998 年、1999 年该比重上升到顶峰，达到 1/4。受金融危机影响，从 1998 年开始，东盟对美出口的总额出现下降(但比重没有下降)。随后到 2001 年，东盟对美出口出现恢复性增长(增幅小于 10%)，其比重保持在超过 1/5 的水平。主要受美国经济衰退影响，2001 年东盟对美出口大幅萎缩(下降约 15%)，这种颓势延续到 2004 年才出现扭转，略超金融危机之前的水平。2005 年东盟对美出口出现大幅增长，达到 929 亿美元，占其总比重的 23.6%。不过值得注意的是，其间东盟对美出口占其全部出口比重呈现持续下降趋势，其中一个重要原因是同期东盟对中国出口持续高速增长(年均增幅几乎达到 40%)。② 2006—2008 年东盟对美国进出口分别持续增长，但占进出口的比重却持续下降。

表 8 –5 东盟对美国的进出口贸易及其比重 （单位：亿美元，%）

年份	出口	比重	进口	比重	贸易总额	比重
1993	420.1	18.8	337.1	16.3	757.2	17.6
1994	493.7	18.5	392.0	15.9	885.7	17.2
1995	549.9	17.3	464.4	15.6	1 014.3	16.5
1996	595.1	17.0	530.1	16.4	1 125.2	16.7
1997	700.3	19.7	617.0	18.0	1 317.3	18.9
1998	646.2	24.9	509.4	16.1	1 155.6	20.1
1999	700.8	24.9	459.9	13.5	1 160.7	18.6
2000	737.7	21.3	484.5	11.8	1 122.2	14.8
2001	627.4	19.8	456.2	12.2	1 083.6	15.8
2002	615.6	18.8	434.0	11.3	1 049.6	14.7
2003	614.4	17.1	499.2	11.6	1 113.6	14.1
2004	751.8	16.3	545.8	10.4	1 297.6	13.2
2005	929.4	14.3	609.8	10.6	1 539.2	12.6
2006	969.4	12.9	642.5	9.8	1 611.9	11.5
2007	1 063.8	12.4	726.9	9.7	1 790.7	11.1
2008	1 014.6	11.6	797.4	9.6	1 812	10.6

资料来源：ASEAN Statistical Yearbook 2008. pp. 82.

---

① 廖少廉，陈雯，赵洪. 东盟区域经济合作研究. 北京：中国对外经济贸易出版社，2003：144
② 2002—2004 年，东盟－中国双边贸易额以年均 38.9% 的速度增长，东盟已成为中国第五大出口地和第四大进口来源地。2004 年双边贸易额提前一年实现突破 1 000 亿美元的目标。数据来源：联合早报. 2005 –08 –17

在进口方面，1994—2005 年间东盟与美国经济关系的最大特点是东盟始终处于顺差地位。顺差额通常在数十亿到 100 多亿美元之间，2004 年、2005 年的顺差分别达到 206 亿美元和 320 亿美元。1998 年之前，东盟对美国的进口保持增长，但比重一直维持在低于 18%的水平。金融危机给东盟进口能力带来较大影响，此后直到 2003 年，东盟对美国的进口均维持在 400 多亿美元的水平，基本与 1994 年的总量持平。从 1997 年开始，东盟从美进口的比重基本保持下降的趋势，从最高的 18%下降到 10%。

在上述统计周期中，从贸易总量上看，因为出口变动的幅度较进口大，所以总量的变动趋势与出口基本保持一致，即 1998 年是个转折点，到 2004 年基本恢复到 1997 年的水平，2005 年出现大幅增长。从比重上看，1998 年之前，东盟和美国之间的贸易占东盟全部对外贸易的比重低于 20%（1998 年为 20.1%）。值得注意的是，此后这一比重总体呈下降趋势（比 1998 年前要低大约 5%），最高不超过 14%。在贸易总量大幅增加的 2005 年，该比重已降到 10%左右。东盟对美国的贸易依存度正出现下降趋势。

表 8－6 显示了 1993 年以来东盟与几个主要贸易伙伴的贸易状况。我们可以看出，自 1993 年以来，美国一直是东盟最大的区外贸易伙伴（不包括作为区内贸易的东盟本身）。具体而言，美国一直是东盟最大的区外出口市场，是东盟的第二或第三大区外进口市场。2005 年，东盟对美出口 929.4 亿美元，进口 609.8 亿美元，总量达到 1 500 多亿美元（占 12.6%），约为东盟内部贸易的一半，与东盟第三大贸易伙伴日本基本持平。该年美国是东盟的第一大出口市场、第三大进口市场（排在日本和中国之后）。表 8－6 同样清楚地显示，与东盟的其他贸易伙伴不同，在美国与东盟的贸易往来中东盟始终处于顺差地位。

表 8－6　1993—2008 年东盟的主要贸易伙伴　（单位：亿美元）

年份	东盟		美国		日本		欧盟		中国大陆	
	出口	进口	出口	进口	出口	进口	出口	进口	出口	进口
1993	436.8	387.6	420.1	337.1	309.5	557.0	313.9	318.2	45.3	434.4
1994	585.7	469.1	493.7	392.0	343.0	673.0	352.0	387.3	53.0	57.6
1995	701.8	536.0	549.9	464.4	426.8	785.4	442.9	463.9	62.0	71.3
1996	809.7	642.1	595.1	530.1	431.5	733.1	469.3	573.8	74.4	92.2
1997	853.5	646.2	700.3	617.0	420.1	712.6	460.9	510.1	91.7	134.8
1998	693.1	516.0	646.2	509.4	347.2	466.9	461.3	332.6	92.0	112.1
1999	749.0	577.7	700.8	459.9	376.8	514.7	557.3	347.1	95.9	123.3
2000	933.8	734.7	737.7	484.5	505.6	656.3	629.0	390.2	141.8	181.4
2001	826.8	676.4	627.4	456.2	482.5	532.6	566.9	396.8	145.2	174.0
2002	867.0	732.0	615.6	434.0	445.0	530.8	543.9	400.2	197.5	232.1
2003	1 000.3	758.8	614.4	499.2	503.4	580.5	570.0	428.1	270.4	282.7
2004	1 200.7	1 018.0	751.8	545.8	637.6	725.0	694.1	518.3	386.5	432.1
2005	1 638.6	1 410.3	929.4	609.8	727.6	810.0	809.2	596.1	522.6	611.4
2006	1 891.8	1 635.9	969.4	642.5	812.6	804.9	944.1	659.2	650.1	749.5
2007	2 173.3	1 845.6	1 063.8	726.9	851.4	879.2	1 079.9	787.3	779.5	931.7
2008	2 424.6	2 155.8	1 014.6	797.4	1 048.8	1 074.2	1 129.5	895.5	855.6	1 069.8

资料来源：ASEAN Statistical Yearbook 2008：82－83

（二）美国对东盟的投资

20 世纪 80 年代之前，美国一直是东盟最大的区外 FDI 来源国。这种情况在 80 年代中期发生了改变。1985 年广场协议之后，日元大幅升值导致日本对东盟投资迅速增加，日本取代美国成为东盟最大的外资来源地，直到 1998 年，日本对东盟的投资都超过美国。不过金融危机后，日本对东盟投资出现了急剧下降（从 1998 年的 35 亿美元下降到 1999 年的 12 亿美元，2000 年更进一步降低到 7.8 亿美元，创下 1993 年以来的历史最低纪录），美国重新成为东盟的最大外资来源地。

表 8 - 7 显示了 1995 年以来美国对东盟投资的基本数据。从中可以看出，除特殊情况的 2002 年（该年美国对东盟投资的急剧下降主要受 2001 年美国经济大幅衰退以及因"9·11"事件而导致的对外投资信心下降的影响）外，美国对东盟投资每年基本维持在数十亿美元的水平，1995—2001 占东盟所有外资来源的比例基本维持在 15%～30% 的水平上；2002—2008 年占东盟所有外资来源的比例急剧下降，基本维持在 2%～20%。

表 8 - 8 通过比较显示了 2004—2005 年美国对东盟的投资占东盟所有引进外资的比重。2005 年，美国对东盟投资额达到 87 亿美元，在 2001—2005 年间，累计投资 181 亿美元。在统计期间，美国是东盟最大的 FDI 来源国（不包括作为一个整体的欧盟），比排在第二位的日本高出约 5%，是中国对东盟投资的 10 倍以上。

表 8 - 7　1995—2008 年美国对东盟投资　　　　　　（单位：百万美元，%）

年份	总额	比重	年份	总额	比重
1995	4 318.4	15.3	2002	357.6	2.6
1996	5 177.2	17.1	2003	1 395.3	7.6
1997	4 950.1	14.5	2004	5 051.9	19.7
1998	3 222.3	14.4	2005	3 945.8	10.0
1999	5 931.7	21.3	2006	3 406.4	6.2
2000	7 311.6	32.3	2007	6 345.6	9.1
2001	4 569.4	24.8	2008	3 392.5	5.6

资料来源：ASEAN Statistical Yearbook 2008：128

表 8 - 8　2004—2005 年东盟的 FDI（净流入）主要来源国

国家/地区	净流入量（百万美元）			比重（%）		
	2004 年	2005 年	2001—2005 年	2004 年	2005 年	2001—2005 年
东　盟	2 630.3	2 220.4	13 314.2	10.3	5.8	11.3
美　国	3 919.4	8 748.4	18 120.3	15.3	23.0	15.3
日　本	3 119.3	3 163.7	12 096.0	12.2	8.3	10.2
欧盟（25 国）	7 856.3	7 122.7	31 478.8	30.6	18.7	26.7

续表 8-8

国家/地区	净流入量(百万美元)			比重(%)		
	2004 年	2005 年	2001— 2005 年	2004 年	2005 年	2001— 2005 年
中 国	670.3	569.8	1 509.0	2.6	1.5	1.3
韩 国	682.1	628.4	1 709.6	2.7	1.7	1.4
澳大利亚	537.8	326.7	972.4	2.1	0.9	0.8
印 度	110.6	305.9	641.9	0.4	0.8	0.5
加拿大	243.4	38.9	180.4	0.9	0.1	0.2
新西兰	1.1	471.2	675.6	—	1.2	0.6
巴基斯坦	4.3	1.5	15.0	—	—	—
其他国家/地区	5 886.2	14 563.0	37 366.9	22.9	38.3	31.6
东盟全部贸易	25 661.1	38 082.9	118 080.2	100.0	100.0	100.0

资料来源：ASEAN Foreign Direct Investments Database. http：//www. Aseansec. org/Stat/Table26. pdf

第九章　中国－东盟自由贸易区
未来拓展的前景剖析

建立中国－东盟自由贸易区将成为发展中国家之间合作的一个成功范例。它不仅会加强中国与东盟之间的睦邻友好合作关系，而且对于双方实现优势互补、联合自强、开拓新的发展机遇、共同抵御经济全球化带来的风险、增强亚洲国家在国际经贸事务中的地位，具有十分重要的作用。但是，由于中国与东盟国家都是发展中国家，两个经济体之间的社会制度、经济发展存在差异，历史问题特别是领土问题等都在一定程度上影响中国－东盟自由贸易区的发展和深化。对这些历史和现实问题进行处理需要大智慧、大战略和大思路，需要双方发挥更多的政治智慧，才有可能突破这些障碍，推动中国－东盟自由贸易区向深入发展。

第一节　影响中国－东盟自由贸易区
未来拓展前景的主要因素

中国－东盟自由贸易区的深化与拓展既存在着机遇，也面临着挑战。我们在充分发挥有利因素的同时，更要共同致力于解决好双方矛盾，清除障碍，实现和谐发展、互惠共赢。

一、主要有利因素

中国和东盟经贸关系之所以能进入全面合作状态，主要有以下几个方面的原因：

（一）地缘优势

中国与东盟国家地理位置接近，且有众多的海外华侨和华人"搭桥"。

（二）经济上有一定互补性

在资源、产业结构、技术水平和市场等方面，中国与东盟都有一定互补性，中国有可能成为东盟国家工业原料的更大市场，相互之间从初级产品到高技术产品都存在交换的可能，实用技术的转让具有广阔的前景。另外在农产品方面具有较明显的互补性。

（三）国际格局变化的影响

随着两极体制的解体和世界向多极化的发展，世界经济一体化和区域集团化趋势加强，为维护地区和平与安全，在国际竞争中处于有利地位，中国与东盟及时调整对外政策，高度重视发展双方友好关系。

二、主要不利因素

中国－东盟自由贸易区的建立在给成员国带来无限发展机会的同时，也使一些本来处于潜伏状态的区域性经济矛盾进一步激化，这些矛盾成为中国－东盟自由贸易区发展的桎梏。此外，除了自由贸易区带来的区域经济竞争矛盾，区域内外非经济竞争性矛盾，如"中国威胁论"、主导权问题、南海岛屿问题，以及同美、日、韩等国家/地区的利益关系等敏感的政治问题,处理不慎同样会严重阻碍成员国之间合作的深度和广度,影响中国 – 东盟自由贸易区的发展空间。下面将从贸易区内外政治、经济等矛盾来分析中国 – 东盟自由贸易区进程中的障碍因素。

（一）政治因素

1."中国威胁论"对中国的负面影响

改革开放以来,中国经济和社会发生的巨大变化引起了国际社会的广泛关注,尤其是20世纪90年代中期以来,有关"中国崛起"的著述频频问世。与这一对中国崛起持肯定声音相伴随的是种种"中国威胁论",从军事、经济、文化、生态等方面反映了国外部分学者、政界对中国强大的不合理的恐惧心理。而东盟国家由于在历史领土及意识形态上与中国存在着利益冲突,"中国威胁论"在东南亚也颇具市场,成为中国 – 东盟自由贸易区建设的不和谐音,并在中国 – 东盟自由贸易区建设进程中总会以这样或那样的形式表现出来,进而或多或少地影响到中国 – 东盟自由贸易区的建设。

（1）"中国威胁论"的缘起。

"中国威胁论"的始作俑者是日本防卫大学副教授村井龙秀,其在1990年日本《诸君》杂志上发表的题为《论中国这个潜在的"威胁"》一文,从国力角度把中国视为一个潜在的敌人。随后在西方以美国为首的国家不断发出"中国威胁论"的声音。如罗斯·芒罗在《正在觉醒的巨龙——亚洲真正的威胁来自中国》一文说:中国的崛起对于美国的安全利益和经济利益将造成的影响都是前所未有的;哈佛大学教授亨廷顿在《文明的冲突与世界秩序的重建》中断言,儒教文明与伊斯兰教文明的结合将是西方文明的天敌。而这些有关"中国威胁论"的论述很快引起亚洲媒体的广泛回应。1992年8月12日的日本《朝日新闻》就断言,"中国正在成为破坏亚洲均势的不稳定因素";而印度等国更是出于自身的政治需要,不遗余力地宣扬"中国威胁论"。"中国威胁论"在亚洲尤其是东亚进一步扩散开来。

（2）"中国威胁论"的主要观点及其对中国 – 东盟自由贸易区建设的负面影响。

①"中国威胁论"认为,中国自古就是亚洲大国,现今觉醒后将不会甘于平庸,它的强大将会对包括美国在内的当今世界所有大国的地位和国际格局形成挑战也会影响到身处其中的中国 – 东盟自由贸易区的建设。更何况,东亚还是区域外大国利益集中之地,自身的区域经济一体化进程本来就较多受到区域外因素的影响。尤其是美国,不但多方面参与甚至主导东亚事务,而且与东亚各国的经济联系极为密切,其自身也在通过双边自由贸易协定不断向东亚渗透,东亚本区域内的日本、韩国更是深受其影响。缺少美国的支持,中国 – 东盟自由贸易区的发展进程和成果可能会打折扣。

②中国经济的迅速发展和中国大陆、中国香港、中国台湾经济相互依存程度的日益加深,将会导致"大中华经济圈"的形成,这将对东亚和世界经济产生负面影响。同时,中国经济的发展将不可避免地加剧亚洲发展中国家之间对国际市场和国际资金的争夺,尤其是影响到东南亚和南亚国家对外国直接投资的吸引;有的国外学者认为,中国通过利用其低廉的劳动成本和高科技的引进,不仅使自身吸引外资的能力日益提高,也必然会造成中国贸易顺差的不断扩大,中国与相关国家的贸易不平衡进一步加剧,从而抢夺了其他国家的就业机会,损害了它们的工业基础。由于统计出口方法的差异,东盟也曾认为自己在和中国的贸易中处于逆差状态,并耿耿于怀。

③社会主义事业的成功将对西方文明构成挑战。以"文明冲突论"的创造者、美国哈佛

大学教授萨缪尔·亨廷顿为代表的学者，认为过去一直是东亚的主宰力量、经历耻辱之后正在走向强大的中国必然会对美国在东亚的势力构成威胁，而两国由于分别属于两个完全不同的文明体系，在未来必将在意识形态上产生分歧；中国将崛起成为新的强权，亚洲将只能在"均势但冲突不断"与"和平但接受中国新强权的领导"之间做出选择。由于萨缪尔·亨廷顿本人曾在新加坡、马来西亚等东盟国家就这一问题专门进行过类似"文明冲突及其对东亚影响的意义"的演讲，这一论调在东盟国家也颇具市场，引起东盟国家对中国意识形态方面的普遍担忧，而这自然会或多或少地影响到中国－东盟自由贸易区的建设。

④中国经济的发展将使其有足够的实力发展军事力量，从而对周边及西方世界构成军事威胁。这主要包括：中国的军事力量已超过了防卫能力，"开始具备侵略能力"①；到2020年，中国将拥有经济能力购买军事技术领域革命所带来的先进武器和武器系统，中国台湾海峡和南中国海将成为东亚潜在的最热点地区②；中国强大后可能会提出收复失地的要求，这将引起边界冲突。这些论调自然会使本就与中国在南海诸岛问题上存有领土争议的东盟国家顾虑重重。1995年10月，菲律宾前总统拉莫斯在夏威夷东西方中心进行演说时曾宣称，"中国是东亚地区头号威胁"；2000年5月，国立新加坡大学政治学系教授李励图针对"东盟区域安全课题中的中国因素"说，东南亚国家联盟一些成员国仍然担心北京的军事现代化会威胁到它们的国家安全；菲律宾报纸也曾载文声称，要防止"中国入侵"，"捍卫菲律宾主权"，并试图将南沙问题"地区化"、"国际化"。虽然中国政府"搁置争议、共同开发"的原则，为双边关系的稳定和中国－东盟自由贸易区的建立创造了条件，但随着中国经济的日益发展和中国实力的日渐强大，这一从未消失的顾虑还会不时浮现，进而影响到中国－东盟自由贸易区的建设进程。

⑤人口众多的中国在继续发展过程中需要消耗各种各样的资源，这将同其他国家发生抢占国际资源的冲突和对环境造成污染。1996年6月16日的《纽约时报》就曾载文称，中国经济的发展会使全球油价上升；中国对中国台湾和南中国海的行动会切断日本的原油生命线，使整个亚洲的经济陷于瘫痪；中国的工业化将危害世界环境。而中国大量进口粮食，将会对世界粮食供应造成威胁；中国消费热的出现，"将对全世界产生严重的影响"，这些论调在东盟国家具有一定的市场。东盟国家既欢迎外资，又担心来自中国的直接投资只对自己的资源感兴趣，会造成对自身资源的过度开发，使本就存在瓶颈的东盟经济更加后续乏力，不利于东盟区域经济的可持续发展。这种犹疑的态度必然会反映到各自的外资政策和中国－东盟自由贸易区贸易投资便利化措施的实施当中，进而对中国－东盟自由贸易区的建设产生影响。

总之，在中国与周边国家增进互信的同时，"中国威胁论"将始终难以销声匿迹。原因有三：一是随着中国对周边地区的影响进一步增强，妒忌、惶恐者会故意散布"中国威胁论"；二是不明真相或缺少对中国了解的人，会误解或曲解中国的战略意图，夸大中国发展壮大对别国产生的安全压力；三是由于产品结构相似性，周边地区对中国商品冲击力存在

---

① 美国前国家安全事务助理布热津斯基认为：中国增强军事力量是危险的，中国的军事力量已超过了防卫能力，"开始具备侵略能力"。

② 1995年12月，美国克莱蒙特研究所和中国台湾国际关系所在洛杉矶共同举办了"中国威胁：理论与现实"的国际研讨会。其主要论点是：到2020年，中国将拥有经济能力购买军事技术领域革命所带来的先进武器和武器系统。到那时，中国台湾海峡和南中国海将成为东亚潜在的最热点地区，中、俄、美三国之间可能出现三角的核均势。

种种担忧,而随着中国对能源和资源的依存度增大,新的"中国资源威胁论"也将会有一定市场。

2.主导权问题

从区域性经济组织的实际运行来看,成功的区域组织如欧盟、北美自由贸易区,都有一个国家或几个国家作为区域性组织的核心,掌握区域经济组织主导权。其职能在于有效地承担区域组织内外部的重大职责,发挥协调该组织成员国之间利益分配等事项的作用。没有发动机的一体化是难以深入的。

尽管早在商谈建立中国-东盟自由贸易区之时,中国就明确表态完全同意保留东盟的核心地位,并充分考虑东盟的利益,对东盟的不发达成员给予特别优惠关税待遇;在随后的中国-东盟自由贸易区启动与建设过程中,中国也多次在公开场合重申,支持东盟在东亚经济一体化中的主导地位,希望东盟在东亚经济一体化中一如既往地发挥主导作用,并于2003年10月《中国-东盟全面经济合作框架协议》开始实施后仅仅3个月,即对东盟愿望作出积极回应,正式加入了《东南亚友好合作条约》,成为东盟的第一个战略伙伴。但由于东盟各国均属于经济小国,任何一国的经济实力都无法与中国相抗衡,中国-东盟自由贸易区主导权的归属始终还是一个萦绕在东盟各国心间的无法轻易挥去的问题。而且,随着中国经济的进一步发展和中国实力的进一步增强,这一问题还有可能被不断放大,从而变得更为敏感而棘手。如何切实消除东盟的疑虑,成为中国-东盟自由贸易区深入发展必须面对的问题。

强调整体力量,用一个声音说话,这既是东盟一贯秉承的对外审慎态度和强烈的保护主义传统,也是东盟以一个整体的"1"而非分散的"10"参与中国-东盟自由贸易区建设的原因所在。但作为一个主体,如何在中国-东盟自由贸易区的建设进程中协调好自身内部各国的利益关系,切实排除内部矛盾的困扰而达成一致就更为关键,其直接关系到"10+1"的目标能否真正实现、东盟的整体合力能否真正持续有力,进而在中国-东盟自由贸易区建设乃至东亚经济一体化推进中切实维护自身的主导地位,更好地实现自身利益。

中国与东盟在计划建立自由贸易区时都有着各自的考虑。对于东盟来说,与中国建立自由贸易区是想搭乘中国经济快速发展的列车,使本地区经济迅速恢复,同时刺激日本、韩国加快与东盟的合作,依托中、日、韩寻求与美、欧更有效的合作;对于中国来说,通过建立自由贸易区,可以借助东盟的力量,增强中国在东亚地区与日本抗衡以及在亚太地区与美国抗衡的实力,进而打破美、日孤立中国的企图。在经济目标和政治目标不尽相同的情况下,双方的矛盾冲突在所难免。虽然可能不会出现显性的表现,但是这种较量的持续存在,将会在一定程度上阻碍着合作的深化[1]。尽管如此,必须注意的是,虽然经济目标和政治目标不尽相同,但中国-东盟自由贸易区的构建是在区域经济一体化蓬勃发展的时代背景下源于双方战略的考虑却是一个不争的事实。希望通过中国、东盟的双边经济合作推动政治互信,扩大在国际舞台上的影响力与发言权,营造和平与稳定的地区发展环境,进而推动东亚的区域经济一体化,是双方共同的目标。这种政治因素的始发动力正是中国无意成为中国-东盟自由贸易区主导力量的关键所在。更何况,尽管随着自身经济的发展,对东盟的援助规模不断扩大,目前的中国还是没有足够的经济实力通过某种程度的让渡自

---

① 王磊荣,蓝小林.不可忽视的非经济竞争矛盾.人大报刊复印资料外贸经济、国际贸易,2006(1)

身利益承担起东南亚地区稳定与发展的主要责任。中国－东盟自由贸易区的建设是一个长期的复杂的动态过程，各成员方在相互高度信任的基础上持续不懈的努力至关重要。放弃无益的且极易引起争议的虚名，更加注重现实，营造一个和平与稳定的有利于自身更好发展的良好外部环境，才是中国参与区域经济一体化的根本目的。

3.南海诸岛的争议

当前所谓的"南海主权争端"，主要是指南沙群岛的争端。南沙群岛在南海的东南角，位于北纬4°～11°30′、东经109°30′～117°50′，距离越南海岸约650公里，距西沙群岛约750公里，距海南岛约1 000公里，距东马来西亚的沙巴海岸约250公里、沙捞越海岸约160公里，距菲律宾的巴拉望岛约100公里。群岛由近235个荒芜的岛、礁、沙、滩组成，其中仅约20个岛礁可以维持人类生活，其余或太小，或尚未露出水面。

中国是最早发现并命名南沙群岛的国家，持续对南沙群岛行使主权管辖。对此，中国有充分的历史和法理依据，国际社会也长期予以承认。第二次世界大战期间，日本占领了包括南沙群岛在内的中国大部分地区；1946年12月，根据《开罗宣言》和《波茨坦公告》的精神，当时的中国政府指派高级官员亲赴南沙群岛进行接收，以一系列法律程序向全世界宣告中国恢复行使对南沙群岛的主权。战后相当长时期内，并不存在所谓的南海问题。南沙群岛是中国不可争议领土的一部分，甚至连现在对这些岛屿及海域提出领土主权要求的一些周边国家都曾经承认过这一点。越南在1975年以前明确承认中国对南沙群岛的领土主权；菲律宾和马来西亚等国在20世纪70年代以前没有任何法律文件或领导人讲话提及本国领土范围包括南沙群岛；不少国家政府和国际会议的决议也都承认南沙群岛是中国的领土。中国政府对南沙群岛享有无可争辩的主权。

（1）南海诸岛争端的由来与复杂化。

南沙群岛海域北靠中国大陆，东邻太平洋，西望中南半岛，经马六甲海峡和巽他海峡与印度洋相连接，是联系印度洋、太平洋的交通枢纽和重要的国际航道；这里还蕴藏着丰富的石油、天然气与多种重要的矿产资源以及丰富的水产资源。在平时可以作为商船补给及临时避风场所，在战时亦可作为战舰的前进基地，具有重要的战略价值和商业价值。

南沙群岛的战略地位与自然资源正是引发南海诸岛争端的根本原因。自20世纪60年代起，越南、菲律宾、印度尼西亚和马来西亚等周边国家以所谓"无主领地"、"时际原则"、"邻近原则"等为借口，陆续对邻近它们国家的南沙群岛岛屿及其水域进行大规模的资源开发活动进而提出主权要求，派兵占领部分岛屿，经常性地扣押、驱赶或挑衅前往相关地区作业的中国船只。在外交场合，这些国家为了保护它们在南沙群岛所取得的既得利益，相互协调立场，争取"用一个声音说话"，表现出联合向中国施压的态势。加之个别区域外的其他国家出于种种复杂的动机，不断插手南沙主权争端，渲染"中国威胁"，并以"协助"相关国家抵御"中国威胁"为幌子，持续加强与有关国家的政治和军事同盟，更加剧了以南沙主权争端为外在表现的地区紧张局势。

近年来，南沙主权争端更加复杂，不仅是周边国家的海域划界之争，而且也成为一种国际政治与军事力量的较量；它不仅仅涉及法律问题，而且涉及具有经济意义和地区安全的问题。

（2）南海诸岛争端及其对中国－东盟自由贸易区建设的影响。

自1992年中国成为东盟国家的磋商伙伴以来，双方政治互信明显提高，经济联系日益加深；一些遗留问题，如南中国海问题、边界问题以及东盟国家与美国的军事同盟等问题，成为中国与东盟关系深入发展的主要障碍。在这些问题的处理上，既要考虑到发展相互经济关系的要求，又要避免政治关系左右经济关系的发展。

为了避免南沙问题的进一步复杂化，中国坚持通过双边谈判解决争议，防止多边化与国际化，反对外部势力的介入和干预；邓小平高瞻远瞩地提出"搁置争议，共同开发"，为中国很好地处理南海问题确定了和平方针。而东盟国家逐步认识到中国在减少危机中所起的作用，愿意与中国搞好双边关系，开展友好、稳定的外交，在南沙问题上倾向于调停而不是对抗。2002年，中国与东盟签署《南海各方行为宣言》，强调通过友好协商和谈判，以和平方式解决南海有关争议。在南海问题争议解决之前，各方承诺保持克制，不采取使争议复杂化和扩大化的行动，并本着合作与谅解的精神，寻求建立相互信任的途径，包括开展海洋环保、搜寻与救助、打击跨国犯罪等合作。这在一定程度上保持了南海地区的和平与稳定，增进了中国与东盟的互信程度。但由于主权争议问题十分棘手，作为一份政治宣言，《南海各方行为宣言》不具备法律约束力，一场旷日持久的争论在所难免，南海问题始终是中国－东盟自由贸易区建设的隐患。例如，2006年4月，越南国营移动电话公司宣布计划在南沙群岛建立无线电话通信网络；同年6月，菲律宾表示将在南沙群岛的中业岛重修飞机跑道，增修军舰停靠码头。越南、菲律宾这种继续加强对南沙实际占有的具体行动措施，显然有违《南海各方行为宣言》的精神①。如何历史、现实、客观地认识，并谨慎、积极、妥善地处理中国与东盟国家在南海岛屿的纷争，切实履行《南海各方行为宣言》，求同存异，以必要的政治诚意和灵活性寻求一个彼此均能接受的解决方案，为中国与东盟全方位的经济合作创造一个良好稳定的周边环境，对加速推进中国－东盟自由贸易区的建设进程具有十分重要的作用。

4. 美、日、韩以及中国台湾省等在东亚的政治经济利益

美国、日本等发达国家以及东亚本地区的韩国等都对中国－东盟自由贸易区的创立和发展表现出明显的不安和密切的关注。中国决定与东盟建立自由贸易区，可以说在东亚地区经济合作进程中抢占了先机，也大大地刺激了区域内外的其他国家。鉴于中国－东盟自由贸易区只是未来整个东亚区域经济合作的一个组成部分，以及日本、韩国、美国在东亚政治经济中举足轻重的地位，积极妥善地处理与美、日、韩的关系，对推动中国－东盟自由贸易区的建设进程，进而推动整个东亚区域经济合作具有十分重要的作用。

继中国和东盟签署了自由贸易区协定后，美国、日本、澳大利亚、新西兰、印度和俄罗斯都与东盟签订或正在谈判签订双边自由贸易协定，以加强与东盟建立更为紧密的经济合作伙伴关系，并允诺给予东盟更为优厚的待遇。与此同时，东盟各成员国与其他发达国家之间的双边经济合作协定的签订也正在紧锣密鼓地展开。有些东盟国家感到自己处于中心位置上，存在"中国不满足我的要求我就与其他国家谈"的心理，难保不出现要价过高的现象，这无疑会给中国－东盟自由贸易区建设带来新的挑战，处理不好就会阻滞和抵消中国－东盟自由贸易区已有积极措施的贯彻实施，进而影响到中国－东盟自由贸易区的建设进程。

（1）与日本的关系。

---

① 《国际先驱导报》（2003年3月7日），转引自《报刊文摘》（2003年3月17日）。

作为世界第三、亚洲第二的经济大国，日本在亚洲尤其是东亚区域经济中一直居于主导地位。然而20世纪90年代初，日本由于经济泡沫破灭而陷入长期低迷，国内的消费和投资需求严重萎缩；进入21世纪后，其依然受困于巨额的不良债权，通货紧缩、失业增加等难题无法有效解决，日本的盟主地位受到越来越严峻的挑战。尤其是当日本政府、学术界等正在研究重塑东亚金融危机后日本企业在东南亚的形象，并改变日本企业在东南亚的经营策略之时，中国与东盟在10年内建立自由贸易区的协议达成，将在日本引起强烈反响——企业担心中国超越日本成为东亚经济新的领头羊；政府担忧该贸易区会削减日本企业对东盟的出口竞争力，丢失日本跨国公司在东南亚传统的贸易、投资市场，并对东南亚日资企业的生产与产品销售造成威胁。为此，日本一方面加快与东盟个别国家洽商双边FTA，截至目前，已同新加坡、马来西亚、菲律宾、泰国、印度尼西亚签订了双边经济合作协定；另一方面又积极同东盟探讨日本与东盟自由贸易区问题，尽可能地化解中国可能成为亚洲区域整合主导者的竞争压力，2007年11月《日本－东盟全面经济伙伴关系协定》签署，于2008年4月正式生效，这也是日本与区域性经济组织达成的第一个自由贸易协议。此外，为超越中国－东盟自由贸易区，维持自己在亚洲经济的主导地位，日本还相继抛出了亚洲自由贸易区和泛亚洲经济圈的倡议。所谓亚洲自由贸易区，其成员主要包括日本、中国大陆、韩国，以及中国台湾、中国香港和东盟十国。所谓泛亚经济圈，其成员则主要以东盟、日本、中国、韩国为主，再把印度纳入其中①。无论亚洲自由贸易区，还是泛亚经济圈，其对中国－东盟自由贸易区的影响是不言而喻的。

（2）与韩国的关系。

作为东亚的另一经济强国，韩国对中国－东盟自由贸易区的反应同样十分强烈。20世纪80年代中期以来，韩国与东南亚的贸易、投资等经济关系日益密切，中国－东盟自由贸易区的建立，使韩国认为自身在东南亚的既得利益受到损害，开始重新审视自己在东亚的经济利益和战略地位，加快了同东盟构建自由贸易区的步伐，2005年12月13日《东盟－韩国全面经济合作框架协议》及其《争端解决机制协议》签署，并已于2006年7月1日正式生效。2007年6月，韩国－东盟9国自由贸易区货物协议正式生效：就正常商品而言，韩国在2010年对东盟实现零关税，东盟6国将在2012年对韩国实现零关税，而越南将于2018年对韩国实现零关税，柬埔寨、老挝和缅甸则在2020年对韩国实现零关税②。2007年11月，《韩国－东盟全面经济合作框架协议服务贸易协议》签署，这也是东盟对外签署的第二份服务贸易协议。但韩国更加关注东北亚自由贸易区的作用，希望以经济上具有互补关系、文化上具有同质性的中、日、韩三国为主轴，率先建立东北亚自由贸易区，进而吸收东盟参加，最后建成经济共同体；并借助中国摆脱自己在与日本缔结自由贸易区谈判中的不利地位，提高自己在谈判中的影响力，取得一箭双雕的效果。韩国是中国－东盟自由贸易区建设进程中尤其是东亚经济一体化推进过程中一支无法忽视的制衡力量。

（3）与美国的关系。

美国在亚洲尤其是在东亚拥有重要的战略和经济利益，各国对美国的依赖与企盼超过了对日本的依赖与企盼；有关区域内合作的各种重要议程和步骤，各国都要考虑美国这个

---

① 吴福成. 亚洲区域FTA的现况与展望. 台经，2003（5）
② 东盟9国、东盟6国中，泰国除外。参见东盟秘书处网站，http://www.Aseansec.org/akfta.htm

"不在场"的重要成员的意图。而为了维护并拓展自身在东亚地区的经济和战略利益，美国奉行的是"泛亚主义"，极力防止在东亚这一世界经济增长最快的区域出现任何可能挑战其领导地位的国家或集团，更不希望东亚撇开自己形成超越其控制的相对独立的区域经济一体化组织。只是由于 21 世纪初，美国经济出现衰退和"9·11"事件的突然爆发，才改变了这一战略的既定运行轨迹，打击恐怖主义成为美国的头等大事，而这需要东亚各国尤其是中国和东盟的帮助与支持；东亚各国源自美国的战略压力相应缓解，经济的内向性也有所增强，中国－东盟自由贸易区的构建得以成行。

然而，中国与东盟国家合作的日益增强却使美国备感不安。美国专家认为，"这一协议最终有可能成为全面的东亚自由贸易协定的基础"，将造成对美国贸易的严重歧视，将对全球政治和经济的稳定造成威胁，要求美国政府尽快在 3 年内与东 10 国建立美国－东盟自由贸易区，与中国抗衡，以维持其在东南亚地区的既有利益。美国官方也认为，中国－东盟自由贸易区的成立将有利于东亚地区次经济领域内部的合作，不利于美国在该地区霸权地位的确立，并有损于美国的利益，将使以美国为主推动的亚太经济合作组织陷于停滞。随着自身压力的缓解，美国决不会坐视任何能够与之相抗衡的力量在东亚地区的崛起，更加注重同亚太盟友的双边安全合作和在东南亚地区的既得利益。其 2006 年 2 月出台的《四年防务评估报告》显示，美军将在太平洋部署 6 成的潜艇和至少 6 艘航空母舰。从现在美日、美韩、美台之间的安全和美澳之间的关系看，美国似乎意图在中国东南沿海地区形成一个潜在的包围圈。无论是中国－东盟自由贸易区，还是未来的东亚自由贸易区，都不能忽视美国在东亚的利益，都必须认真处理和协调与美国的关系。而东盟国家在资本、市场、技术上对美国更是有着较为严重的依赖，美国的态度对中国－东盟自由贸易区的最终建成影响巨大。

除美国之外，在东亚经济合作快步发展之际，域外国家也急于分得杯羹，特别是澳大利在这方面的要求十分迫切。澳大利亚一直认为自己是与东亚有特殊关系的国家，目前正加快与东盟建立紧密的经济联系，已正式加入《东南亚友好合作条约》。南亚的印度也在积极推进"向东看"政策，《东盟－印度全面经济合作框架协议》已于 2004 年 7 月 1 日正式生效。目前的东亚峰会也从"10＋3"会议转变为"10＋6"会议。应该指出的是，区域内外国家为应对中国－东盟自由贸易区所采取的一系列举措，虽然有针对中国的一面，但总体上有利于推动东亚地区经济合作水平的提高，可促进本地区国家与域外国家经济联系的加强，因而符合中国与东盟的利益。中国可采取乐观其成的态度，支持其建设。同时也要看到，这些举措也对中国－东盟自由贸易区的建设带来了新挑战。在各方纷纷提出自由贸易安排计划的情况下，中国－东盟自由贸易区建设很难按部就班地进行，应有紧迫感，根据谈判进展情况，适当加快步伐，争取提前建成，从而保持在地区合作中的主动地位。

（4）中国台湾问题。

我国中国台湾省和东盟在地理位置上临近，长期以来，一直保持着紧密的经贸往来。由于种种历史和现实的原因，中国台湾当局将东南亚国家作为其开展"务实外交"的首选之地和笼络重点。早在 1994 年就专门提出了以突破东南亚国家外交关系为目的的《加强对东南亚地区经贸工作纲领草案》，后被称为中国台湾当局的"南向政策"。希望通过开展与东南亚地区的"经济外交"密切与该地区的经贸关系，进而建立"政治关系"，谋求该地区各国的支持。

印度尼西亚、越南和菲律宾被确定为中国台湾当局"南向政策"第一阶段的重点国家。因为中国台湾当局认为，这3个国家不仅在政治上与中国大陆恩怨较多，易于被分化和拉拢，而且自然资源丰富、经济落后、工业化水平低，是中国台湾地区产业转移和海外投资的理想之地；加之这3个国家在东南亚地区较有影响力，突破与它们的关系将为中国台湾当局打开整个东南亚地区奠定基础。新加坡、马来西亚和泰国是中国台湾当局"南向政策"第二阶段的重点。这是因为中国台湾在新、马、泰3国均有着较长的投资历史，与这3个国家的关系已有较为坚实的基础。

中国与东盟经贸关系的良好发展，无疑会使中国台湾当局坐立不安。为了进一步拉拢东盟国家，中国台湾当局势必加紧与东盟各国的经贸安排，给东盟国家各种优惠，以争取东盟国家在"台独"问题上的支持。而东盟国家中，仅在中国台湾留过学的商界人士就超过4万人，尤其是新加坡和马来西亚，其政界和商界中均有留学中国台湾的人员，马来西亚更是超过了8 000人，这股力量显而易见会对中国台湾同东盟经贸关系的发展起到重要作用。东盟一些中小国家和经济落后的国家为了眼前的利益，有可能在中国台湾当局的"银弹"攻击下动摇"一个中国"的立场，在与大陆继续保持正式外交关系的同时，又与中国台湾当局的关系有所升温。这种变化不仅严重损害中国与东盟有关国家的关系，对中国的和平统一事业构成现实威胁，还会使中国－东盟自由贸易区建设存在很多无法预计的变数。切实努力地做好东南亚地区的工作，建设好中国－东盟自由贸易区的深远政治意义不言而喻。

可见，由中国－东盟自由贸易区所带来的中、美、日等国和地区的竞争矛盾客观存在，而且中国－东盟自由贸易区运行多久，这种矛盾就将持续多久，只可能在一定程度上减弱而不会消失。

5. 非传统安全问题的影响

在中国与东南亚国家之间关于主权和领土争端等传统安全问题基本得到控制或解决的情况下，非传统安全问题的负面影响不断显现。其中最明显的就是2003年爆发的非典型肺炎以及随后发生的禽流感、2009年爆发的H1N1流感。从长远来看，包括毒品、非法移民、资源和环境安全以及洗钱在内的非传统安全问题将会对东南亚国家的政治稳定与经济发展构成严重挑战，成为影响该区域和平稳定以及中国－东盟自由贸易区建设的重要因素。

首先，海上非传统安全引起广泛关注。亚洲海域尤其是东南亚海域是海盗和恐怖势力活动的重灾区。国际海事组织海事安全报告显示，东南亚水域已经成为全球海盗及海上恐怖活动最猖獗的地方。目前全世界70%以上的劫船事件发生在亚洲公海海域，尤其是马六甲海峡。以马六甲海峡为代表的海上运输安全问题、恐怖主义、非法越境、贩毒走私等问题日益突出。

其次，海洋自然灾害也会随时给沿海地区乃至国家的经济发展和安全带来威胁。例如，2006年12月26日发生的中国台湾海域的地震破坏了海底电缆，使亚洲的电信受到了严重影响。

随着中国海洋开发活动的发展，中国的经济与安全对海上安全的依赖程度日益提高。除了面临海上通道安全外，还要面临海洋生态和环境安全等问题，而这些都有待中国在与东盟的合作发展中不断磨合，通过加强中国与东盟的紧密合作，不断提高维护非传统安全的能力①。

（二）经济因素

建立中国－东盟自由贸易区，除"中国威胁论"等政治障碍外，还有诸多经济因素——如何解决自由贸易区的运行机制问题，如何处理贸易投资自由化与经济技术合作的关系问题，如何正确认识和处理成员国经济差异和产业结构相似性问题，以及如何正确处理成员国贸易结构严重依赖区外市场与区内成员国争夺外国直接投资矛盾等方面的问题，都是中国－东盟自由贸易区建设进程中必须要面对和解决的问题。

1. 经济层面上的"中国威胁论"

尽管近十年，在与中国的经贸往来中，双边的政治经济关系得到了很大改善，但东南亚国家始终没有摆脱"中国威胁论"的阴影。中国加入 WTO 前，很多东南亚国家担心中国加入 WTO 后将抢夺东南亚的市场和外资，随即"中国威胁论"开始弥漫东南亚一些国家；2001 年中国加入 WTO，再次引发东南亚国家的心理变化，东南亚国家对所谓中国经济"黑洞"表示担心。马来西亚的华文报纸《南洋商报》曾发表评论文章对种种悲观看法做了概述。一是所谓"中国经济黑洞论"。日裔美国教授大前研一宣称，中国经济的崛起将形成亚洲区域的经济黑洞，吞噬包括韩国及东南亚在内的同质经济体，引发第二次亚洲经济危机。二是"亚洲的中国综合症"。中国逐渐成为一个更强大的经济实体，成本低、贸易壁垒少和市场广阔是其魅力所在，会把外国对亚洲的直接投资吸往中国和东北亚国家，对东南亚和其他亚洲国家造成巨大伤害。三是"两怕理论"。新加坡籍的北京大学国际关系学院教授傅来兴形容，东南亚国家对中国加入世贸组织有"两怕"：一怕国内企业无法适应中国加入世贸组织所带来的冲击，二怕加入世贸组织后的中国经济如虎添翼，构成对东南亚国家的直接威胁。

（1）投资竞争问题。

不可否认的事实是，由于总体经济发展水平不高，外资对中国、东盟各国的经济发展具有重要作用，中国和东盟都是国际资本的主要流入之地，双方在吸引外来直接投资方面确实存在着激烈的竞争。20 世纪 90 年代初期，东盟吸收的外资约占流入亚洲地区投资的30%。而亚洲金融危机后，中国吸收外资保持了较快的发展规模，2002 年实际吸收外资突破了 500 亿美元，而东盟各国吸收的外商投资却呈下降趋势。《日本经济新闻》曾报道，2002 年上半年，流入东盟主要 6 个成员国的外资约为 65 亿美元，比 2001 年同期下降了60%。其中，马来西亚吸收的外商直接投资已由 2001 年同期的 31 亿美元骤减到 5.7 亿美元，降幅达 80%；流入印度尼西亚和菲律宾的外资同比下降了 70%；流入越南、泰国和新加坡的外资则同比下降了 56%、35% 和 22%。同时，中国巨大的内部市场也使本来投资到东南亚的国际直接投资，包括许多已在东盟成员国内部的外资企业也纷纷将业务转向中国。

（2）贸易竞争问题。

长期以来，由于中国和东盟都实施出口导向型的发展战略，都以欧洲、美国和日本为主要的出口市场，而且双方的出口产品结构也基本相似，因此双方在彼此的市场以及第三方的市场上存在着较大的竞争。例如在泰国出口美国的 18 项主要商品中，其中有 6 项也

---

① 贾宇等. 2006 年我国周边海上形势综述. 中国海洋报（国际海洋版），2007 – 05 – 22

是中国出口美国的主要商品，它们是自动数据输出或输入装置、自动数据处理器、冻虾及其制品、珠宝首饰、木制家具和静置式变流器；出口欧洲的 13 项主要商品中有 5 项与中国的出口商品重叠，它们是自动数据输入或输出装置、非工业用金刚钻、传真机、广播设备和空调机，还包括一些彩电及零部件等。再比如，在越南出口到东盟其他国家以及日本、美国和欧洲的 10 大出口商品中，纺织品与服装、鞋类、陶瓷和电子产品等 4 项也是中国对上述地区的主要出口商品①。

面对中国经济的日益强大和吸收外资的增多以及大量价廉物美的中国商品涌入本地市场，东盟成员国内部以及周边许多国家感到的竞争压力日益增大，"中国威胁论"不时浮现，要求东盟国家联合起来进行对抗的呼声此起彼伏。这些都会影响到中国－东盟自由贸易区的建设进程。

2. 贸易投资自由化与经济技术合作的关系

在中国－东盟经贸合作专家组提交的建议中，内容多属经贸合作与经济援助问题，贸易投资自由化的内容相当有限。目前，中国－东盟自由贸易区成员经济发展水平和所处的经济发展阶段大不相同，对贸易投资自由化和经济技术合作的目标与承受能力也不尽一致。同时，中国和东盟一些国家的关税仍然偏高，由于建立自由贸易区而产生的双方之间的贸易增长很有可能来自于区域外部国家的贸易转移；由于双方产业结构趋同可能会使竞争加剧，而加剧的竞争也可能会导致一些企业被迫做出调整。另外，从规模经济角度来讲，中国－东盟自由贸易区的规模略显单薄，因而贸易自由化取得的效果将比较有限。在这种情况下，偏重经济技术合作问题虽无可厚非，但 APEC 的实践证明，贸易投资自由化和经济技术合作这两个轮子缺一不可，两者关系处理得好与坏直接关系到自由贸易区的发展。目前在经济技术合作方面碰到的问题主要表现在以下几个方面：

（1）承包工程与劳务合作。

开展对外承包工程项目是中国实施"走出去"战略的主要方式之一，而首选之地应是近邻东南亚地区，目前在建的中国－东盟自由贸易区促成了这一契机。中国在东南亚国家承包工程的市场总体情况是成绩很大，但也有不少问题。

①一些承建工程风险较大。东南亚各国由于经济发展不平衡，有些国家如缅甸、老挝、柬埔寨等，基础建设需求量大，中国公司在当地比较优势明显，先后承包了大量的房建、公路、电站等项目。但是由于上述各国国内建设资金不足，许多项目需要中国提供资金支持，而这些国家本身外债负担重、风险高，中国的金融机构向这些国家提供贷款相当谨慎。另外，一些国家观念保守，对中国公司在当地开展业务常常采取限制性措施，中方提出的一些国际上比较通行的做法，比如 BOT、债券转股权、资源开发与承包工程相结合等，难以推行。

②市场操作不规范。目前，东南亚国家工程承包市场暗箱操作盛行，违标现象屡见不鲜。如柬埔寨工程市场环境较恶劣，法律环境不理想，各种不良中介活动频繁，中国企业防不胜防；在越南，由于当地更相信西方的技术和设备，中国工程承包公司很难与其他外国公司相竞争，在许多很有希望的招标中连连失利；在马来西亚，由于该国政府更多地照

---

① 汪新生. 中国－东南亚区域合作与公共治理. 北京：中国社会科学出版社，2005. 28 - 29

顾马来人土著公司的利益而运作复杂，招投标不规范①。

③对走出去的企业资质要求较高。仅以新加坡为例，大多数在新加坡建筑业承包工程的中国企业资质较低，有的甚至没有申请资质。目前，新加坡共有近百家拥有 A1 级资质的企业，而中国企业中仅有中建南洋发展有限公司一家具有此资质。资质偏低严重阻碍了中国公司在新加坡的发展，也影响到中国工程承包企业未来在东南亚国家市场上的竞争力。

此外，东南亚各国内部存在的一些不稳定因素，如恐怖主义、国家分裂势力、反华势力、民族矛盾等，也在一定程度上影响到中国承包企业在东南亚市场上的顺利运作。

（2）大湄公河次区域合作。

建立于 1992 年的大湄公河次区域组织是由亚洲开发银行负责协调的综合开发机制，是一个发展中国家互利合作、联合自强的机制，也是一个通过加强经济联系，促进次区域经济社会发展的务实机制。目前，大湄公河流域的开发与次区域经济合作已经成为中国－东盟自由贸易区建设的重点组成部分，并取得了许多积极的成果。但是，该次区域的各种合作机制大多不够完善，各国利益还有待进一步协调，因此存在的问题同样不容忽视。

①市场驱动的合作机制尚未建立。由于资金不足，企业没有能力参与合作，企业或以企业联合为主导参与的开发合作项目相当少。这些都影响到大湄公河一次区域合作的深度和广度。

②内部沟通及协调机制还不完善。参与合作的各方存在认识差距，且受能力所限，往往无法单独就合作的有关问题进行深入研究和商议，目前大多还停留在国家主导的发展模式上。

③各方在一些重大利益上采取规避的态度。中国与东南亚国家、大湄公河次区域国家在沟通机制上存在不均衡，特别是对于企业行为、水资源开发等地区重大问题，缺乏有效沟通。

如何进一步加强大湄公河次区域经济合作机制的权威作用，使之成为现有各种合作机制中的主导机制，也是中国－东盟自由贸易区建设中必须认真面对并切实加以解决的问题。

3. 成员国发展水平差异过大和经贸结构的雷同化问题

经济优势的互补性是区域经济实现整合的先决条件，经济优势的非均质分布决定了区域经济一体化的贸易创造效应的大小，而东盟国家在经济发展的比较优势方面互补性并不明显。东盟成员国大都推行出口导向战略，出口产品多以劳动密集型产品为主，近年来又大都转向下游的电子信息产品，在国内经济结构和出口产品结构上呈现出雷同化的特征，亚洲经济危机中暴露出来的劳动密集型产业科技投入不足、生产率低下的弊病并没有根除。

（1）东盟的 10 个成员国中，既有新兴的工业化国家如新加坡，又有越南、缅甸、老挝、柬埔寨等世界上最不发达的国家，经济发展水平和阶段存在巨大差异。新加坡的人均 GDP 目前已达 3.2 万美元，而越、缅、柬四国还不到 800 美元（2008 年数据），人均 GDP 相差约 40 倍，远远高于欧盟内部的 16 倍和北美自由贸易区内部的 30 倍的差距水平。这种内部经

①　刘仁伍. 东南亚经济运行报告（2006 年）. 北京：社会科学文献出版社，2006. 75－76

济发展的不平衡不利于中国－东盟自由贸易区成员国间各项经济政策与经贸安排的协调；而经济发展水平的悬殊也导致了合作目标和承受能力的不同，进展步伐难以达成一致，从而在一定程度上制约和阻碍了中国－东盟自由贸易区建设的进程。

（2）从区内贸易上看，东盟成员国之间的贸易额占其总贸易额比重较为稳定，在1994—1997年间比例最高，为23%～24%；在2000—2004年区内贸易比重一直维持在22%左右，稍有下降，远低于同期欧盟和北美自由贸易区的54.6%、62.6%。经济和贸易结构的雷同化限制了东盟内部各成员国贸易创造效应的发挥，使东盟尚处在经济一体化的较低发展阶段。

（3）东盟内部市场的相对狭小加重了其对外部市场的依赖。东盟十国的总人口为5.3亿，区内生产总值约不到1万亿美元，经济总量和人均占有量都不大，经济发展程度相对较低，内部市场潜力较小。20世纪七八十年代，东盟国家主要是为日本生产下游的电子产品，出口方面主要依赖日本市场。到了90年代，随着日本经济的衰退和美国新经济的兴起，东盟国家的出口又开始严重依赖美国市场。

（4）内部市场的狭小限制了东盟未来的发展空间，而对外部市场的依赖则严重削弱了东盟抵御外部冲击的能力，一旦主要的出口地区发生市场萎缩和剧烈价格波动，就会对集团内各成员国国内经济的稳定构成巨大威胁，增加了未来经济发展的不确定性。

（5）中国和东盟成员国之间产业结构相似，相互之间的竞争不可避免。中国向东盟出口的产品主要是家电产品，从东盟进口的产品主要是橡胶和石油化工产品，而服装、纺织品、机电产品、农产品等却是中国与东盟国家的竞争性产品。特别是中国和东盟4国马来西亚、泰国、菲律宾、印度尼西亚产业结构相似，都是以出口劳动密集型和部分资本密集型产品为主，并以美、日、欧为主要的出口市场，这种经济结构上的同构性特点影响着相互贸易额的增长。同时双方一些商品在第三国市场上的重叠，将大大加剧双方在第三国市场上的竞争，不利于双方经济合作的进一步加深。

（6）成员国贸易结构长期依赖区外市场不利于区内形成良性竞争。中国与东盟成员国之间的相互贸易在各自的贸易中所处的地位不高，也直接影响各成员国对即将建成的中国－东盟自由贸易区的重视程度，进而影响中国－东盟自由贸易区的建设进程。

4. 区内成员国争夺外国直接投资的矛盾

中国和东盟各国由于投资资金相对不足，都在积极改善投资环境，吸引外资。而国际流资的总量是有限的，各国都想多争取一点外资。中国入世后，投资环境进一步改善，市场前景更加诱人，它所产生的磁性效应不但会将那些西方的资本吸引过来，而且还把那些东盟各国本身的资本也吸引过来。以日本注入东盟的FDI为例，东盟曾是日本最大的对外投资国，然而自1995年以来，日本投资于东盟生产制造业的金额大约缩减了40%，而这些金额主要转移到了中国[①]。这正是东盟各国最为担心的事情，也是极易引起东盟国家疑虑甚至误解的事情。

近年来，东盟国家为了尽快摆脱金融危机的影响，改变其在国际社会中的被动地位，作出了不懈的努力。一方面紧紧抓住中国经济飞速发展的有利契机，搭乘中国经济快车，经济有所复苏。另一方面又积极参与区域经济合作，加强多边外交，与很多国家和地区联

---

① 董亚夏，张震. CAFTA 与中国、日本、东盟互动关系的转变. 世界经济与政治论坛，2004（1）

系在一起共同抵御金融风险，逐渐完善自身的金融体系，从而使东盟国家很快从金融危机的阴影中走了出来。贸易和投资环境的改善，再次吸引了国际社会的注意，东盟重新成为各国争相与之建立经贸关系的对象。美、日、韩甚至俄罗斯都将与东盟建立更紧密的经济、政治关系作为其在亚洲重要的战略步骤。这种情况的出现使外国资本在亚洲的区位投资再次面临选择，中国和东盟国家新一轮吸引外国直接投资的竞争在所难免。

5. 东盟国家对中国的期望值过高

值得注意的是，东盟成员对中国的期望值可能远远超出了中国的经济承受能力。东盟国家都是发展中国家，在其发展经济的过程中，仍然选择外资依赖的发展途径，许多国家希望来自中国新增的投资能抵消其他国家投资的减少，从而使东盟地区的外资增长得到恢复和保持。但中国目前的经济实力尚不能满足其全部需要。此外，由于美国经济增长放缓，外贸、外资受到影响的东盟国家希望能从中国持续快速增长的经济中得到更多的经济增长助力，因而势必在开放市场等方面向中国提出更多的要求。

（三）其他因素

中国－东盟自由贸易区作为一个国家同一个国家集团之间的合作，以及发展中国家之间合作的一种尝试，它要面对和解决的问题非常多，除了上述政治、经济因素外，还有一些可能既涉及政治又涉及经济的综合性问题，比如如何处理一体化机制的排他性与开放性、国家利益与区域利益，以及双边自由贸易协定与区域贸易政策的关系等问题，都是在中国－东盟自由贸易区建设进程中需要加以认真研究并妥善解决的问题。因此，充分认识中国－东盟自由贸易区建设进程中存在的各种问题，有助于推动中国－东盟自由贸易区的进程。

1. 自由贸易区的运行机制问题———一体化机制的排他性与开放性

作为一直倡导"开放式地区主义"原则的亚太经合组织下的次区域经济集团，中国－东盟自由贸易区只能是开放型的贸易一体化组织。但当前"开放式地区主义"的原则面临着来自多方面的巨大挑战[①]。APEC 通行的单边主义和松散的非制度性状态，常常导致各成员方单边计划始终无法有效保证集体行动计划目标的如期实现，结果使各成员国所获得的实惠反而要比紧密型的自由贸易区少得多。从今后的发展趋势看，中国－东盟自由贸易区可能会向紧密化方向发展。因此，在开放型和机制性之间，中国－东盟自由贸易区依然面临着艰难抉择[②]，并需处理好两个关系：一是如何解决"开放式地区主义"与封闭型的组织之间的关系问题；二是如何处理好不同制度和不同发展水平成员之间利益的分配问题。

区域经济一体化的所谓排他性集中于两个问题上，一是对其成员国的限定，成员国必须在所属区域范围之内。如东南亚国家联盟的成员只能为东南亚地区 10 国，其他地区的国家则不能加入。二是对其优惠政策的限定，各成员国相互给予的优惠待遇只限于区域内，区域外国家则不能享有。自由贸易区的要义是各成员国减少相互间的贸易壁垒，并逐步消除非关税限制，但仍保留各自对非成员国的贸易保护政策。即使是自由贸易区发展到关税同盟阶段，也是对内取消相互的进口关税，实现自由贸易，而对外则仍采取共同的贸易壁垒，实行统一的对外关税税率。这样的排他性是合理的排他，是必须坚持的排他。实

---

① 赵春明主编. 非关税壁垒的应对及运用. 北京：人民出版社，2001. 335
② 佟福全. 中国－东盟自由贸易区的构想与难题. 国际贸易，2002(2)

际上欧盟和北美自由贸易区也都是这样做的。区域经济一体化都是以"区域发展优先"为原则。所以东亚区域经济一体化，包括建立"10＋3"和"10＋1"经济合作机制，仍应坚持区域内外有别的原则。但这并不妨碍区域合作整体和个体实行"开放地区主义"，积极发展与其他地区和国家的全面经济合作，甚至与其他外部国家签订自由贸易协定和建立自由贸易区。当今的区域经济合作机制已经出现了扩大组织规模和相互融合的趋势。

2. 国家利益与区域利益的冲突

所有参加区域经济合作的国家都有其经济的动因和追求，但是，如果每个国家都把国家利益放在区域利益之上，只求所得，不想有失，那么区域经济合作是搞不起来的，即使能勉强搞成，也不会取得太多的实质性结果。因此，如何协调国家利益和区域利益是区域经济合作必须妥善处理的问题。在自由贸易协定谈判的过程中，有关国家相互之间既要考虑自身的利益，也要考虑他国的利益，特别是经济强国和大国需要作出一些利益让步，以推动区域经济一体化取得成功。中国与东盟自由贸易协定的谈判过程同样是一个寻求利益平衡的过程，而妥善处理国家利益与区域利益的关系，将始终贯穿于中国－东盟自由贸易区的建设进程中，影响到中国－东盟自由贸易区的深入与拓展。

3. 双边自由贸易协定和区域自由贸易区的关系

当前东盟国家在区域自由贸易区和双边自由贸易协定关系上有不同看法。一是个别国家签订双边自由贸易协定的举措招致区内其他国家的反对，担心这样做可能会为区域外国家的产品进入东盟打开后门。二是东盟有的国家，如泰国和新加坡提出希望与中国率先建立双边自由贸易区，树立一个样板，带动东盟与中国自由贸易区早日建成，也遭到了一些国家的反对，担心双边自由贸易协定谈判会分散对中国－东盟自由贸易区的注意力。如何处理双边贸易协定与区域贸易协定之间的关系，是中国与东盟面临的一个现实问题。

双边自由贸易协定与区域自由贸易区二者是良性互动的关系，可以相互促进。通过双边自由贸易谈判能够进一步推进区域自由贸易区的进程，就像区域自由贸易区与 WTO 框架是相辅相成的，其运作原则是通过局部性促进区域贸易自由化，达到总体上推动全球贸易自由化和经济一体化的目标。双边自由贸易协定和区域自由贸易区也是相互统一的整体。美国的贸易政策历来都是从三个层面展开的，即多边、区域与双边，相互促进。美政府在全球多边谈判受阻，区域谈判得不到国会授权的情况下，往往通过双边的渠道拓展市场，为本国产品寻找出路。与多边、区域谈判相比，两国间的自由贸易协定具有时间短、见效快的特点，越来越受到各国政府的明显重视。此外，双边合作的好处还表现在：可以从小范围的实质性合作做起，在此基础上扩大合作范围，提高合作水平。欧盟的合作是从法德煤钢联营的基础上开始的，如今已发展成世界上合作水平最高的经济货币联盟。而且，商谈双边自由贸易协定本身也是学习和试验的过程，许多经验可以直接运用到多边和区域谈判中去。

当然，中国与东盟个别国家进行双边自由贸易协定谈判，应在取得东盟各国理解的基础上进行，双边自由贸易谈判应服务于中国－东盟自由贸易区的整体建设，并应当在建设进程上相互协调，从而避免对中国－东盟自由贸易区的建设产生不利影响。

4. 东盟内部成员间的摩擦和矛盾

(1)历史积怨和领土主权争端。

东盟成员国内部的领土争端一直存在。历史上越南入侵过柬埔寨，至今两国关系貌合神离；马来西亚与印度尼西亚的西巴丹岛和利吉丹岛的主权争执，马来西亚与新加坡关于白礁岛的争执，印度尼西亚与菲律宾有关岛屿主权的争执，无不反映出东盟内部尚缺乏地区整合的大局观念。

（2）成员国内部政局不稳。

东盟许多国家都是党派林立、纷争不断，有的国家军人政府当政，有的国家内阁变换频繁，有些国家的反政府武装及恐怖分子活动猖獗；加上近年来以美国为首的西方国家对反恐战争的刻意扩大及对伊斯兰教派和穆斯林的敌视，造成东盟国家内部民族情绪高涨。政局的不稳定直接影响到外来直接投资，阻碍经贸活动的正常进行，客观上对区域内经济的发展以及未来自由贸易区的整体发展产生了不利影响。

（3）民族宗教差异。

东盟内部宗教信仰不同，马来西亚、印度尼西亚和文莱是传统的伊斯兰教国家，泰国和柬埔寨则遵从佛教，菲律宾大部分国民信奉天主教，而越南和老挝则是社会主义体制。近年来，随着伊斯兰激进组织势力的抬头及与欧美等西方国家矛盾的不断激化，不同宗教信仰间的冲突时有发生①。

现实情况表明，区域经济合作离不开核心经济力量的协调和引导。1995年墨西哥发生严重金融危机时，因为美国的全力注资解救才使得危机没有波及其他的美洲国家。区域内核心国家的职能在于协调成员国政策，稳定区域内部经济发展。而东盟成员国中这种核心国家目前尚不存在，中坚力量的缺乏降低了东盟各成员国之间的凝聚力。在1997年的金融风暴中，东盟各国出于自身利益的考虑，竞相贬值本国货币，造成危机在各个国家中迅速蔓延，东盟内部缺乏核心力量和共同应对机制的弊端暴露无遗。

对于东盟成员国来讲，争夺主导权的斗争始终没有停止。印度尼西亚无论从人口还是领土面积上讲，都是第一大国，但是其经济实力的相对不足无疑影响了其大国地位和形象。马来西亚对东盟秘书处设在印度尼西亚一直耿耿于怀，曾于2002年10月提出，"为更有效协调东盟成员国与中日韩三国在政治、经济、贸易、交通、科技等方面的合作"，建议在马设立"10＋3"秘书处，期限为5年，马政府愿提供1000万美元作为基金。但大多数成员国认为"10＋3"秘书处与东盟秘书处在功能上有所冲突，且"10＋3"机制的许多事情完全可以交由东盟秘书处处理，另行设立"10＋3"秘书处没有必要。而作为最发达的成员国，新加坡力图在东盟中拥有最大的发言权，但因其历来与美国及以色列等国关系密切，且经常性地开展单边对外交往，其在东盟中的主导地位也很难形成。

东盟核心经济领导力量缺乏和内部成员争夺领导权、相互之间摩擦矛盾不断等问题，如果处理不当，必然会给中国－东盟自由贸易区的建设带来潜在的负面影响和干扰。

第二节　中国－东盟自由贸易区未来拓展瓶颈突破的对策选择

近几年，中国与东盟高层关系密切，政治风险相对较低。经济上的高速发展与政治上的和平稳定是中国与东盟经济一直保持高速发展的一个重要前提。中国与东盟宣布互为战

---

①　张鑫炜. 东盟－中国自由贸易区前景分析. 载国际经济合作，2005（6）

略伙伴，领导人之间有多种磋商机制，如"10＋1"、"10＋3"、APEC 等，双方签署了一系列经贸合作框架协议，从构建中国－东盟自由贸易区到《中国与东盟全面经济合作框架协议》和《中国与东盟农业合作的谅解备忘录》，以及举办永久性的中国－东盟博览会，为双方的投资合作搭建了广阔的平台。随着中国与东盟经贸关系的持续发展以及中国－东盟自由贸易区的建立，双方在互惠双赢基础上的全面经贸合作前景更加广阔。2006 年 4 月，胡锦涛主席访问东盟国家时明确提出，2010 年中国－东盟双边贸易额将达到 2 000 亿美元。届时，中国和东盟的市场将更加开放，对区外投资者的吸引力将更加强劲。2006 年 10 月，在第三届中国－东盟商务与投资峰会上，中国国务院总理温家宝在开幕式讲话中就深化中国－东盟经贸关系发展进一步提出了 5 点建议，表示要进一步扩大贸易规模、积极深化投资合作、不断提高经济技术合作水平、努力建设高质量的中国－东盟自由贸易区、稳步推进次区域开发合作。

中国与东盟的经济合作，在中国对外经济关系的总体格局中占有重要的地位——双方既是亚太地区最重要的合作伙伴，又是未来相互间最具潜力的市场。双方在对外经济的运行模式上也具有相似之处——既有共同的国际技术来源，又存在重叠的市场方向。

对中国来说，在如何加强双方经济合作的问题上存在着两种不同的思路。第一种是希望中国依靠产业结构的升级做到：其一，降低初级产品出口，增加工业制成品出口；其二，减少劳动密集型产品，增加资本、技术密集型产品，以避免与东盟国家产生竞争。第二种思路是，与东盟国家发展多层次合作，争取互补与竞争的互动转化。由于中国的现实是多层次经济同时并存，要完全实现第一种思路是不可能的，也是不现实的。因此，只能在不同的层次上与东盟开展全方位的经济合作，这是由中国经济多元化和东盟经济多元化的特征所决定的。所以，为了加快中国－东盟自由贸易区建设的进程，我们认为应采取如下相应的对策：

一、增进沟通和互信，做好宣传解释工作

在不断拓展中国和东盟经济合作的同时，有必要进一步加强双方的政治对话与合作，增进相互了解与信任。这是中国与东盟关系全面发展的重要内容。

中国支持东盟建立东南亚无核区的努力，应尽早签署《东南亚无核武器区条约》议定书。为使南海局势更加稳定，中国与东盟应切实遵循并贯彻《南海各方行为宣言》。中国和东盟领导人已于 1997 年确定了双方建立睦邻互信伙伴关系的方针，并成立了中国－东盟联合合作委员会，建立了高官磋商机制，这已成为中国与东盟对话、联系和合作的重要渠道，今后要进一步巩固和加强这一方面的机制。2003 年，中国第一次与东盟这样一个地区组织建立了战略伙伴关系，签署了《中国与东盟面向和平与繁荣的战略伙伴关系联合宣言》，而且正式加入了《东南亚友好合作条约》。同时，中国将在国际和地区事务中与东盟进一步加强合作，为维护发展中国家的正当权益而共同努力。双方还将开展非传统安全领域的对话与合作。当前，恐怖主义、毒品走私、非法移民等跨国犯罪活动日益突出，成为危害区域乃至全球安全的重要因素。政治和安全的对话与合作，可先从这些领域着手，逐步扩展合作内容。国家关系的发展有赖于各国人民的理解和支持，双方还应积极鼓励和广泛开展社会各界在各方面的交流，如举办各种旅游节、文化节、电影节等活动，并加强新闻媒体之间的沟通与合作。通过双方在政治、文化和社会生活各方面的沟通与合作，为推动其经贸合作创造更好的环境和条件。

事实上中国加入 WTO 后，即从 2002 年开始，东盟国家的一些媒体出现了摆脱"中国威胁论"阴影的言论和做法，显示出东南亚一些国家开始正视现实，端正认识。特别是随着中国与东盟国家在各方面合作与交流的加深，双方的互信与了解也在增加，原先对中国缺乏了解的东盟媒体也开始转变态度。在中国人心目中曾留下"排华"印象的印度尼西亚媒体，一改但凡有关中国的新闻大都引用西方媒体负面报道的做法，更多地转载中国媒体的消息，如全文转发《中国日报》和新华社的新闻稿。雅加达的主流媒体已直接引用中方媒体关于中国政府和民间组织的声音，强调与中国发展竞争中相互合作的关系。东盟国家开始较为成熟地看待中国的崛起，以逐步适应全球和区域经济形势的新变化。

2002 年在新加坡东南亚研究所举办的《2002 年区域前景论坛》上，新加坡东亚研究所所长王赓武教授和 WTO 后任总干事苏帕猜针对中国的崛起与入世指出，东南亚必须摆脱"中国威胁论"的悲情，以把握住中国带给本地区的机会。中国加入 WTO 后，未来 10 年的经济增长对东南亚好处很大——中国制造业的发展要求从本区域进口大量所需原料；中国中产阶层的扩大将增加对电器和加工食品的需求，而这些都是东南亚特别是新加坡能大量生产的。新加坡总理吴作栋曾经指出，中国的迅速发展吸引了跨国企业大量投资，因此新加坡必须重组经济，考虑中国带来的竞争，并充分利用中国经济增长带来的商机。马来西亚前总理马哈蒂尔坚决地否定"中国经济威胁论"，认为世界不应把中国视为会吸走投资的"黑洞"，而是应该通过与中国合作，分享中国经济发展所创造的新财富，他说"我们必须用最聪明的方法，从中国身上获利"，"中国日渐富裕，不仅带动了中国经济，也带动了周边国家的经济"；与其担心中国的崛起，不如把重点放在如何在同中国交往时提高自身的能力，以确保自己的国家也能从中受益。

对中国崛起看法的转变也反映在普通老百姓的态度上。在印度尼西亚，大部分人的关注点集中在旅游业、消费品市场和产业竞争 3 个方面。中国产品进入印度尼西亚市场，打破了日本企业垄断一些行业的局面，使印度尼西亚老百姓得到了好处。他们认为，印度尼西亚应该多与中国合作，引进不同的外资和竞争。许多老百姓家里的电器有一半是中国产品，既便宜又实用，款式也较新。而长久垄断印度尼西亚市场的日本产品普遍是老旧的三流货，价格还居高不下。如出口到印度尼西亚的中国产摩托车价廉物美，价格比同级别日本货便宜 1/3，深受老百姓的青睐。当然，老百姓也都知道中国产品进入印度尼西亚势必对印度尼西亚一些产业造成竞争，如纺织、鞋业等。但他们知道，中国的发展是不可逆转的，必须正视和面对。此外，自亚洲金融危机以来，日本游客越来越少，如何吸引大量的中国游客是当地人对中国经济发展的直接反应之一。

面对中国的蓬勃发展，东盟各国都想搭上这班经济高速增长的顺风车，"中国热"随之兴起。印度尼西亚新政府顺应潮流宣布解禁华文教育，新开办的各类中文补习班如雨后春笋，遍布各地，中文热开始席卷印度尼西亚大地。同时，到中国留学成为年轻人追求的时尚，甚至连印度尼西亚第二大穆斯林组织穆罕马迪亚也开办了中国中心，专门研究儒家思想和伊斯兰教的关系。许多以前和中国没有生意往来的商人纷纷结伴到中国考察市场，寻找商机。在政界和学术领域，对中国问题或中国经济有研究者都成为炙手可热的人物。

由上可知，中国的崛起对周边国家绝不是什么威胁，而是机遇。众多海外投资者更是用实际行动表示了对中国机遇论的支持。全球 500 强企业中，已有 400 多家来华投资。

《财富》杂志早在 2001 年的一项调查就显示，92% 以上的跨国公司考虑若干年内在中国设立地区总部。2002 年中国实际利用外资更是超过 500 亿美元，成为世界上吸收外商直接投资最多的国家①。根据联合国贸发会议发布的《世界投资报告》，中国已连续 9 年位居发展中国家和地区吸收外资的首位。

中国－东盟自由贸易区的建成，不仅对缔约双方是互利的，而且将对世界经济和政治产生重要影响。通过与中国建立自由贸易关系，有助于消除贸易壁垒，东盟国家可以更加方便地进入中国市场，扩大规模经济，进一步降低成本，提高效率，促进资源的有效配置，从而进一步扩大区域内贸易，促进双方经济的持续稳定增长。同时，也有助于东盟国家坚持"一个中国"的立场。

二、用"中国机遇论"驳斥"中国威胁论"

早在 1999 年，中国前总理朱镕基在美国华盛顿演讲时提出，"中国威胁论"应改为"中国机遇论"，受到了热烈欢迎。新加坡总理吴作栋更是呼吁，新加坡人要有"搭中国发展顺风车的创新思维"。在日本外务省提出的"自由贸易战略"等官方文件强调，中国经济发展对日本既是机遇也是挑战，要抓住机遇，实现共同发展。日本内阁府经济社会综合研究所的一份报告也说，美国从中国和日本进口的产品中，处于竞争关系的产品只有 16%，处于互补关系的则有 84%；"中国现阶段并不能称为威胁"，"如果说竞争关系是零和游戏，那么互补关系就是双赢游戏。"英国《金融时报》在评论建立中国－东盟自由贸易区的框架协议及《南海各方行为宣言》时认为，此举意味着东盟十国领导人"将自己与崛起的中国绑在一起，希望分享这个大邻国的繁荣"。世界银行《2020 年的中国》一书亦曾指出：中国的经济崛起为世界发展带来机会，就如同美国在 19 世纪、日本在 20 世纪的经济起飞一样，是世界经济增长和贸易的驱动力之一；并明确指出"到中国去投资，分享中国收益的增长"②。值得一提的是，在东南亚金融危机时，尽管面对出口大幅下滑的压力，中国依然坚持人民币不贬值，给东南亚乃至世界经济以强有力的支撑，并向许多国家伸出援助之手，令这些国家的领导人至今还赞赏不已。

对"中国威胁论"的担心是多余的。对此，海内外许多学者更是已经做了详尽的统计数据分析，以大量的客观现实强有力地说明，中国经济崛起对东盟国家不仅不是"威胁"，反而是"机遇"。

首先，从劳动力成本方面来说，中国的工资水平的确很低，平均还不到美国和日本的 1/50。中国劳动生产率也很低，尤其是制造业，平均劳动生产率只有美国的 1/25、日本的 1/26。如果考虑这一因素，将劳动力成本进行分解，那么美国每生产 1 美元产值所需的工资成本仅比中国高 1/3。同时，中国制造业创造的增加值相对而言是比较低的，2000 年，中国的平均增加值仅 26%，大大低于美国 49%、日本 43.6% 的水平③。因此，从世界范围来看，中国廉价劳动力所创造的竞争力是极其有限的。

---

① 袁鹏. 中国威胁论的历史演变. 新华社，2002 - 12 - 22
② 胡鞍钢. 中日经贸关系是威胁论还是互利论. 中经专网（50 人论坛），http：//www.cei.gov.cn
③ 陈清泰. 在经济全球化背景下推动亚洲区域经济合作. 2002 年 4 月在东京举行的"亚洲经济一体化：现状和未来"研讨会

其次，自 1993 年以来，流入中国的外商直接投资额占流入亚洲的外商直接投资总额的比重一直保持稳定。也就是说，流入中国的资本越多，流入亚洲其他国家的资本也越多。另外，流入中国大陆的资本主要来自中国香港和中国台湾，而流入东盟国家的多为美国尤其是日本的投资，直到现在，日本在东盟的投资都多于日本在华的投资。这些事实说明，中国的发展并不是通过抢夺别国的直接投资来实现的[①]。2005 年是外国直接投资连续增长的第二个年份，在 2004 年增长 27% 的基础上又增长了 29%，达到 9 160 亿美元，所有主要分区域的外国直接投资流入量都出现增长，有的达到了前所未有的程度。在发展经济体中，与前些年相比，接受量最大的名单保持稳定，中国和中国香港（中国）居于首位，其次是新加坡、墨西哥和巴西。从区域来看，南亚、东亚和东南亚的流入量为 1 650 亿美元，相当于全世界流入量的 18%；其中 2/3 流向两大经济体：中国（720 亿美元）和中国香港（360 亿美元）；东南亚分区域得到 370 亿美元，新加坡（200 亿美元）位居首位，其次为印度尼西亚（50 亿美元）、马来西亚和泰国（各 40 亿美元）；南亚的流入量低得多（100 亿美元），但其中一些国家的增长幅度也很大，印度 70 亿美元，达到前所未有的最高水平。[②]

投资方面，虽然中国对东盟投资的绝对金额不大，但增长速度较快，潜力巨大。经中国外经贸部批准和备案的中国在东盟国家的投资 1991 年底时累计只有 1.5 亿美元，而随着中国企业开始"走出去"，中国在东盟国家的投资仅非金融类直接投资，至 2006 年年底时累计已达 17.63 亿美元。这一数据尚不包括许多未经中国商务部批准或未在商务部备案的民营企业和中小企业在东盟国家的投资，所以实际投资应比这一统计数字还大。中国－东盟自由贸易区建设的启动，更使中国对东盟的直接投资迅速增长。按照东盟秘书处的统计，2006 年，由中国流入东盟的直接投资为 9.37 亿美元，占当年东盟吸收外国直接投资的 1.8%；2002—2006 年，从中国净流入东盟的直接投资为 23.03 亿美元，2005 年和 2006 年同比增长分别达到 31.4%、86.6%。中国企业在东盟十国投资设立的非金融类企业近千家。投资领域从加工、装配和生产性的小型项目扩大到建筑、饭店、电气、矿业和运输等行业，投资形式从直接投资发展到技术投资、BOT 等多种形式。中国在东盟国家投资居前 3 位的分别是新加坡、越南和泰国。在新加坡挂牌上市的中资或含中资的企业已达 100 多家。中国在泰国累计投资设立非金融类中资企业 278 家。近 3 年来中国连续成为柬埔寨第一大投资国。

此外，2006 年中国外商投资企业对美国、中国香港、日本、欧盟等传统市场的出口总计为 4 131.42 亿美元，占全国外商投资企业出口总值的 73.27%。对中国台湾地区、东南亚国家等新兴市场的出口继续增长。美国、欧盟（15 国）和亚洲 10 国/地区是中国外商投资企业出口的三大主要市场，总计为 4 902.46 亿美元，占外商投资企业出口总额的 86.94%，其中又以亚洲 10 国/地区出口最多，为 2 534.62 亿美元，约占外商投资企业出口总额的半壁江山（44.95%）。对菲律宾、泰国、马来西亚、新加坡、印度尼西亚、韩国等亚洲六国平均增幅为 31.41%，其中以对新加坡增长最快，同比增长 39.46%[③]。可以说中国经济的发展大大拉动了这一地区的经济发展，机遇也是显而易见的。

① 林毅夫.中国的发展与亚洲的未来.学术月刊，2002(10)
② 摘自《2006 年世界投资报告》。
③ 数据来源于中国国家商务部中国投资指南网站。

　　同时，中国与东盟的双边贸易发展迅速。据中国国家商务部公布的数据，1978年中国与东盟的贸易额仅为8.59亿美元，至1991年增长为79.6亿美元，13年间增长了8倍。近15年来，中国与东盟的双边贸易额以年均20%以上的速度增长，这一增长率超过了同期中国和东盟各自的对外贸易增长率。中国－东盟自由贸易区全面降税实施以来，双边贸易迅速增长，2006年已互为第四大贸易伙伴。按国别来看，中国是越南的第一大贸易伙伴、缅甸的第二大贸易伙伴，新加坡、泰国、菲律宾的第三大贸易伙伴，马来西亚、印度尼西亚、柬埔寨的第四大贸易伙伴。在中国对外贸易的前10位贸易伙伴中，新加坡是中国的第七大贸易伙伴，马来西亚是中国的第八大贸易伙伴。

　　据中国国家商务部公布的数据，2008年，中国与东盟的贸易总量达2 311.2亿美元，其中从东盟的进口达1 169.7亿美元，出口达1 141.4美元，中国对东盟的贸易逆差为28.3亿美元（1991年，中国与东盟贸易额中，中国顺差3.2亿美元）。中国与东盟的贸易总量较2000年增长了4倍多，在中国与东盟的双边贸易中中国的获益小于东盟。

表9－1　2008年中国与5个主要贸易伙伴的双边贸易情况　　单位：亿美元

国家/地区	贸易总量	中国的出口	中国的进口	贸易差额
欧　盟	4 255.8	2 928.8	1 327.0	+1 601.8
美　国	3 337.4	2 523.0	814.4	+1 708.6
日　本	2 667.8	1 161.3	1 506	－344.7
东　盟	2 311.2	1 141.4	1 169.7	－28.3
中国香港	2 036.7	1 907.4	129.2	+1 778.5

数据来源：根据中国海关2008年统计数据整理并计算得到

　　另外，世界著名投资银行高盛公司的一份分析报告认为：①中国在亚洲地区扮演着重要角色，但不居于主导地位，中国距离成为全球超级经济大国的目标还很遥远。②中国现在的发展速度与过去几十年前的日本和亚洲新兴工业国相比，并不见得特别突出。③中国出口份额增长对世界其他地区总体而言并不构成问题，中国大陆贸易增长中的很大部分是"连锁贸易"的结果，也就是对来自亚洲其他地区的货品进行加工和组装。中国在世界市场的占有率也因为所谓的"连锁贸易"效应被夸大了。研究结果表明中国的进口与出口是同步增长的，也就是说中国开放市场的速度和对外输出商品的速度一样快。一般说来，如果贸易平衡为零，那么该国对世界其他国家的总体影响也等于零。无论从全球还是从地区层面上看，中国的贸易平衡都很小。即使是20世纪90年代后期的贸易增长高峰期，中国贸易顺差在世界贸易总额中所占的比率亦没有超过0.5%（在全球国内生产总值中所占的份额更小）。相对而言，日本的贸易顺差在1985—1995年间，平均占全球贸易总额的1.5%，而"亚洲新兴工业国家和地区"综合贸易顺差在1997—1998年间亚洲金融危机之后也占到了世界贸易总额的1%。所以说，中国出口额的增长并没有对亚洲其他国家造成威胁。

三、发挥大智慧，化解中国－东盟一体化进程中的障碍

（一）在政治军事领域加强互信，不断强化有利于中国－东盟一体化的和谐氛围

1. 互相合作，减少摩擦，共同开发领海资源

在不损害中国国家领土安全的前提下，坚持"搁置主权、共同开发"的原则，与有领土领海争端的国家共同合作，有序地开发南沙群岛的资源，达到稳定周边、共同发展的目标。这在经济竞争日趋激烈的国际环境中是比较困难而长期的工作，但是目前已经有越来越多的国家逐步接受了中国这一合理主张，这对中国与东盟国家未来的经济合作起到了积极的推动作用。

早在 2003 年，中国政府就明确表示将"积极参与海上东盟的建设"，这也是"搁置争议、共同开发"的具体体现。2006 年 7 月，中国－东盟"一轴两翼"M 型区域合作战略构想①正式提出。这一战略构想一旦得以实施，作为中国与东盟最便捷的海上通道的泛北部湾区域经济合作区，就会与正在进行的大湄公河次区域经济合作区一起共同构成中国－东盟自由贸易区的次区域经济合作平台。从而不但能够为中国自身的发展营造一个更加稳定的周边环境，切实贯彻"睦邻、安邻、富邻"的周边外交方针，而且可以加速推进中国－东盟自由贸易区的建设进程，使中国与东盟的区域经济合作向多层次、多梯度的纵深领域发展。

2. 帮助东盟发展，支持东盟在区域经济合作中发挥主导作用

从长远来看，如果自由贸易区各成员国之间经济实力差异过大，就会大大限制各成员国相互协调经济政策的余地，从而不利于自由贸易区各国的共同发展。针对目前东盟自身的先天不足，以及中国与东盟之间存在的差异，中国有责任也有必要在东盟联合自强的同时帮助东盟发展。

从东盟的态度看，在中国－东盟自由贸易区的建设过程中，必须充分考虑东盟的利益，照顾到它们的要求。对此，中国表示理解，认为中国－东盟自由贸易区可以东盟自由贸易区为基础，不必另起炉灶，从而保留东盟的核心地位，使东盟不至于担心被中国"吞掉"，增强了东盟与中国建设自由贸易区的积极性。尽管在中国－东盟自由贸易区的创建过程中，中国可以为了自由贸易区的顺利发展承担更多的责任并倾注更多的心血，也应该在具体经济问题上表现出大国风范，但还是必须一如既往地支持与强调东盟的主导地位，谦虚谨慎、平等相处、求同存异依然是必须坚持的既定原则。毕竟中国－东盟自由贸易区是中国参与未来东亚乃至更大范围区域合作的有利平台，它的成功与否、进程快慢具有重要的意义。

3. 协调域内外国家关系，加强中日韩互助合作

一方面，必须妥善处理好区域外国家的关系。中国与东盟建立自由贸易区，并不排斥中国与其他国家的合作。中国仍将在 APEC 内发挥积极的建设性的作用，上海合作组织正在顺利运转并于 2003 年宣布达成建立自由贸易区的协议，中国和印度这两个发展中大国之间也有广阔的合作空间，两国间的合作正在不断加强，中国与美国、欧盟的经贸关系仍

---

① 以南宁－新加坡经济走廊为中轴线，泛北部湾经济合作区、大湄公河次区域经济合作区分列两边，形成恰似英文字母"M"的"一轴两翼"格局。

将继续发展，并将不断扩大。另一方面，应协调中日韩三国关系，加强三国经济合作。东亚地区的三个"10 + 1"经济合作已经呈现出齐头并进的态势，这也必然会促进中日韩三国的合作。中国愿意在东盟构建的多边合作机制下，与日本、韩国一起相互学习、合作，只要三国能超越文化、历史恩怨，搁置争议，加深互信，在不很遥远的将来，以东盟为主要推动者、以中日韩合作为基石的东亚区域合作乃至一体化一定会建立，并以崭新的面貌呈现在世界面前。

4. 处理和协调好各种区域合作形式的关系

根据东亚区域经济合作格局的特点，未来其发展方向应当是在继续维护和发展 APEC 大框架的前提下，形成和发展既有地区性又有开放性的东亚经济合作新框架和机制。因此，中国与东盟在推进经济一体化的过程中，必须协调好与本区域其他合作机制的关系。首先，东盟自由贸易区是中国与东盟加强一体化合作的基础，因此中国一贯支持东盟的一体化进程，支持东盟在地区和国际事务中发挥更大作用，今后将继续尽力促进东盟自身自由贸易区的建设。实际上中国致力于加强与东盟的区域合作本身将对东盟自由贸易区建设提供更多的支持和帮助。其次，要重视发挥"10 + 3"作为东亚合作主渠道的作用，协调好"10 + 3"与东亚峰会"10 + 6"的关系，着力健全整个东亚地区贸易和投资的合作框架，促进东亚各国在金融、科技、信息、环保等领域的互利合作，以谋求本地区经济的更大融合和共同发展；并本着协商一致、稳步前进的原则，逐步开展在政治、安全领域的对话与合作。再次，要适时推进同其他合作机制的联系，努力促进三个"10 + 1"之间及其与"10 + 3"的协调发展。三个"10 + 1"合作机制在发展过程中应加强相互协调，妥善解决存在的各种矛盾和不适应性，为逐步过渡到建立"10 + 3"东亚自由贸易和投资区创造条件。

（二）在经济领域加强互利，不断增强中国－东盟一体化的内部驱动力

1. 充分利用合理规则，扩大贸易和投资规模

东盟国家丰富的自然资源是中国重要的物质来源之一。中国与东盟在维持和提高资源禀赋基础上的专业化分工方面有着巨大的潜力，应鼓励中国的大型企业到东盟国家投资，进行自然资源的深度开发和国际化经营，提高双方在这一领域的互补与合作程度。

在中国－东盟自由贸易区框架下，为维护中国正常的贸易秩序，应充分利用合理规则，积极创造条件，发展相对优势产业和企业，重点扶持一些具有规模经济效应、获取利润能力强、市场垄断程度高的企业多出口。同时，要合理利用外资，积极营造新的经济增长点和主导产业，并充分利用好东盟的普惠制及原产地规则一般要求，实现出口产品的原料和零部件的国产化，提高附加值，推动一批企业集团积极进行跨国生产经营。

借鉴东盟自由贸易区业已成型的架构，加快中国－东盟自由贸易区技术设施、标准化和政策等方面的便利化建设步伐，减少贸易和投资的程序，加快货物、服务、资本的自由流动速度。近年来，中国与东盟间的经济交往越来越多，但受制于各自的经济发展水平和市场需求能力，现阶段很难实现大幅度地扩大贸易和投资。如果近期内能着眼于开展便利化建设，将会很好地扩大贸易和投资规模。

2. 区别对待东盟各国，多层次地发展互补性产业

东盟的情况很复杂，各国之间的差异性很大。就经济而言，其基础、规模、结构、需求、能力（如支付能力）、机制、方式都不尽相同。这种差异性必然会反映在中国－东盟自由贸易区建设的整个过程，以及在此期间双边的经济贸易交往中。应从中国的实际情况出

发，研究并提出针对东盟、次区域以及不同国家的战略和规划，明确重点，包括重点国家和重点行业、领域，并研究制定相应的措施。根据东盟的不同特点，有区别地实行不同的国别政策，即对不同的国家采取不同的产业合作政策，发展不同层次的互补分工，应是中国与东盟经济合作的基本原则。例如，在中国与新加坡的合作中，可以利用新加坡在金融、航运以及高新技术产业的优势，开展在服务行业和先进产业中的合作，形成水平型分工与垂直型分工相结合的形态；与马来西亚和泰国应深入地开展制造业的合作，利用这些国家经济转型的机会，发展电子电器行业和机电制造业中的产业内贸易；与印度尼西亚和越南的合作，则更多地在基础设施、能源工业方面发挥中国的优势，强化专业化的分工。在产业政策上，要根据双方的条件，选择合适的产业作为重点扶持对象，加强与东盟国家的产业政策沟通与协调，在规模经济上建立与东盟国家的互补关系。

3. 分阶段、全方位地推进经济合作

所谓分阶段主要是指，中国－东盟自由贸易区建设为时长达10年，是个逐步推进的过程，不可能一蹴而就。可以把这10年作为一个长时段，密切关注中国－东盟自由贸易区的谈判和建设进程，当前思考的重点是近期的2~3年内如何在原有的基础上扩大、发展和提升双边的经贸合作，如何找到新的共同点、切入点、兴奋点、支撑点、热点。这就需要加强研究，加强交往，并把研究与交往、理论与实际切实结合起来。

所谓全方位推进经济合作，即是根据东盟国家的特点，在加强双边贸易往来的同时，发挥中国的产业优势，积极开展双向投资、项目承包和劳务输出等方面的合作。在各个产业中都采取多种经营方式，扩大合作范围。例如，以投资的方式将适用的先进技术和部分剩余的生产能力向外转移输出，进行跨国生产；以项目承包带动机电产品的出口，扩大产品的市场份额。这些都是在与东盟的经济交往中非常重要而有效的方式。

虽然中国－东盟自由贸易区的建设前景存在一些制约因素，但它毕竟是顺应了国际经济合作的发展潮流，并符合双方的根本利益。展望前程，尽管前行的道路会有曲折，但前进的步伐不可阻挡，中国－东盟自由贸易区的目标定会如期甚至可能提前实现。

第三节　中国－东盟自由贸易区未来拓展的前景剖析

自《中国－东盟全面经济合作框架协议》签订以来，中国－东盟自由贸易区后续协议的谈判与达成基本符合最初设想；协议的实施相对顺利，基本达到预期目的，已形成区域、次区域、双边、多边合作相互促进、相辅相成的良好态势。其5年来的运作实践已清楚地表明这一战略选择的重要意义和成功之处，不仅有助于稳定周边的政治军事环境，贯彻以"睦邻、安邻、富邻"为核心内容的"与邻为善、以邻为伴"的新时期周边外交政策，破除"中国威胁论"，还通过共享经济空间，营造了一个明显有别于整体的相对公平的区域贸易投资环境，进一步促进了中国经济的发展，从而更加坚定了中国积极参与区域经济一体化的信念，继续坚持区域经济合作的既定路线成为中国经济未来发展的必然要求。

从静态发展来看，中国－东盟自由贸易区已在2010年1月1日顺利建成，就此形成了一个拥有19亿消费者、1 408万平方公里的土地、约6万亿美元的国内生产总值、4.5万亿美元贸易总量的经济区，其中在人口方面，中国－东盟自由贸易区将超过欧盟和美洲自由贸易区，拥有全球近30%的人口；在面积方面，将超过欧盟，覆盖全球近10%的领土，仅次于美洲自由贸易区；在主要的经济指标方面，将拥有世界上大约40%的外汇储备，其国内生产总值和对外商品贸易额均占世界总额的10%左右，成为仅次于美、欧、日的全球第四大经济支柱，也是发展中国家组成的最大的自由贸易区。

从动态发展来看，韩国、日本未来相继加入中国－东盟自由贸易区的可能性很大。"10＋3"格局的最终成形将使"东亚自由贸易区"真正位列世界3大经济集团，与欧盟、北美自由贸易区并驾齐驱。这不但会使中国、东盟在亚洲的地位进一步提高，进而改变整个亚洲的经济格局，而且会对世界经济格局产生巨大影响。

中国－东盟自由贸易区启动至2010年建成，其良好的发展态势推动了中国与东盟经济贸易合作的进一步发展，并呈现出良好的发展趋势。依照目前的态势，在未来一段时期内，中国－东盟自由贸易区很可能会从以下几方面取得积极进展，推动一体化向深入发展。

一、政治驱动力作用更加凸显并将成为未来一段时期内中国－东盟自由贸易区的主要推动力量

中国与东盟成员国在体制和法规等方面均有所不同，因而，从传统意义上看，中国和东盟之间近期内似乎并不具备建立自由贸易区的充分条件。但是，面对经济全球化的风险，中国和东盟各国政府都意识到单靠本国的力量已经无法维持经济的安全与稳定，需要通过区域经济合作来降低经济便利化所带来的风险。正是在此背景下，中国与东盟各国政府很可能在必要时通过政治力量推动中国－东盟自由贸易区的发展。中国－东盟自由贸易区启动以来，东盟国家与中国高层的互访频繁，通过谈判和平解决争议，在国际事务中不断取得共识，双方政治互信和安全合作不断加强。这种良好的政治关系无疑将会推动中国－东盟自由贸易区的建设进程。

二、中国与东盟的经济整合进一步加深并将带动整个东亚经济合作的发展，逐渐将其他东亚国家纳入合作机制

1997年亚洲金融危机之后，中日韩三国和东盟都主张加强东亚地区合作，以地区集团的力量抵御经济全球化所带来的新的金融冲击，实现经济合作的双赢。1997年10月，东盟与中日韩（"10＋3"）合作机制应运而生。这一合作机制，坚持以东盟各国原有合作为基础，充分照顾各方特别是中小国家的利益，在全球区域合作机制中独树一帜，成为亚洲最大的政府间合作模式。中国－东盟自由贸易区的启动进一步推动了东亚经济合作的进程，为东亚各经济体更为密切的合作提供了具有示范价值的经验。

在积极推进中国－东盟自由贸易区建设进程的同时，东盟根据自身的政治经济利益，积极制定和调整区域一体化战略：注重在区域一体化过程中的主导作用，以自身区域化为核心，多层次地推进区域一体化进程，倡导中、日、美等大国多边卷入，坚持与中、日、韩分别建立自由贸易区，以促成区域内三家战略均衡的格局。《东盟－韩国全面经济合作框架协议》及其《争端解决机制协议》已于2005年12月签署，并于2006年7月正式生效；2007年6月，东盟9国－韩国自由贸易区货物协议正式生效：就正常商品而言，韩国将在2010年对东盟实现零关税，东盟6国将在2012年对韩国实现零关税，而越南将于2018

年，柬埔寨、老挝和缅甸则在 2020 年实现零关税①。2007 年 11 月，《东盟－韩国全面经济合作框架协议服务贸易协议》签署。日本与东盟也于 2005 年 12 月发表了题为《深化并扩大日本东盟战略性合作伙伴关系》的共同声明，并于 2006 年 4 月重新启动双方停滞已久的自由贸易谈判，2007 年 11 月《东盟－日本全面经济伙伴关系协定》正式签署，2008 年 4 月正式生效，从而为整个东亚自由贸易区的建立打下基础。

三、中国－东盟自由贸易区的迅速发展，将促使合作逐步扩展至金融、货币等领域，推动停滞不前的东亚货币合作

中国－东盟自由贸易区启动后，区域内贸易迅速扩大，将会促使双方在贷款的支付结算方面进行更多的合作，而且投资便利化也会增加双方的金融往来。这样就会使中国与东盟的合作逐步扩展到金融、货币领域。而在金融领域尤其是货币领域的合作，将会使中国－东盟自由贸易区各成员之间的交易成本减少，促进生产要素在整个自由贸易区内的自由流动，从而进一步推动中国－东盟自由贸易区的发展。

此外，中国与东盟的进一步合作还可以为各成员带来潜在的政治收益：地区间经济依赖的加深有利于维护该地区的安全；地区间合作的加深还有利于增加亚洲在国际事务中的发言权。总之，中国－东盟自由贸易区的建立不仅对于该地区的经济发展极为重要，而且对于该地区的和平与安全具有深远的战略意义。虽然"10＋1"的合作道路还很曲折，但联合起来的中国与东盟将会为建立国家间的信任、实现区域内的和谐而共同努力。

四、中国－东盟自由贸易区贸易投资一体化趋势将继续深化，产业内贸易将成为双方贸易的发展方向，长期将促使双方的国际分工地位发生变化

在横向一体化的条件下，国家间的相似性越高，则市场规模、要素禀赋和技术效率的优势越大，企业就越有可能进行对外直接投资，从而扩大双方的产业内贸易。20 世纪 80 年代以来，发达国家之间出现了国际贸易和国际投资同时增长的现象，这种横向的一体化基于跨国公司多区位投资和生产为企业带来的规模经济，使产业内贸易成为可能，国与国之间的贸易多为半成品或中间品。目前，这种贸易投资一体化的趋势也在中国－东盟自由贸易区出现，并有进一步深化的势头。尽管如此，这种趋势对双方的就业以及各国产业结构调整的影响程度并不相同。

从整体上看，中国、东盟双方在对外贸易上存在竞争性，而产业内贸易却存在着较大的互补性，产业越细分，这种互补性就表现得越明显。同时，国际分工的深化使双方企业在个别产品上和零部件上的比较优势增强，企业间相互依存度增加，从而使比较优势逐渐转化为竞争优势，成为代表企业或产业的核心竞争力，反过来进一步促进双方的投资和贸易，深化贸易投资一体化。因此，这种细化的产业内贸易是双方未来发展的一个方向。

---

① 东盟 9 国、东盟 6 国中，泰国除外。参见东盟秘书处网站，http：//www.aseansecorg/akfta

参考文献

[1] Bruce Vaughn, Wayne M. Morrison. China － Southeast Asia Relations: Trends, Issues and Implications for the United States[R]. Washington D C, Congressional Research Service, 2006

[2] ASEAN Secretariat, ASEAN Statistics[R]. ASEAN Secretariat, 2004

[3] Congressional Budget Office. The Pros and Cons of Pursuing Free Trade Agreements[R]. Washington D C, Congressional Research Service, 2003

[4] ASEAN － China Expert Group on Economic Cooperation, Forging Closer ASEAN － China Economic Relations in the 21 stCentury, Oct. 2001[EB/OL]. http://www.aseansec.org

[5] Michele Fratianni and John Pattison. International Organizations in a world of Regional Trade Agreements. The World Economy. 2001 Vol. 24 No. 3

[6] Anderson, J. E. A The oretieal Foundation for the Gravity Equation. Ameriean Eeonomie Review, 1979(69): 106 － 116

[7] Anderson, J. E. andWineoop. E. Gravity with Gravitas: A Soulution to the Border Puzzle. American Economic Review, 2003(93): 170 － 192

[8] Anderson, M. and Smith. Do National Borders Really Matter Canada. Regional Trade Reconsidered, Review of international Eeonomies, 1999(7): 219 － 227

[9] Bergstrand, J. H. The Gravity Equation in International Trade: Some Miero economic Foundations and Empirical Evidence. Review of Eeonomics and Statisties, 1985(67): 474 －481

[10] Bergstrand, J. H. The Generalized Gravity Equation, Monopolistie Competition, and the Factor Proportions Theory in International Trade, Review of Eeonomics and Statisties, 1989(71): 143 － 153

[11] Evans, C. The Eeonomics ignificance of National Border Effeets. American Eeonomics Review, 2003, 93, 1291 －1312

[12] ASEAN － China expert group on economic cooperation: Forging closer economic relations in the twenty － first century, 2001(10)

[13] Krugman, P. The Move Toward Free Trade Zones in Policy implications of Trade And Currency Zones[M], wyoming: Federal Reserve Bank of Kansas City, 1991

[14] Linder, S. B. an essay on Trade and Transformation[M]. John Wiley, 1961

[15] Isard, W. and M. J. Peck. Location Theory and international and Inter Regional Trade Theory. The Quarterly Journal of Economics, Vol. 68, No. 1, 1954

[16] Singer, H. W. The Distribution of Gains Between Investing and Borrowing Countries, Ameriean Eeonomie Review, 1950

[17] Thursby, J. G and M. C. Thursby. Bilateral Trade Flows, the Linder Hyothesis, and Exehange risk. The Review of Eeonomies and Statisties, VOl. 69, No. 3, 1987

[18] Giovanni Arrighi. The rise of East Asia: world—systemic and regional aspects, 1996

[19] 霍伟东. 中国－东盟自由贸易区研究. 成都: 西南财经大学出版社, 2005

[20] 曹云华, 唐种. 新中国－东盟关系论. 北京: 世界知识出版社, 2005

[21] 陈乔之等. 冷战后东盟国家对华政策研究. 北京: 中国社会科学出版社, 2001

[22] 陈奕平. 依赖与战争——冷战后东盟国家对美国战略. 北京: 世界知识出版社, 2006

[23] 戴晓芙，郭定平. 东亚发展模式与区域合作. 上海：复旦大学出版社，2005

[24] 金灿荣. 多边主义与东亚合作. 北京：当代世界出版社，2006

[25] 秦亚青. 权力·制度·文化——国际关系理论与方法研究文集. 北京：北京大学出版社，2005

[26] 杨武. 当代东盟经济与政治. 北京：世界知识出版社，2006

[27] 周永生. 经济外交. 北京：中国青年出版社，2004

[28] 邹忠全等. 东南亚经济与贸易. 北京：中国财政经济出版社，2006

[29] 曼纽尔·卡斯特著. 夏铸九，王志弘等译. 网络社会崛起. 北京：社会科学文献出版社，2001

[30] 亓成章. 中国的国际环境与世界若干国家的跨世纪发展战略. 北京：当代世界出版社，1996

[31] 何兰. 冷战后中国对外关系. 北京：北京广播学院出版社，2005

[32] 樊莹. 国际区域一体化的经济效应. 北京：中国经济出版社，2005

[33] 陈霜华. 21 世纪 10＋3 区域经济合作. 上海：上海财经大学出版社，2005

[34] 王勤. 中国与东盟关系新格局. 厦门：厦门大学出版社，2003

[35] 汤碧. 两种区域经济一体化发展趋势比较研究. 北京：中国财政经济出版社，2004

[36] 罗布森. 国际一体化经济学. 上海：上海译文出版社，2001

[37] 刘晨阳. 中国参与的区域经济合作组织研究. 北京：中国商务出版社，2007

[38] 刘晨阳. 中国参与双边自由贸易区问题研究. 天津：南开大学出版社，2006

[39] 王洛林，李向阳. 2005—2006 年：世界经济形势分析与预测. 北京：社会科学文献出版社，2006

[40] 王玮. 美国对亚太政策的演变. 济南：山东人民出版社，1995

[41] 张蕴岭，孙士海. 亚太地区发展报告（2006）. 北京：社会科学文献出版社，2007

[42] 许宁宁. 商机——企业对接. 南宁：广西人民出版社，2005

[43] 尤安山等. 中国－东盟自由贸易区建设理论·实践·前景. 上海：上海社会科学院出版社，2008

[44] 王正毅，迈尔斯·卡勒，高木诚一郎. 亚洲区域合作的政治经济分析. 上海：上海人民出版社，2007

[45] 宫占奎，陈建国，佟家栋. 区域经济组织研究——欧盟、北美自由贸易区、亚太经合组织. 北京：经济科学出版社，2006

[46] ［英］霍尔. 东南亚史（上下册）. 北京：商务印书馆，1982

[47] ［美］卡迪，姚南等译. 战后东南亚史. 上海：上海译文出版社，1984

[48] 顾海. 东南亚古代史中文文献提要. 厦门：厦门大学出版社，1990

[49] 梁英明等. 近现代东南亚（1511—1992）. 北京：北京大学出版社，1994

[50] 梁志明等. 殖民主义史东南亚卷. 北京：北京大学出版社，1999

[51] 余定邦. 东南亚近代史. 贵阳：贵州人民出版社，1996

[52] 余定邦等. 近代中国与东南亚关系史. 广州：中山大学出版社，1999

[53] 王介南. 中国与东南亚文化交流志. 上海：上海人民出版社，1998

[54] 张锡振. 当代东南亚政治. 南宁：广西人民出版社，1994

[55] 贺圣达. 东南亚文化发展史. 昆明：云南大学出版社，1996

[56] 贺圣达. 战后东南亚历史文化发展 1945—1994. 昆明：云南大学出版社，1995

[57] 李欣逛等. 中国－东盟自由贸易区概述. 北京：中国经济出版社，2006

[58] 王光厚. 浅析中国、日本、东盟的三边互动. 东南亚纵横，2008（10）

[59] 董亚夏、张震. CAFTA 与中国、日本、东盟互动关系的转变. 世界经济与政治论坛，2004（1）

[60] 蓝昕. 韩国－东盟经贸关系及建立自由贸易区的构想. 亚非纵横，2005（2）

[61] 卢光盛. 东盟与美国的经济关系：发展、现状与意义. 当代亚太，2007（9）

[62] 左连村. 中国－东盟自由贸易区与北美自由贸易区比较分析. 学术研究，2003（8）

[63] 李玮. 欧盟东盟区域经济一体化比较. 东南亚经济问题，2004（3）

[64] 陈雯. 试析东盟 5 国区域贸易合作的局限性. 国际贸易问题，2003（3）

[65] 施小蕾，郑毅敏.国际性区域经济一体化的发展及我国对策.大连大学学报，2004(5)

[66] 梁双陆，程小军.国际区域经济一体化理论综述.经济问题探索，2007(1)

[67] 李瑞林，骆华松.区域经济一体化、内涵、效应与实现途径.经济问题探索，2007(1)

[68] 王红霞.服务于国家安全及整体战略——美国双边及区域自由贸易协定战略目标及启示.国际贸易，2004(10)

[69] 王建勤.选民、政党与议会：微观视角的新政治经济学.世界经济，2007(9)

[70] 陆建人.东盟国家的安全合作及几点看法.战略与管理，1999(4)

[71] 叶辅靖.建立中国－东盟自由贸易区需要处理的几大关系.宏观经济观察，2003(5)

[72] 史协，张伟.中国－东盟自由贸易区研究的新视角——基于贸易的政治经济学范式的分析.云南财经大学学报，2008(4)

[73] 庄礼伟.CEPT 与东盟自由贸易区进程.东南亚研究，1998(3)

[74] 宋德星.世纪之交中国与东盟关系的再定位及其重要特征.国际论坛，1999(5)

[75] 姜凌.国际区域经济一体化中的南北经济关系——北美自由贸易区、亚太经合组织的实证分析.财经科学，1999(9)

[76] 李俊强.泛北部湾经济区与泛珠三角经济区互促发展研究.南宁职业技术学院学报，2008(13)

[77] 张晓立，许宁.广西融入泛珠三角经济区的优势与障碍分析.特区经济，2007(2)

[78] 王勤.中国－东盟自由贸易区的进程及其前景.厦门大学学报，2004(1)

[79] 张蕴岭：东亚合作与中国－东盟自由贸易区的建设.当代亚太，2002(1)

[80] 和矛，李飞，赵光洲.中国－东盟自由贸易区建设的战略模式选择.北京工商大学学报，2003(1)

[81] 郑一省.中国与东盟经贸关系发展的机遇与挑战.当代亚太，2002(1)

[82] 巫文强.利用中国东盟战略的制度优势促进广西沿海经济的发展.改革与战略，2007(5)

[83] 刘卓林.对中国－东盟自由贸易区的经济效应分析.经济纵横，2004(2)

[84] 江虹.建立中国－东盟自由贸易区的经济效益分析.国际贸易问题，2005(4)

[85] 何慧刚.中国－东盟自由贸易区的经济效应分析.云南社会科学，2006(3)

[86] 陈康.中国－东盟自由贸易区及其经济效应分析.国际商务研究，2005(5)

[87] 王璐，李晓霞.中国－东盟自由贸易区经济效益分析.特区经济，2006(3)

[88] 冯煜，龚晓莺.中国－东盟自由贸易区双边贸易动态经济效应分析.北方经济，2008(8)

[89] 陈汉林，涂艳.中国－东盟自由贸易区下中国的静态贸易效应.国际贸易问题，2007(5)

[90] 刘志彪，吴福象.经济全球化中贸易一体化及其效应的实证研究.产业经济评论，2005(6)

[91] 杜群阳，宋玉华.中国－东盟自由贸易区的 FDI 效应.国际贸易问题，2004(5)

[92] 张宏，蔡彤娟.中国－东盟自由贸易区的投资效应分析.当代亚太，2007(2)

[93] 周毓萍，桑杰尔·拉尔.中国吸引外资对东南亚国家吸引外资影响的实证研究.国际贸易问题，2005(12)

[94] 刘文正.CAFTA 框架下中国－东盟相互投资的特征分析.东南亚纵横，2009(10)

[95] 胡珊.中国－东盟自由贸易区，意义不只在贸易.经济，2009(9)

[96] 肖斌.一致与冲突：东盟与欧盟经济政治关系研究.厦门大学学报，2009

[97] 王凤玲.日本的区域一体化战略.厦门大学学报，2005

[98] 吴永威.试论东南亚因素与中国发展战略作用下广西区域经济政策的演变(1950—2006).广西师范大学学报，2007

[99] 新形式 新起点 新平台——中国加快实施自贸区战略(http://www.chinadaily.com.cn/hqzg/2010-01/02/content_9255811.htm)

[100] 中国－东盟自贸区：新起点新机遇新使命(http://news.eefoo.com/cjxw/gjcj/200912/31-1783620.html)

［101］中国－东盟自贸区将带来的机遇与挑战（http：//www. cnr. cn/allnews/200912/t20091228_505818098. html）

［102］中国－东盟自贸区合作潜力巨大（http：//stock. baidu. com/2010－01－05/122245829. html）

［103］罗文胜. 泛北部湾合作平台，21 世纪经济报道

［104］中国－东盟自贸区建成，广西"平台优势"凸显（http：//www. people. com. cn/GB/179409/10825150. html）

［105］刘树森. 自贸区时代广西人要有两大意识，把握先机（http：//www. xinhuanet. com/chinanews/2009－12/25/content_18595182. htm）

［106］谢建伟. 广西争当自贸区"桥头堡"，积极融入多区域合作. 人民日报，2009－10－19

［107］自贸区建成将为广西北部湾经济推波助澜（http：//www. bbw. gov. cn/staticpages /20091125/bbw4b0ca4f0－14077. shtml）

［108］广西沿边地区应对自贸区建成宜采取的措施（http：//www. gxcznews. com. cn/ staticpages/20091228/newgx4b382954－101266. html）

［109］自贸区建成后广西经济发展对策——访广西大学东南亚研究中心主任唐文琳教授 http：//www. gxi. gov. cn/

［110］陆建人. 中国经济增长对东盟国家经济的积极影响.（EB/OL）（2007—07—01）. http：//www. iapscass. cn/xueshuwz/showcontent. asp? id＝822

［111］背景资料：中国－东盟自由贸易区建设进程回顾，国际在线 http：//www. jingji. com. cn/dym1. asp? ProductID＝196